中国区域发展导论

Introduction to Regional Development in China

（第3版）

胡兆量　韩茂莉　汪一鸣　/编著

北京大学出版社

PEKING UNIVERSITY PRESS

图书在版编目(CIP)数据

中国区域发展导论/胡兆量,韩茂莉,汪一鸣编著. —3 版. —北京:北京大学出版社,2019.2
ISBN 978-7-301-30022-0

Ⅰ. ①中… Ⅱ. ①胡… ②韩… ③汪… Ⅲ. ①区域发展—概论—中国 Ⅳ. ①F127

中国版本图书馆 CIP 数据核字(2018)第 253349 号

书　　名	中国区域发展导论(第 3 版) ZHONGGUO QUYU FAZHAN DAOLUN (DI SAN BAN)
著作责任者	胡兆量　韩茂莉　汪一鸣　编著
责任编辑	王树通
标准书号	ISBN 978-7-301-30022-0
出版发行	北京大学出版社
地　　址	北京市海淀区成府路 205 号　100871
网　　址	http://www.pup.cn　新浪微博@北京大学出版社
电子信箱	zpup@pup.cn
电　　话	邮购部 010-62752015　发行部 010-62750672　编辑部 010-62752021
印 刷 者	河北滦县鑫华书刊印刷厂
经 销 者	新华书店
	787 毫米×1092 毫米　16 开本　15.5 印张　340 千字 2019 年 2 月第 1 版　2020 年 6 月第 2 次印刷
定　　价	48.00 元

未经许可,不得以任何方式复制或抄袭本书之部分或全部内容。
版权所有,侵权必究
举报电话:010-62752024　电子信箱:fd@pup.pku.edu.cn
图书如有印装质量问题,请与出版部联系,电话:010-62756370

第3版说明

《中国区域发展导论》第3版修编的重点是提高理论性和可读性。提高理论性的要领是加强对规律和概念的分析。规律和概念是科学的核心,是经济地理学跻身科学之林的立足点。用规律和概念统领全书,可以摆脱材料堆砌的弊端。提高可读性的要领是以问题为导向,运用案例和图件解读。案例是具体的,可以感知的。图件是形象的,生动的。通过案例和图件,读者可以轻松愉快地领悟规律和概念。

全书16讲,分成上、中、下三篇。上篇"规律和概念",分析区位、区域、区划、地名等基本概念和距离衰减规律。中篇"地理环境的影响",分析自然环境和历史文化环境的直接影响和间接影响。卖点尽在环境中,刨根问底,区域的特点离不开环境。下篇"专题探索",包括赶超史、区域差异、典型部门、典型城市和方法论等主题。

2008年第2版刊印以来,我国经济地理面貌发生巨大变化。笔者在决定修编第3版时,深感不少热点把握不住。徘徊之时,得到中国科学院地理所经济地理团队的援助。地理所经济地理团队参与国家顶层设计,站在我国经济地理学的高峰和世界经济地理学的前沿。2016年1月19日,我偕曹广忠前往请益。陆大道院士和金凤君、樊杰、刘伟东研究员热情接待,获赠大批专著和文献。大道先后两次来函商榷。第4讲中的"主体功能区"和第14讲"一带一路"在樊杰和伟东提供的文献基础上写成。

编写期间,我们多次召开恳谈会,探讨经济地理学的对象和规律、地理环境对我国区域发展的影响、特殊经济区等主题。参加恳谈会的有周一星、吕斌、王缉慈、唐晓峰、韩茂莉、孟晓晨、曹广忠、冯健、陈彦光、童昕、王洁晶、刘涛和朱晟君等。俄罗斯留学生列那(Lina Masterova)对有关苏联和中亚五国的内容提出宝贵意见。全书分上、中、下三篇和"特殊经济区"名称出自一星的建议。

第5讲"行政区和特殊经济区"以及第9讲"古代农耕区"的扩展由韩茂莉执笔。第6讲中的"东北地名文化"和"藏区地名文化"由郎云华、次仁央宗执笔。李天宏对第15讲的"大型工程评议"悉心审核。上篇和下篇由汪一鸣核校。中篇由崔海亭、黄发程核校。一鸣、海亭和发程都是八旬老翁。耄耋之年鼎力相助,凝聚六十年的深情厚谊。

全书选用图件59幅。杨晓东、韩茂莉、刘晓宇、杨凌和董英伟参与插图创作。部分插画引自樊杰、陆大道、贺灿飞、彭瑶玲、刘明光、郑度、蔡志忠、丁一汇、任美锷、谢凝高、尤联元、侯仁之、张帆、张颖原作(按出现顺序排列)。4幅出自境外作者。"在那桃花盛开的地方,是我可爱的家乡。"

在本书出版前夕,深深感谢《开放后的中国》《中国区域经济差异及其对策》和《中国社会发展及其地理背景》三书的编辑。① 这三本小册子是本书的前奏。本书第 1 版和《中国文化地理概述》由韩国朋友译成韩文在首尔出版,是写好再版和第 3 版的催化剂。② 特别让人不能忘怀的是本书第 1 版编辑李卫东英年早逝。

希望能得到学长、学友和读者的批评指正,以便在再版时继续改进。

胡兆量
2018 年 1 月

---

① 胡兆量,韩茂莉,Peter Fogin(加拿大蒙特利尔大学地理系主任),黄定华(台湾新竹师范学院地理系主任).开放后的中国.北京:中国环境科学出版社,1996.
胡兆量,王恩涌,韩茂莉.中国区域经济差异及其对策.北京:清华大学出版社,1997.
胡兆量,王恩涌,韩茂莉.中国社会发展及其地理背景.北京:人民教育出版社,2000.
② 胡兆量.中国区域发展导论(韩文版).尹永陶,崔恩英,金秀玹译.韩国首尔:Humanist Press,2003;胡兆量.中国文化地理概述(韩文版).金泰成译.韩国首尔:Humanist Press,2005.

目　录

上篇　规律和概念

第 1 讲　经济地理面貌变化三特征 ………………………………………… (3)
　1.1　不平衡是常态 ……………………………………………………………… (3)
　1.2　相对平衡化趋向 …………………………………………………………… (4)
　1.3　美在区域特征中 …………………………………………………………… (5)

第 2 讲　区位和距离衰减规律 …………………………………………… (8)
　2.1　区位的特性 ………………………………………………………………… (8)
　　2.1.1　综合性 ………………………………………………………………… (8)
　　2.1.2　确定性和稀缺性 ……………………………………………………… (9)
　　2.1.3　历史性 ………………………………………………………………… (9)
　2.2　区位是宝贵的资源 ………………………………………………………… (10)
　2.3　有关区位的概念 …………………………………………………………… (11)
　　2.3.1　交通区位 ……………………………………………………………… (11)
　　2.3.2　中心区位 ……………………………………………………………… (11)
　　2.3.3　门户区位 ……………………………………………………………… (12)
　　2.3.4　大位置·小位置 ……………………………………………………… (13)
　　2.3.5　发展轴 ………………………………………………………………… (13)
　2.4　距离 ………………………………………………………………………… (14)
　　2.4.1　距离的类型 …………………………………………………………… (15)
　　2.4.2　距离时空压缩 ………………………………………………………… (15)
　2.5　距离衰减规律 ……………………………………………………………… (17)
　　2.5.1　距离衰减规律的本质 ………………………………………………… (17)
　　2.5.2　距离衰减规律的正负效应 …………………………………………… (18)

第 3 讲　区域 ………………………………………………………………… (20)
　3.1　区域特性 …………………………………………………………………… (20)
　　3.1.1　区域的物质性 ………………………………………………………… (20)
　　3.1.2　区域的历史性 ………………………………………………………… (21)
　　3.1.3　区域的层次性 ………………………………………………………… (22)
　3.2　区域比较优势 ……………………………………………………………… (22)
　　3.2.1　比较优势特征 ………………………………………………………… (22)
　　3.2.2　自然环境的直接影响 ………………………………………………… (24)
　　3.2.3　自然环境的间接影响 ………………………………………………… (26)
　　3.2.4　文化资源 ……………………………………………………………… (28)

3.2.5　人口资源 …………………………………………………… (30)
　3.3　区域后发优势 ……………………………………………………… (31)
　　　3.3.1　赶超是常态 …………………………………………………… (31)
　　　3.3.2　弯道赶超 ……………………………………………………… (33)
　　　3.3.3　长板和短板 …………………………………………………… (33)
　3.4　区域发展指标 ……………………………………………………… (35)
　　　3.4.1　国内生产总值 ………………………………………………… (35)
　　　3.4.2　购买力平价 …………………………………………………… (36)
　　　3.4.3　人类发展指数（HDI） ……………………………………… (36)
　　　3.4.4　经济发展速度 ………………………………………………… (38)
　　　3.4.5　区位商和集中系数 …………………………………………… (38)
　3.5　区域差异指标 ……………………………………………………… (39)
　　　3.5.1　集中指数 ……………………………………………………… (39)
　　　3.5.2　地理联系率 …………………………………………………… (41)

第 4 讲　区划和主体功能区 …………………………………………… (44)
　4.1　地理界线 …………………………………………………………… (44)
　　　4.1.1　突变型界线和渐变型界线 …………………………………… (44)
　　　4.1.2　胡焕庸人口分布线 …………………………………………… (45)
　　　4.1.3　城市规划五线 ………………………………………………… (46)
　4.2　类型区 ……………………………………………………………… (46)
　4.3　区划的特征和原则 ………………………………………………… (47)
　　　4.3.1　区划在空间上的特征 ………………………………………… (47)
　　　4.3.2　区划共同遵守的原则 ………………………………………… (47)
　4.4　综合经济区 ………………………………………………………… (48)
　　　4.4.1　沿海和内地 …………………………………………………… (48)
　　　4.4.2　三大经济带 …………………………………………………… (49)
　　　4.4.3　四大经济区 …………………………………………………… (50)
　4.5　主体功能区 ………………………………………………………… (51)
　　　4.5.1　主体功能区划的理念 ………………………………………… (51)
　　　4.5.2　四类主体功能区 ……………………………………………… (52)
　　　4.5.3　北京主体功能区规划 ………………………………………… (53)
　　　4.5.4　实施主体功能区划的保障 …………………………………… (54)

第 5 讲　行政区和特殊经济区 ………………………………………… (56)
　5.1　行政区 ……………………………………………………………… (56)
　　　5.1.1　传统行政区划原则 …………………………………………… (56)
　　　5.1.2　现行行政区的贡献 …………………………………………… (57)
　　　5.1.3　行政区经济 …………………………………………………… (58)

5.2 特殊经济区的性质 ……………………………………………………… (58)
5.2.1 政府行为 ……………………………………………………… (59)
5.2.2 区域界线 ……………………………………………………… (60)
5.2.3 产业开发 ……………………………………………………… (61)
5.2.4 动态变化 ……………………………………………………… (62)
5.3 特殊经济区的国际经验 ………………………………………………… (62)
5.3.1 香农开发区 …………………………………………………… (62)
5.3.2 新加坡裕廊工业园区 ………………………………………… (63)
5.3.3 特区建设的理论基础 ………………………………………… (63)
5.4 我国特殊经济区建设 …………………………………………………… (63)
5.4.1 经济特区 ……………………………………………………… (64)
5.4.2 新区 …………………………………………………………… (64)
5.4.3 自由贸易试验区 ……………………………………………… (67)
5.5 特殊经济区的管治 ……………………………………………………… (68)
5.5.1 特殊经济区存在的问题 ……………………………………… (68)
5.5.2 提高管治水平 ………………………………………………… (69)

第6讲 地名 ………………………………………………………………… (70)
6.1 命名四原则 ……………………………………………………………… (70)
6.1.1 特色原则 ……………………………………………………… (70)
6.1.2 稳定原则 ……………………………………………………… (71)
6.1.3 团结原则 ……………………………………………………… (73)
6.1.4 简明原则 ……………………………………………………… (74)
6.1.5 四原则的协调 ………………………………………………… (75)
6.2 东北地名文化 …………………………………………………………… (76)
6.2.1 满源汉雅 ……………………………………………………… (76)
6.2.2 "闯关东"的印记 …………………………………………… (77)
6.2.3 地名资源保护 ………………………………………………… (78)
6.3 藏区地名文化 …………………………………………………………… (78)
6.3.1 吉祥文化 ……………………………………………………… (79)
6.3.2 宗教文化 ……………………………………………………… (79)
6.3.3 藏语是藏区地名的源头 ……………………………………… (80)
6.3.4 珠穆朗玛正名 ………………………………………………… (80)
6.4 处理地名争议两原则 …………………………………………………… (81)
6.4.1 桃花源的原址在哪里？ ……………………………………… (81)
6.4.2 大观园园址争议 ……………………………………………… (83)
6.4.3 关于南阳和赤壁的争论 ……………………………………… (84)
6.4.4 杏花村析疑 …………………………………………………… (85)

6.5 地名资源开发 ……………………………………………………… (87)
 6.5.1 更名、弃名和拓名 ……………………………………… (87)
 6.5.2 借用洋名不可取 ………………………………………… (87)
 6.5.3 北京王府井地名渊源 …………………………………… (89)

中篇 地理环境的影响

第7讲 东亚大国 ………………………………………………………… (93)
7.1 东亚大国区位 …………………………………………………… (93)
 7.1.1 与欧洲区位比较 ………………………………………… (93)
 7.1.2 与美国区位比较 ………………………………………… (94)
 7.1.3 区位的负面影响 ………………………………………… (95)
7.2 大国优势 ………………………………………………………… (96)
 7.2.1 大陆是人类演化的主要基地 …………………………… (96)
 7.2.2 赢者无界——大国的政治经济优势 …………………… (96)
7.3 大国的维护和担当 ……………………………………………… (98)
 7.3.1 统一稳定是大国优势的基础 …………………………… (98)
 7.3.2 文化维系统一 …………………………………………… (99)
 7.3.3 大国的负担与担当 ……………………………………… (100)
 7.3.4 苏联解体是悲剧 ………………………………………… (101)
7.4 小国的比较优势 ………………………………………………… (103)
 7.4.1 岛国的海峡屏障 ………………………………………… (103)
 7.4.2 小国的发展战略 ………………………………………… (103)

第8讲 季风气候和多山地貌 …………………………………………… (105)
8.1 季风气候 ………………………………………………………… (105)
 8.1.1 雨热同季 ………………………………………………… (105)
 8.1.2 夏热冬寒 ………………………………………………… (106)
 8.1.3 大陆性较强 ……………………………………………… (108)
 8.1.4 气象灾害较多 …………………………………………… (110)
 8.1.5 彩云之南和华西秋雨 …………………………………… (111)
8.2 多山的地貌 ……………………………………………………… (112)
 8.2.1 山地环境复杂 …………………………………………… (112)
 8.2.2 山区社会经济滞后性 …………………………………… (113)
 8.2.3 生态景观建设主体区 …………………………………… (114)
8.3 大江大河 ………………………………………………………… (117)
 8.3.1 大江东去 ………………………………………………… (117)
 8.3.2 共饮一江水 ……………………………………………… (118)
 8.3.3 跨流域调水 ……………………………………………… (119)

8.4　黄土高原和黄淮海平原 ·· (120)
　　　　8.4.1　黄土高原 ··· (120)
　　　　8.4.2　黄河与黄淮海平原 ··· (122)

第9讲　古代农耕区的扩展 ··· (124)
　　9.1　我国地区开发概况 ·· (124)
　　　　9.1.1　提高单产 ··· (124)
　　　　9.1.2　扩展耕地面积 ·· (125)
　　9.2　黄河流域的兴衰 ·· (125)
　　　　9.2.1　先秦时期 ··· (125)
　　　　9.2.2　秦汉魏晋时期 ·· (126)
　　　　9.2.3　隋唐时期 ··· (129)
　　9.3　长江流域和珠江流域开发 ··· (129)
　　　　9.3.1　人口和经济重心南移 ·· (130)
　　　　9.3.2　珠江流域开发 ·· (131)
　　9.4　丘陵山地开发 ··· (132)
　　　　9.4.1　东晋南朝时期 ·· (132)
　　　　9.4.2　隋唐两宋时期 ·· (133)
　　　　9.4.3　明清时期 ··· (134)
　　9.5　边疆开发 ·· (134)
　　　　9.5.1　移民实边 ··· (135)
　　　　9.5.2　屯田戍边 ··· (135)

下篇　专题探索

第10讲　赶超的历程 ·· (139)
　　10.1　积贫积弱的起点 ··· (139)
　　10.2　改革开放前的探索 ··· (140)
　　　　10.2.1　计划经济体制 ··· (140)
　　　　10.2.2　以重工业为中心 ··· (141)
　　　　10.2.3　"大跃进" ··· (142)
　　10.3　三线建设 ··· (144)
　　　　10.3.1　大三线和小三线 ··· (144)
　　　　10.3.2　三线建设的成果 ··· (145)
　　　　10.3.3　"靠山、分散、隐蔽" ·· (146)
　　10.4　改革开放 ··· (148)
　　　　10.4.1　"摸着石头过河" ··· (148)
　　　　10.4.2　大步赶超 ·· (149)
　　　　10.4.3　我国仍是发展中国家 ·· (151)

10.5 中高速增长新常态 ·· (152)
10.5.1 进入新常态的机制 ·· (152)
10.5.2 跨越"中等收入陷阱" ·· (152)
10.5.3 扶贫 ·· (154)

第 11 讲 分区述要 ·· (155)
11.1 区域经济平衡化 ·· (155)
11.1.1 漫长的平衡化历程 ·· (155)
11.1.2 四大经济区发展态势 ·· (156)
11.2 东部率先发展 ·· (157)
11.2.1 上海崛起与转型 ·· (157)
11.2.2 浙江的活力 ·· (160)
11.2.3 共建大湾区 ·· (161)
11.2.4 潜力和挑战 ·· (163)
11.3 西部大开发 ·· (164)
11.3.1 西部的后发优势 ·· (164)
11.3.2 边境优势论 ·· (166)
11.3.3 山区发展阶段论 ·· (168)
11.3.4 库布齐治沙 ·· (169)
11.4 中部崛起 ·· (170)
11.4.1 中部的比较优势 ·· (170)
11.4.2 承接东部产业转移 ·· (171)
11.5 振兴东北 ·· (172)
11.5.1 第一个重工业基地 ·· (172)
11.5.2 "东北现象" ·· (173)
11.5.3 联系紧密的蒙东 ·· (174)

第 12 讲 钢铁工业 ·· (175)
12.1 布局特征 ·· (175)
12.1.1 钢铁联合企业布局 ·· (175)
12.1.2 短流程钢厂布局 ·· (177)
12.2 曲折的赶超 ·· (177)
12.2.1 艰难起步 ·· (177)
12.2.2 三次基本建设高潮 ·· (179)
12.2.3 三次大起大落 ·· (180)
12.3 大步前进 ·· (181)
12.3.1 亮丽成果 ·· (181)
12.3.2 引进先进技术 ·· (182)
12.3.3 民营企业异军突起 ·· (182)

12.3.4　组建钢铁工业集团 ……………………………………………… (183)
　12.4　区域分布 …………………………………………………………………… (184)
　　　12.4.1　以矿定产 …………………………………………………………… (184)
　　　12.4.2　东部沿海优势 ……………………………………………………… (185)
　　　12.4.3　唐山钢铁工业集聚区 ……………………………………………… (186)
　　　12.4.4　上海苏南钢铁工业集聚区 ………………………………………… (188)
　12.5　调结构,去产能 ……………………………………………………………… (190)

第13讲　首都北京 ……………………………………………………………………… (191)
　13.1　北京建都 …………………………………………………………………… (191)
　　　13.1.1　我国建都的规律性 ………………………………………………… (191)
　　　13.1.2　北京建都的依据 …………………………………………………… (192)
　　　13.1.3　关于迁都的讨论 …………………………………………………… (194)
　13.2　去非首都功能 ……………………………………………………………… (195)
　　　13.2.1　控制城市人口规模的主要矛盾 …………………………………… (196)
　　　13.2.2　三次总体规划修编的经验 ………………………………………… (196)
　13.3　首都功能的内涵 …………………………………………………………… (197)
　　　13.3.1　按照工业中心的理念建设 ………………………………………… (197)
　　　13.3.2　关于经济中心的提法 ……………………………………………… (198)
　　　13.3.3　关于经济管理中心 ………………………………………………… (198)
　13.4　控制城市人口规模任重道远 ……………………………………………… (200)
　　　13.4.1　人口增长的压力依然存在 ………………………………………… (200)
　　　13.4.2　能让则让,能迁则迁,能分则分 …………………………………… (200)
　　　13.4.3　淡化首都第一情结 ………………………………………………… (201)
　13.5　城市建筑遗产 ……………………………………………………………… (202)
　　　13.5.1　双核结构 …………………………………………………………… (202)
　　　13.5.2　传统风貌 …………………………………………………………… (203)
　　　13.5.3　城墙的去留 ………………………………………………………… (204)
　　　13.5.4　"三山五园" ………………………………………………………… (205)

第14讲　"一带一路" …………………………………………………………………… (207)
　14.1　"一带一路"的特征 ………………………………………………………… (207)
　　　14.1.1　治理世界的模式 …………………………………………………… (207)
　　　14.1.2　"一带一路"构建世界秩序的新模式 ……………………………… (208)
　　　14.1.3　"一带一路"是我国和平崛起的标志 ……………………………… (208)
　　　14.1.4　"一带一路"的空间结构 …………………………………………… (209)
　　　14.1.5　中巴经济合作走廊 ………………………………………………… (211)
　14.2　命运共同体——"一带一路"的理论基础 ………………………………… (211)
　　　14.2.1　大道之行,天下为公 ………………………………………………… (212)

14.2.2　社会主义的硕果 …………………………………………… (212)
　14.3　古丝绸之路 ……………………………………………………… (213)
　　　14.3.1　陆上丝路 ……………………………………………………… (213)
　　　14.3.2　海上丝路 ……………………………………………………… (214)
　　　14.3.3　和平之路 ……………………………………………………… (216)

第15讲　发展预测 ……………………………………………………… (217)
　15.1　宏观预测 ………………………………………………………… (217)
　　　15.1.1　把握政治动向 ………………………………………………… (217)
　　　15.1.2　预判经济形势 ………………………………………………… (218)
　　　15.1.3　评估文化差异 ………………………………………………… (218)
　15.2　微观预测 ………………………………………………………… (220)
　　　15.2.1　不变要素和可变要素 ………………………………………… (220)
　　　15.2.2　城市的蠕移和转移 …………………………………………… (221)
　　　15.2.3　地价缺口 ……………………………………………………… (223)
　15.3　大型工程评议——权衡利弊舍其轻 …………………………… (224)
　　　15.3.1　阿斯旺高坝分析 ……………………………………………… (224)
　　　15.3.2　三峡水利工程评述 …………………………………………… (225)
　　　15.3.3　方案比较 ……………………………………………………… (227)

第16讲　结束语——区域开发的中国模式 ……………………… (228)
　16.1　以人为本,和谐发展 …………………………………………… (228)
　16.2　渐进式改革开放 ………………………………………………… (228)
　16.3　区域开发的重要举措 …………………………………………… (229)
　16.4　中国经验的国际影响 …………………………………………… (230)

参考文献 ………………………………………………………………… (231)

图　目　录

图 1-1　区域均衡发展示意图 …………………………………………………… 5
图 2-1　1815 年德意志同盟简图 ……………………………………………… 12
图 2-2　1990 年统一后的德国 ………………………………………………… 12
图 2-3　莱茵河城市轴 …………………………………………………………… 14
图 2-4　美国时空压缩示意图 …………………………………………………… 16
图 2-5　经济活动距离衰减现象 ………………………………………………… 18
图 2-6　欧洲工业革命扩散示意图 ……………………………………………… 18
图 3-1　北京市行政区界变化示意图 …………………………………………… 22
图 3-2　李白《客中作》诗句意境 ………………………………………………… 25
图 3-3　杜甫《绝句》诗句意境 …………………………………………………… 26
图 3-4　中国 2005—2050 年人口增长轨迹图 ………………………………… 31
图 3-5　木桶原理示意图 ………………………………………………………… 34
图 4-1　胡焕庸人口分布线（韩茂莉绘） ……………………………………… 45
图 4-2　我国东、中、西三大地带示意图 ………………………………………… 50
图 4-3　我国四大经济区示意图 ………………………………………………… 51
图 5-1　元代十一行省简图（韩茂莉绘） ……………………………………… 57
图 5-2　天府新区简图 …………………………………………………………… 59
图 5-3　深圳经济特区管理线示意图 …………………………………………… 60
图 5-4　上海浦东新区简图 ……………………………………………………… 65
图 5-5　天津滨海新区简图 ……………………………………………………… 66
图 6-1　《桃花源记》图（杨晓东绘） …………………………………………… 82
图 6-2　北京香山曹雪芹纪念馆（杨晓东绘） ………………………………… 83
图 6-3　牧童遥指杏花村（杨晓东绘） ………………………………………… 86
图 6-4　洋地名成灾 ……………………………………………………………… 87
图 6-5　佛罗伦萨老桥（刘晓宇绘） …………………………………………… 88
图 6-6　王府井匾（杨凌绘） ……………………………………………………… 90
图 6-7　王府古井（董英伟绘） …………………………………………………… 90
图 7-1　巴尔干半岛政区简图 …………………………………………………… 94
图 7-2　治大国，若烹小鲜（蔡志忠绘） ………………………………………… 99
图 8-1　北京和郑州降水和气温月变化图 …………………………………… 106
图 8-2　亚洲夏季风北进南撤示意图 ………………………………………… 107
图 8-3　昆明静止锋面示意图 ………………………………………………… 111
图 8-4　成昆铁路局部线路示意图 …………………………………………… 114
图 8-5　黄山蓬莱三岛（谢凝高绘） …………………………………………… 115
图 8-6　武当山南宫（谢凝高绘） ……………………………………………… 116

图 8-7　黄土高原范围示意图 …… 121
图 8-8　黄河下游河道变迁图 …… 122
图 9-1　三河位置示意图（韩茂莉绘） …… 126
图 9-2　《禹贡》九州分布图（韩茂莉绘） …… 127
图 9-3　我国农耕区扩展示意图 …… 132
图 10-1　抗战时期河南灾民剥树皮充饥（1942—1943 年） …… 140
图 10-2　一、二、三线示意图 …… 145
图 11-1　离乌鲁木齐 3000 千米范围示意图 …… 167
图 11-2　库布齐沙漠简图 …… 169
图 12-1　钢铁生产流程简图 …… 175
图 13-1　唐朝天宝初年（742 年）兵力部署示意图 …… 193
图 13-2　明朝（1403—1424 年）九镇兵力分布示意图 …… 193
图 13-3　古代北京交通形势图 …… 194
图 13-4　北京东西双核结构示意图 …… 202
图 13-5　北京东西双核结构演化图 …… 203
图 13-6　北京城廓示意图 …… 204
图 13-7　圆明园残迹图（杨晓东绘） …… 206
图 14-1　"一带一路"初始示意图 …… 207
图 15-1　奥兰多锦绣中华难以维持生计（张颖绘） …… 219
图 15-2　阜阳市对外交通口岸转移图（1986 年） …… 221
图 15-3　深圳市中心西移图 …… 222
图 15-4　巴黎人口密度与地价关联示意图（1990 年） …… 223
图 15-5　芝加哥地价缺口示意图（Hoyt，1933 年） …… 224
图 15-6　三峡工程简图 …… 226

表　目　录

表 2-1　产业部门对距离的敏感度 …… 15
表 2-2　上海到汉堡航线距离比较 …… 16
表 3-1　我国城市人口与人均 GDP 比较（2016 年） …… 21
表 3-2　1949—1958 年北京市行政区扩大情况 …… 21
表 3-3　我国 1949 年和 2016 年粮食产量比较 …… 23
表 3-4　我国资源型城市简表 …… 24
表 3-5　美国三大州首位城市与州府人口比较（2015 年） …… 27
表 3-6　英国经济高速增长期情况 …… 32
表 3-7　美国经济高速增长期情况 …… 32

表 3-8	人均国民收入增加一倍所用年数	32
表 3-9	美国 GDP 集中指数(2016 年)	40
表 3-10	中国 GDP 集中指数(2016 年)	40
表 3-11	美国 GDP 与人口地理联系率(2016 年)	41
表 3-12	中国 GDP 与人口地理联系率(2016 年)	43
表 4-1	1949 年前租界分布	49
表 4-2	全国主体功能区划的四类区域	53
表 4-3	《北京市主体功能区规划》中的禁止开发区域	54
表 4-4	主体功能区分类管理的区域政策	55
表 5-1	我国新区简表	67
表 5-2	2003 年北京市开发区简况	69
表 7-1	中国与欧洲海岸线比较	94
表 7-2	区域经济一体化组织主要类型	98
表 7-3	1991 年苏联解体时的基本数据	102
表 7-4	俄罗斯经济规模(GDP)变化	102
表 8-1	中国与世界同纬度地区气温比较	108
表 8-2	我国沙漠和戈壁分布	108
表 8-3	我国北纬 40°附近城市降水量变化	109
表 8-4	地形对交通建设造价的影响(以平原为 1)	113
表 8-5	中国主要河流输沙量	117
表 8-6	我国主要调水工程	120
表 10-1	1900 年清政府向联军各国赔款数额	139
表 10-2	苏联援建 150 个建设项目分布	141
表 10-3	1960 年我国粮食产量	143
表 10-4	1959—1962 年我国人口波动	144
表 10-5	1980 年与 2016 年世界 GDP 前 20 位国家	150
表 10-6	1980—2016 年我国人均 GDP 增长	151
表 10-7	1978—2016 年我国工业产品增长	152
表 11-1	长江流域上、中、下游人均 GDP 比较(以云南为 100)	155
表 11-2	美国分州人均 GDP 比较(2015 年)	156
表 11-3	我国四大经济区概况	157
表 11-4	东部地区生产总值在全国占比	157
表 11-5	我国主要口岸进出口贸易	158
表 11-6	1934 年世界十大港进口船只吨位	159
表 11-7	华南和东北 GDP 占全国比重	161
表 11-8	西部各省、市(自治区)地区生产总值占全国比重	165
表 11-9	贵州、甘肃、云南人均地区生产总值比较	166

表 11-10	边境主要毗邻城市	167
表 11-11	中部各省地区生产总值占全国比重	170
表 11-12	"一五"时期东北的56个重点项目	172
表 11-13	东北各省地区生产总值占全国比重	173
表 12-1	全球热轧钢卷成本结构(2014年四季度)	176
表 12-2	中国历年钢产量	178
表 12-3	1956年钢铁工业发展规划示要	179
表 12-4	三线建设时期钢铁工业布局	180
表 12-5	我国主要铁矿石产区产量(2014年)	184
表 12-6	我国东、中、西部钢产量比重	186
表 12-7	我国东、中、西部钢产量(2016年)	186
表 12-8	唐山钢铁企业设备能力(2013年)	187
表 12-9	上海和苏南钢铁企业设备能力(2013年)	188
表 12-10	中日超大型高炉比较	190
表 13-1	我国公元前221—公元907年建都表	191
表 13-2	我国公元907—1911年建都表	192
表 13-3	2016年世界企业100强中的中国企业	199
表 14-1	全球十大集装箱港(2016年)	209
表 14-2	郑和下西洋到达的国家和地区	215
表 15-1	汾西煤矿到武钢运费比较(1995年)	227

上　篇

规律和概念

第1讲 经济地理面貌变化三特征

世界经济地理面貌在不断变化中。经济地理面貌变化有三个特征：一是各国各地区经济发展不平衡；二是各国各地区经济发展从不平衡趋向相对平衡；三是各国各地区经济地理面貌千差万别，有强烈的区域特征。第一特征和第二特征带有共性；第三特征是区域的个性，是经济地理学研究的核心。

1.1 不平衡是常态

由于自然环境和自然资源分布不平衡，加上历史文化的差别，在经济规律的作用下，世界各国各地区的经济发展状况是不平衡的，不平衡是常态。而且，自从工业化以来，不平衡在加剧。在19世纪和20世纪两个世纪里，按GDP计算，世界经济平均每年增长2.9%。在这两个世纪里，各国各地区的经济增长状况极不平衡。有些地区停滞不前，有些地区突飞猛进，不断赶超。

21世纪初出现一个观点，认为"世界是平的""世界正在被抹平"，空间距离对产业布局的影响逐步缩小。"世界是平的"观点引申出一系列新概念。"地球村"成为出现频率很高的流行词。同时，出现"地理终结"(end of geography)、"距离终结"(end of distance)、"无边界世界"(borderless world)等术语。"世界是平的"出于人们对生活的感受。人们可以在网络上获得最新的信息，可以与世界上任何地点的亲人视频交流，可以网购世界各国的特产，可以持一张信用卡走遍五大洲。像星巴克、沃尔玛这样的企业可以把连锁店开到全世界，实现全球采购、全球销售、全球服务。世界变小是以信息技术为代表的科学和生产力发展的硕果。航空、高速铁路、超高压输电等技术的进步起了助推作用。

纵观世界，它有抹平的一面，又有差异扩大化的一面。平是相对的，不平是绝对的。根据施乐会统计，2016年世界最富有的1%的人的财富相当于其余99%的人财富的总和。其中，85个最富有的人的财富与50%最贫穷的人的财富一样多。2016年卢森堡人均GDP高达103 199美元，最低的南苏丹只有233美元。① 卢森堡人均一天的GDP比南苏丹一年的GDP还多。东盟是我国近邻，东盟经济最发达的新加坡2016年人均GDP 52 961美元，柬埔寨和缅甸人均GDP分别是1270美元和1275美元，相差约40倍。

推动区域经济发展不平衡的主要机制是经济规律，是集聚效应。集聚效应是经济活动的区位相互接近带来的成本节约。互相联系的上下游企业在近距离内集聚可以减少中间产品的运费。企业共同利用交通运输、通信、供电、供水、环境等设施可以节约基础设施投资。在集聚效应作用下，经济越集中，经济活动的密度越高，地区越富裕。

大城市是集聚效应的结晶。恩格斯在一个多世纪前描述过城市的集聚效应："城市愈大，搬到里面来就愈有利，因为这里有铁路，有运河，有公路；可以挑选的熟练工人愈来愈多；由于建筑业中和机械制造业中的竞争，在这种一切都方便的地方开办新的企业，比

---

① 国际货币基金组织，2017-04-02.

起不仅建筑材料和机器要预先从其他地方运来,而且建筑工人和工厂工人也要预先从其他地方运来的比较遥远的地方,花费比较少的钱就行了;这里有顾客云集的市场和交易所,这里跟原料市场和成品销售市场有直接联系。这就决定了大工厂城市惊人迅速地成长。"①

2016年全世界780座大城市集中了约26亿人口,占全球人口超过三分之一;集中了约45万亿美元GDP,占全球GDP 60%。到2035年,全球还有5亿人要进入大城市。②伦敦的伦敦城(City of London)每平方英里面积(2.6平方千米)居住7800人。在伦敦城工作的有34万人。伦敦城是世界最大的金融中心,外汇市场、金融衍生产品市场、黄金市场都居世界首位,保险市场全球第二,证券市场世界第三。

1.2 相对平衡化的趋向

经济发展水平的地区差异有不平衡的一面,也有平衡化的趋势。对这一过程进行描述的是倒U字规律。随着工业化的起步,区域间的经济发展水平差异扩大,先期工业化地区发展快。到了工业化后期,普遍进入工业化轨道,区域间经济发展水平差异逐步缩小。经济发展水平差异由小变大、再由大变小的过程,用曲线表示,像倒写的英文"U"字母。倒U字规律描述的是现象,不是内在机制,就像苹果落地一样。

推动区域经济相对平衡化的机制中有经济规律、生态规律和社会规律。

产业转移,劳动力、资金、技术等生产要素流动促进地区间的平衡化。产业向要素成本较低的地区转移可以获得较大利润。劳动力向工资水准较高地区迁移可以取得较高收入。不发达地区劳动力流出提升了流出地的工资水准,缩小了地区间的工资差距。区域开放程度越大,生产要素地区间流动越快,发展水平趋同化越明显。

区域均衡发展示意图(图1-1)描述了区域间相互补充和合理反哺的关系。经济发展滞后地区大都是生态屏障区,提供清洁水源、干净大气和初级产品。经济发达地区接受生态屏障的恩惠,饮水思源,应进行合情合理的反哺。青海省三江源是长江、黄河和澜沧江中下游地区的生态屏障。三江源平均径流量324亿立方米,供应黄河33.1%的流量,澜沧江14.7%的流量,长江2%的流量。三江源水源保护关系中下游洪涝旱灾防治。③长江三角洲所在的上海市和江苏省、浙江省面积21万平方千米,相当于三江源自然保护区面积的70%,人口1.6亿,等于三江源的280倍,2016年GDP等于三江源的2200倍。以长江三角洲为代表的中下游地区接受三江源生态资源的惠泽,有必要合理回馈,共同享受发展的成果,实现区域均衡发展。

按需分配、共同富裕等核心价值观是推动地区经济相对平衡化的社会学范畴。体现按需分配、共同富裕的是国民收入分配,包括国民收入的二次分配和三次分配。

国民收入二次分配有公共制度、基础设施和干预措施三方面。公共制度是没有空间

---

① 马克思恩格斯全集(第2卷).北京:人民出版社,1957;301.
② 〔法〕多米尼克·皮亚洛.城市发展.法国论坛报网站,2017-12-20.
③ 中国水利水电科学院.三江源自然保护区水利科技·三江源简介.百度网,2012-07-10.

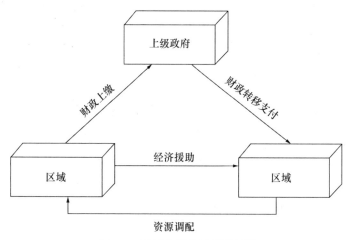

图 1-1　区域均衡发展示意图①

差别的政策和制度,包括所得税体制,政府间的财政关系,土地治理和房地产市场体制,教育、医疗、保健、养老等方面的制度等。不同地域享受共同的教育、保健、医疗、养老等方面的保障,缩小了地域间生活水平差异。基础设施包含连接空间的政策,对所有连接的地区提供流通的公共服务。统一的基础设施网,加速各地域间人、财、物的流通,为各地域全面发展创造条件。干预措施是针对特定地区的政策,是反映地区差异性的政策,包括开辟经济特区、技术开发、自由贸易区等不同类型的特殊经济区,以环境保护和生态治理为主要目标的各类保护区,防风林、绿化带等建设项目。

三次分配是非政府组织的民间行为。三次分配通过各类慈善事业、基金、捐助,筹集民间资金和物资,支援经济相对滞后的地区和生活困难群体。三次分配的水准是对社会道德状况和组织能力的检验。

改革开放以来,我国省、市、区间经济发展的变化经历了从扩大差异到趋向平衡的过程。以上海和甘肃人均 GDP 指标为例,1978 年两地的差幅是 7.2∶1,1998 年扩大到 8.2∶1;进入 21 世纪,差幅逐步缩小,2016 年是 4.1∶1。考察上海和甘肃两地的实际生活质量的差幅并没有达到 4.1∶1 的程度。二次分配和三次分配缩小了两地间的生活质量差幅。

1.3　美在区域特征中

雕塑家把人物的精神风貌刻划得出神入化,画家把景点的绚丽色彩尽收眼前,这些都是艺术美的体现。地理学把握区域特征与艺术美异曲同工。透过区域分析把握区域特征,就是抓住了区域的本质。有了特征,区域便是生动的、鲜活的和有序的。

区域特征受地理环境制约。区域特征是地理概念,是地理学研究的重点领域。

我国区域规划和城市规划的缺点之一是类同化,县抄市、市抄省、省抄中央,发展模

---

① 樊杰.中国人文与经济地理学者的学术探究和社会贡献.北京:商务印书馆,2016:195.

式、产业结构、主导产业千篇一律。原因是没有深入掌握区域和城市的特征。建设美丽小镇和美丽乡村的大潮中,关键是防止千镇一面、千村一面,因地制宜,维护山水景色,传承历史文脉,形成特色产业。回顾20世纪70年代,我国地理工作者开始涉足城市规划并有所贡献,主要依靠对区域特征和城市特征的系统分析。

世界各国各地区的经济地理面貌千差万别。其多样性表现在经济水平、经济结构、分布特征等方面。多样性的集中表现是发展道路的差异性,每一个国家、每一个地区,都有独特的发展道路。1991年中亚五国从苏联解体中独立。中亚五国包括哈萨克斯坦、土库曼斯坦、乌兹别克斯坦、吉尔吉斯斯坦和塔吉克斯坦,称"五斯坦"。[①] 2016年哈萨克斯坦人均GDP 7510美元,塔吉克斯坦人均GDP 796美元,相差9倍以上。哈萨克斯坦人口占中亚五国1/4,GDP占中亚五国57%。从同一个体制中解脱出来,差距这么大,重要原因是区域特征。

哈萨克斯坦成为中亚首富,是因为它立足于三大优势。

(1) 土地和资源优势。哈萨克斯坦国土272万平方千米,是世界第九大国。哈萨克斯坦石油、天然气、煤和有色金属等矿产资源丰富,铀产量世界第一,人称世界"铀库";可耕地潜力巨大,是著名的粮仓,小麦和面粉出口大国。

(2) 区位优势。哈萨克斯坦位于欧亚大陆心脏,东西横跨41个经度,是少数几个跨欧亚两洲的国家之一。哈萨克斯坦犹如搭扣,东部经我国新疆阿拉山口岸和霍尔果斯口岸通向亚洲东部;西部直抵伏尔加河流域,面向欧洲大平原。横贯欧亚大陆的高速公路、高速铁路都要经过哈萨克斯坦。欧亚大陆的东部和西部经济越发达,经济联系越紧密,哈萨克斯坦的搭扣功能越突出。

(3) 文化优势。哈萨克斯坦是中亚俄罗斯族人口比重最高的国家。境内哈萨克族占63.1%,俄罗斯族占23.7%。哈萨克斯坦执行民族团结和睦方针,政局稳定。在哈萨克斯坦,哈萨克语和俄罗斯语同为官方语言。1997年哈萨克斯坦首都从阿拉木图迁到阿斯塔纳。阿斯塔纳以北是俄罗斯族主要分布区,阿斯塔纳以南是哈萨克族主要分布区,定都阿斯塔纳有助于民族团结和国家稳定统一。

塔吉克斯坦经济相对滞后有自然和社会等方面的原因。塔吉克斯坦多高山,山地和高原占全国土地93%,一半国土海拔超过3000米。塔吉克斯坦是中亚水塔,有著名的陆地冰川。中亚重要的阿姆河、锡尔河、泽拉夫尚河都在境内发源。塔吉克斯坦水力资源十分丰富,开发率不到10%。2016年,塔吉克斯坦人口873万人,有130万名青壮年在俄罗斯打工,汇款收入占GDP比重居世界第一。多数年份汇款收入占GDP 40%以上。男劳动力大批出外打工,境内男女人口比例失调。塔吉克斯坦南邻阿富汗。2016年阿富汗有塔吉克族800万人,占全国人口1/4。阿富汗长期动荡,对塔吉克斯坦有外溢作用,边防压力较大。1992年到1997年塔吉克斯坦经历6年内战,人口财产损失严重。

国家间的平衡化比国家内部的平衡化的道路更长。国家间援助的数量与国家内部

---

① "斯坦"意指国家、国土。

财政转移有指数级的差别。2007—2013年,欧盟平均每年提供的援助金额相当于其国内生产总值的0.5%。占世界人口12%的最贫困国家每年得到的援助不到其国内生产总值的1%。[①] 实现国家间包容性发展的主要途径是帮助发展中国家发挥各自的优势,通过市场,提升各自的生产力。道路沟通、信息流通是发展中国家将潜在优势转化为现实生产力的前提。我国提出"一带一路"倡议是实现包容性发展、推动国家间经济发展平衡化的重要举措。

区域是许多学科研究的对象。多数学科研究区域时采用求同除异的思维模式,排除区域间的特殊条件,抓住区域间的相似点,提炼出普遍适用的规律和概念。地理学研究区域采用突出差异的思维模式,关注区域个性,从个性中概括区域特征,探索区域发展的特殊规律和特殊概念。地理学定义的界定大都离不开区域特征。1959年哈特向(Richard Hardshorne)认为:"地理学是对地表多样性正确、有序、合理描述和阐述的科学。"经济地理学有个传统定义:"研究各国、各地区的发展条件和特点。"这一定义的核心是区域的多样性。

---

① Reshaping Economic Geography:4.

第 2 讲　区位和距离衰减规律

区位是地表事物所占空间位置及其与外在事物的相互关系。任何事物都占有区位。人类活动要选择区位。人地关系和地带性规律通过区位体现。

区位概念由三个要素组成：① 主体，包括山、河、湖等自然体和国家、城市等人文体；② 位置，可以确定的空间地点；③ 客体，围绕主体的外在物。

2.1　区位的特性

区位的主体和客体有多样性。区位具有综合性、确定性、稀缺性和历史性等特征。

2.1.1　综合性

区位借助客体表述。按照客体的性质，区位分成自然区位和社会区位。

1. 自然区位

自然区位中有天文区位和自然地理区位。天文区位反映地表事物的经纬度。例如，北京天安门位于北纬39°54′27″，东经116°23′17″。自然地理区位反映地表事物与山、河、湖、海等自然环境要素的相互关系。例如，聚落位于江河的北岸、山脉的南坡等。自然地理区位是城市发展的立足点。翻开长江流域地图可以看到，支流汇入长江的交叉口出现城市。岷江汇入处有宜宾市，沱江汇入处有泸州市，重庆位于嘉陵江与长江交汇处，乌江汇入处有涪陵，武汉位于长江和汉江交汇处，青弋江汇入处有芜湖市。

2. 社会区位

社会区位有经济区位、文化区位、政治区位、通道区位等。

（1）经济区位。又称经济地理区位，反映地表事物与经济实体的相互关系。临港开发区和临港物流区是利用接近航空港的优越经济地理区位，开辟工业区和物流区。

（2）文化区位。反映地表事物与文化环境的相互关系。

（3）政治区位。又称政治地理区位、地缘政治区位，反映地表事物与政治中心、政治边界等政治要素的相互关系。

（4）通道区位。又称走廊区位，有正反两方面作用：正面作用是有利于人员、物资和信息流通，促进经济文化发展；负面作用是走廊上多发军事征战、民族更替。一位旅日朝鲜作家说："第二次世界大战后，有一段时间火车上非常拥挤。一坐上从东京到各地去的夜班火车，不用说座位，连过道都坐满了乘客。有一次，我就坐了这种夜班火车，在过道里垫上报纸坐着。车厢里人来人往，刚有点迷糊，就被鞋子和脚碰醒。这时，我领悟到，我现在所处的境遇，正是我们朝鲜民族历史境遇的写照。朝鲜半岛就好比从中国大陆去日本列岛的过道，汉民族、大和民族、蒙古民族都要经过这个过道。住在过道上的朝鲜人就像蹲在火车狭窄过道上的我一样，总是挨踢、挨捅，一会儿也不得安宁。"[①]在欧亚大陆

---

① 〔日〕松本一男.中国人与日本人.祝乘风译.渤海湾出版公司,1988:3—4.

上,像朝鲜半岛这样的通道区位很多。

2.1.2 确定性和稀缺性

特定的时间范围内,区位是确定的、不可重叠的。区位的确定性又称唯一性。区位的确定性首先表现在经纬度上。地表事物的主体和客体间有方位关系和距离关系。方位和距离决定区位的唯一性。方位是主体与客体的方向关系。例如,某村在火车站东南。精确的方位可以用东偏南多少度表述。表述方位时,我国习惯东和西为主,用东偏北和西偏南表述;西方习惯南和北为主,用南偏东和北偏西表述。距离是两个物体在空间上相隔的长度。例如,某村离火车站5千米。区位研究的重点是距离。

确定性衍生稀缺性。优良区位是有限的,是稀缺资源,是最有价值的资源之一。"卖点尽在楼盘外",交通线边、学府边、水域边、园林边统称"四边",是房地产业的热点板块,根源是区位的稀缺性。"酒好不怕巷深",讲的是商品质量对销售有决定性作用。这一点是对的。但"酒好不怕巷深"忽略了区位对销售的影响。零售商品销售量与人流密度成正比。大街临街拐角处铺面的租金高些。拐角处人流密度比一般临街处大些。"一步差三市"是我国商贩经营的总结。有人站在北京东四过街天桥上观察桥两边两个冰棍摊位的销售状况。当西侧摊点售出15支冰棍时,东侧摊点才售出1支。因为西侧有隆福寺商业娱乐街,人流密度大。20世纪50年代有些小区在居住区中央开商铺。商铺远离大街,经营状况普遍不好。

2.1.3 历史性

区位具有历史性。区位处在变化过程中。地理环境的变化引起区位历史变迁。沙漠扩张、海平面升降、河流改道、洪水淹没和港口淤塞都会引起自然地理区位的变化。交通技术改进、交通网扩展、行政区划变更会引起经济地理区位变化。

1. 基础设施建设是改变区位的重要原因

我国改革开放以来,经济持续高速度发展的重要原因是基础设施的大规模投入,改善了不少地域的区位,创造了区域经济发展的基本条件。"要想富,先修路"是我国改革开放经济发展的重要经验。宁波北仑原是安静的小渔村。20世纪70年代,上海建宝山钢铁厂,大型运载矿石的船舶无法进入宝山钢铁厂码头,需要建一座减载矿石的周转码头。减载后,船舶吃水变浅,才能进入宝山钢铁厂码头。北仑吃水深,离上海近,是理想的减载地。北仑深水码头建成后,改变了宁波港的地位,也改变了宁波市空间发展的方向。2006年宁波港与舟山港联合,组成宁波舟山港,货运量迅速上升,超过上海港。跨杭州湾大桥建成后,上海和宁波进入一日生活圈,宁波舟山港和上海港组成超大型港口群。2016年宁波舟山港和上海港的货物吞吐量分别达9.2亿吨和6.5亿吨,分别是世界港口货物吞吐量的冠亚军。[①]

[①] 国家统计局国民经济综合统计司. 中国统计摘要·2016. 北京:中国统计出版社,2017:153.

2. 区位的历史性是城市迁移和兴衰的重要原因

宋朝时朱仙镇与夏口、佛山、景德镇齐名,称"四大名镇"。夏口是今天的汉口,佛山、景德镇都已建市。唯有朱仙镇衰退了,原因是交通条件发生了变化。宋朝贾鲁河航运畅通,朱仙镇是华北平原最大的水陆交通枢纽,极盛时人口达30万人,转运西北山货、河南牲口和土特产,输入南方木材、瓷器、盐、糖、布匹、粮食。后来黄河决口,贾鲁河淤浅,水运中断。京汉、津浦铁路通车后,华北平原上的运输网络发生变化,朱仙镇成为闭塞的地方。

2.2 区位是宝贵的资源

人们常说经济地理学是发现区位价值的学说。政治经济学指出,生产力是生产资料、生产工具和劳动力三要素结合的产物。生产三要素结合,需要一个条件——结合的地点。这个地点就是区位。区位是不能移动的。有了优质区位,生产三要素可以从四面八方集聚过来。

从某种意义上说,城市间的竞争是区位的竞争。世界上大城市的出现,依靠优质区位。1980年我国建立深圳、珠海、汕头和厦门四个经济特区,深圳一枝独秀,决定性条件是紧邻香港的区位。改革开放初期,香港是我国通向世界的大门。我国引入境外资金,一半以上来自香港。深圳罗湖桥是我国最大的客流过境口岸。深圳优越的地理位置吸引全国资金、技术人员、劳动力和物资流入,出现震惊世界的深圳速度。深圳模式的基础是中国内地广大腹地与香港相互融合,潜在的区位优势通过改革开放转化为现实的经济优势。深圳模式不能简单重复。海南岛建特区时,简单重复深圳轨迹,建了大批楼房,形成烂尾楼,经历十几年调整才慢慢消化。

优越的区位可以弥补自然条件的欠缺。中美洲有个伯利兹,原是英国殖民地,称英属洪都拉斯,是中美洲唯一用英语作官方语言的地方,1981年脱离英国独立。首都位于伯利兹河口,是优势良港,名伯利兹市。1961年飓风哈蒂正面登陆伯利兹市,城市几乎夷为平地,3/4房屋倒塌。1967年到1970年在离伯利兹市82千米的内地贝尔莫潘建新都。至今,主要经济活动仍集中在伯利兹市。伯利兹面积2.3万平方千米,2016年人口37万人,1/4集中在伯利兹市,贝尔莫潘是一个不足1万人的小城市。2015年伯利兹国际机场落成,取名贝尔莫潘国际机场,地址离伯利兹市16千米。伯利兹唯一的大学也在伯利兹市。港口位置对城市发展的影响胜过飓风威胁。

在一个国家的全部财富中,占首位的往往是房产。2014年年底英国国家统计局估算,全英财富净值为8.6万亿英镑,其中,房产一项5.1万亿英镑,占财富总额59.3%。房产的价值受位置影响,位置好的房产和位置差的房产售价可以差几十倍。

我国房地产业界将城市分为一线城市、二线城市和三线城市。这三类城市房产差价成几何级数。[①] 一线城市有北京、上海、广州、深圳4座。二线城市有天津、石家庄、太原、呼和浩特、沈阳、大连、长春、哈尔滨、南京、无锡、苏州、杭州、宁波、温州、合肥、福州、厦

---

① 许宪春.经济分析与统计解读.北京:北京大学出版社,2014:198.

门、南昌、济南、青岛、郑州、武汉、长沙、南宁、北海、海口、三亚、重庆、成都、昆明、贵阳、西安、兰州、西宁、银川、乌鲁木齐 36 座。一线和二线以外的城市称三线城市。2016 年我国房地产出现去库存问题。一线城市和二线中的优质城市基本上不受库存波及。以苏州为例，2016 年房价继续坚挺。当地顺口溜说："姑苏城外寒山寺，楼面地价两万四。春风桃花一杯酒，园区要卖两万九。"说的是 2016 年春楼价升了两成。

2.3 有关区位的概念

区位衍生的概念有交通区位、中心区位、门户区位、大位置、小位置等。

2.3.1 交通区位

交通对城市的影响大体有 5 个阶段。
（1）古代人们依靠马车和内河船只，在大道交叉口、内河港口兴建城市。
（2）18 世纪现代航海业兴起，海港成为大城市的首选地，著名的海港城市如伦敦、纽约涌现。
（3）19 世纪铁路网兴起后，铁路运输枢纽成为新兴城市，芝加哥是典型的铁路运输枢纽。
（4）20 世纪航空运输繁荣，航空港成为经济发展的亮点，美国的孟菲斯、德国的法兰克福、阿联酋的迪拜都以航空港为立足点。
（5）21 世纪高速铁路和高速公路技术成熟，陆上崛起一批新的运输枢纽城市。
有两类区位在节约运费方面有优势。
（1）终点区位。在原料产地和市场间，工厂往往选在运输线的两端，或者在原料产地，或者在市场。选在两端可以节省装卸倒运次数，节省运费。
（2）中转区位。如果在原料产地和市场间没有直达运输，要经过港口和铁路枢纽中转，在中转地会形成企业群。企业设在中转地可以减少倒装次数，获得多种辅助材料和信息。

2.3.2 中心区位

几何中心区位又称天文中心区位，是自然地理上的概念。1989 年法国国家地理研究所求出欧洲的几何中心在北纬 54°54′、东经 25°19′，位于立陶宛首都维尔纽斯北 26 千米处。1992 年立陶宛设立欧洲地理中心保护区。保护区中心建有一座高耸的石碑。石碑顶端有金星花冠，前面有巨大的八角星，代表地理中心的八个方向。四周有欧盟 28 国国旗迎风飘扬。石碑旁建有欧洲地理中心艺术公园。公园内有来自德国、加拿大等 30 多个国家和地区的上百件雕塑作品。欧洲地理中心是一个有历史文化意义的景点。

由于民族、宗教、语言、历史等因素影响，有些国家有两个或两个以上的政治集团，政治中心选在集团交界处可以起协调作用。古埃及分尼罗河谷上埃及和尼罗河三角洲下埃及两大地域。公元前 3100 年美尼斯统一上下埃及，在上下埃及交界处建都，希腊人称孟斐斯，遗址在现在开罗附近。定都在上下埃及中心区位，有利于形成稳定的国家。美国独立时,定都华盛顿,协调美国南北两大政治集团。比利时有两大族群,北部讲荷兰语,南部讲法语。布鲁塞尔位于两大语言区的中心,是双方都可以接受的首都区位。欧盟的两大支柱是法国和德国,布鲁塞尔作为欧盟的政治中心是法德两大创始国平衡的产物。

从当前的政治地图分析,德国首都柏林偏向东部边境,离界河奥得河只有70千米,四周是大平原,没有自然屏障。解释柏林选址离不开历史。统一德意志的核心力量是普鲁士,柏林在普鲁士的中心区域。德国领土经历第一次世界大战和第二次世界大战两次调整,出现今天偏离的局面。①

图 2-1　1815 年德意志同盟简图

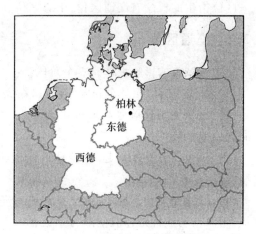

图 2-2　1990 年统一后的德国

2.3.3　门户区位

1. 门户区位是区域通向域外的大门

沿海地区门户区位一般是主要港口。航空业发展后,大型空港有门户功能。门户区位是建立城市的优质区位。

广西门户区位多变。在漫长的封建社会,广西对外的主要联络方向是下湖南,到中原。桂林位于门户区位,是广西经济和文化繁荣的首要城市,是广西的省会。五口通商,广州开埠,西江航道是广西出海的第一通道。西江出境处梧州升为广西的主要门户。改革开放后,北海是 14 个沿海开放城市之一,北部湾上的北钦防三港(北海、钦州和防城)成为广西走向世界的大门,也是我国西南地区通向世界近捷的通道。政治中心南宁紧邻北钦防三港,共同组成大型的城市群,引领广西发展。

2. 与门户区位分离

如果一个区域没有强大的门户区位城市,中心区位往往出现在"首位度"较高的城市②,如湖北的武汉、甘肃的兰州、陕西的西安、贵州的贵阳。有些地区旗鼓相当的两座城市上演双城记,主要原因是中心区位和门户区位的分离。俄罗斯欧洲地区有两座特大城

---

① 〔美〕罗斯金. 国家的常识. 北京:世界图书出版公司,2013:168.
② 城市"首位度"(Urban Primacy)是首位城市与第二位城市人口规模的比例关系。

市——莫斯科和列宁格勒,一个在中心区位,另一个在门户区位。

在不同的历史阶段,中心区位和门户区位的相互关系有变化。社会经济封闭时期,中心区位地位显赫。社会经济开放时期门户区位地位上升。相互关系的变化引发城市地位的升降。

山东省青岛和济南两城地位消长具有典型意义。在漫长的封建社会,济南是山东"首位城市",青岛是名不见经传的渔港。1888年青岛开埠以来,其地位上升,成为我国北方三大航运枢纽港(天津、大连、青岛)之一,轻纺工业迅速成长,在全国仅次于上海,有"上青天(津)"一说。济南在工业和商贸上都落在青岛后面。改革开放前,我国经济相对封闭。济南作为省会城市,有投资优势,不少重型工业落户济南,济南的工业规模一度赶上青岛。改革开放后,青岛占海港开放先机,再次上升为山东省"首位城市"。在我国权力相对集中的体制下,各省的政治中心都是"首位城市"。山东省省会济南不是"首位城市"是个例外,是山东省特殊环境的产物。[1]

辽宁省沈阳和大连有相似的经历。在漫长的历史时期,沈阳是东北地区的首位城市,大连是小渔村。开埠以后,特别是日本帝国主义侵占东北以后,大连成为经略东北的门户,经济规模超过沈阳。改革开放前,沈阳作为东北地区的政治、经济、文化中心,实力反超大连。改革开放后,大连是整个东北开放的前沿,与沈阳的差距逐步缩小。

2.3.4 大位置・小位置

区位可以用不同的距离尺度表述。远距离表述的区位称大位置,近距离表述的区位称小位置。

小位置分析近距离事物与客体的相互关系。例如,从几百千米内,从省域内研究区位。地址是小尺度区位。微位置只涉及单一店铺、居室内、房舍内的布局,如柜台的安置、大门的开设、厨房的位置等。美国埃丝黛・劳德(Esteé Lauder)提出著名的"劳德学说",有一条讲柜台位置对销售的影响,是微位置研究。她在纽约经过一周观察发现90%的妇女走进商店后习惯先向右看。因此,她建议把色彩明快、富有吸引力的柜台放在右侧,抓住女士们的注意力。

大多数城市出现时,小位置的作用比较重要。城市扩张到一定规模后,大位置的作用比较突出。

2.3.5 发展轴

20世纪60年代德国克里斯塔勒(W. Christaller)提出中心地学说,揭示居民点和城市形成的等级规模法则。

20世纪70年代德国松巴特(Werner Sombart)提出发展轴概念。发展轴又称增长轴,由方便快捷的交通干线将一系列城市贯串起来。区域的生产要素向发展轴集聚。发

---

[1] 关于青岛是山东首位城市的客观事实,在修订山东省城市体系规划时,周一星作了系统论述,被山东省决策层接受。

展轴是区域发展的精华,重要的发展轴有国际影响。发展轴大体有三个类型。

(1) 沿海型。如美国东北部从波士顿、纽约到华盛顿发展轴,日本东京、名古屋到大阪、神户发展轴。

(2) 沿江型。如欧洲沿莱茵河发展轴(图 2-3),我国沿长江发展轴。

(3) 沿陆上交通线型。如我国京广铁路沿线发展轴,东北哈尔滨到大连沿线发展轴。

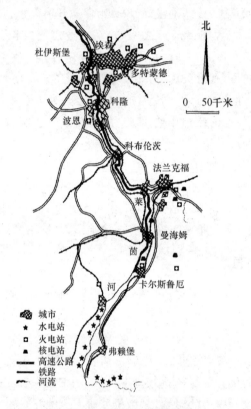

图 2-3　莱茵河城市轴

资料来源:陆大道.区域发展及其空间结构.北京:科学出版社,1995:15.

在"点-轴系统"理论基础上,1984 年陆大道根据我国国情提出 T 字形空间开发结构。空间开发结构由沿海地带轴和长江沿岸轴组成,在长江口汇合,形成 T 字形。T 字形空间开发轴是我国经济建设的重点地带。T 字形空间开发轴概念被我国不同层次的空间规划采纳。[①]

2.4　距　离

在经济活动中,距离意味着时间,距离意味着成本。优质区位的实质是节约距离引起的费用。区位的优越性首先体现在距离上。

---

① 樊杰,等.中国人文与经济地理学者的学术探究和社会贡献.北京:商务印书馆,2016:151—177.

2.4.1 距离的类型

1. 直线距离

距离的基础是两点间的直线距离,称天文距离。直线距离可以在地图上度量。

2. 营运距离

实际生活中客运和货运都在特定的线路上运行,称营运距离。两座城市间只有一个天文距离,可以有多个营运距离。公路、铁路和水路的营运距离是不同的。

山区道路受地貌影响,成盘绕状。开挖隧道,架设桥梁,可以裁弯取直,缩短营运距离。

3. 经济距离

人们从甲地到乙地要耗用一定的时间,要付出一定的费用,出现时间距离和经济距离两个概念。时间距离对客流和鲜活产品的影响较大。经济距离是从甲地到乙地所付出的费用总额。从甲地到乙地付出的费用除了线路运营费,还有装卸费、周转费、关税、途耗等。集装箱便于装卸,可以减少倒装费用。公路运输可以门对门直达。这是第二次世界大战后集装箱运输和公路运输发展较快的原因。

不同的产业部门对距离的敏感度有区别。由于原材料和产品在重量和体积上的差别,有些产业对营运距离的敏感度大些,有些产业对经济距离的敏感度大些。

表 2-1 产业部门对距离的敏感度

	较为敏感	较不敏感
营运距离	电力、天然气、人造气体、纸张、硬纸板、活体动物、糖、糖制品、蜂蜜	纸浆和废纸、摄影仪器、光学产品、手表、电信及录音设备、咖啡、茶、可可、香料、黄金
经济距离	有色金属、人工肥料、肉类及肉类制品、铁和钢、纸浆及废纸	咖啡、茶、可可、香料、动物油和脂肪、办公室机器和自动化资料设备、发电机和设备、摄影仪器、光学产品、手表
行政距离	黄金、电力、咖啡、可可、香料、纺织纤维、糖、糖制品、蜂蜜	天然气、人造气体、旅行用品、手提袋、鞋类、暖气、照明设施、家具及家具组件
文化距离	肉类及肉类制品、谷物及谷物制品、各类食品及其加工品、烟草香烟、办公室机器及自动化资料设备	摄影仪器、光学产品、手表、道路运输工具、软木及木材、金属加工机械、电力

资料来源:潘克·基默威特.谁说距离不是问题.哈佛商业评论,2001.

4. 文化距离

语言、民族、宗教、习俗差异引起的交流障碍,称文化距离。以人口迁移为例,人们习惯在同一文化圈层内移居。跨越文化圈要克服语言、宗教等方面的障碍,构成较高的迁移成本。

2.4.2 距离时空压缩

时空压缩(time-space compression)又称时空会聚(time-space covergence),是通过两地间的时间距离在缩短。13世纪意大利人马可·波罗从威尼斯到北京(大都),用了三年半时间。1784年"中国皇后号"商船从纽约驶到广州黄埔港用了6个月零7天。当前,从北京飞到欧洲 8 个小时,飞到纽约 12 个小时。从 1912 年到 1970 年喷气式客机问世,美国东西海岸间的时间距离压缩 90% 以上。

图 2-4　美国时空压缩示意图

资料来源:Manheim ML,Fundamentals of Transportation Systems Analysis:Basic Concepts(Volume 1),Cambridge:MIT Press,1979.

开辟新的交通线路可以缩短运营距离。从上海到德国汉堡,海运取道苏伊士运河比绕道好望角缩短 7313 千米,北极航线开通后,比取道苏伊士运河缩短 4269 千米。中欧铁路班列开通后,从上海到柏林运输时间比海运缩短 60% 以上。

表 2-2　上海到汉堡航线距离比较

航线	距离/千米	比较
① 好望角航线	26 022	100
② 苏伊士运河航线	18 709	72
③ 北极航线	14 440	55

资料来源:张诗雨,等.海上新丝路.北京:中国发展出版社,2014:192.

距离时空压缩的影响是多方面的。

(1) 推动世界的一体化。19 世纪,远洋航运把全世界卷入同一个市场。这一阶段的主要贸易商品是初级产品,如石油、煤、钢铁、牛肉、茶叶、咖啡、棉花、粮食、糖等等,初级加工品,如布料、纺织品、机器、运输工具等。第二次世界大战后,由于人们消费品味的多样化和生产专业分工的细化,贸易的主要商品是同一产业部门内的品种交换、零部件配套。德、法两国都是汽车生产大国,有些德国人喜好法国式样的汽车,有些法国人喜好德国式样的汽车。这一阶段,发达国家内部贸易量急剧上升。

(2) 推动产品专门化。航空运输业发展后,对时间敏感的产业可以扩大销售范围。

肯尼亚早上生产的鲜切花,晚上可以在荷兰阿姆斯特丹上市。肯尼亚中部奈瓦沙一带出现全球最大的鲜切花生产基地。20 世纪 80 年代出现果酱专用船,巴西圣保罗州的橘子果酱借助果酱专用船行销全球。福特汽车公司生产轿车所需零部件除在美国各地采购外,还从加拿大、日本和欧洲的德国、法国、英国、意大利、西班牙、瑞典、挪威、荷兰、奥地利、瑞士等国采购。

(3) 提高城市集聚效应,改变城市功能和空间布局,促进相邻城市同城化,形成城市连绵区。

距离时空压缩不等于均质化,距离的影响仍然存在。[①] 以上海和乌鲁木齐两座城市为例,航空联系尽管把时间距离压缩到 5 个小时,但上海作为海运门户的地位、乌鲁木齐作为亚洲地理中心的地位是不会改变的。

2.5　距离衰减规律

距离衰减规律是研究事物间关联度的规律。距离衰减规律的简要描述是两个事物间的关联度与距离成反比。

2.5.1　距离衰减规律的本质

瓦·托白尔(W. Tobler)对距离衰减规律的描述如下:"任何事物都相互关联,距离相近的事物彼此关联更密切。"[②]距离衰减规律的本质是两个地理要素间的相互作用与距离的平方成反比,距离越大,相互作用力越小。距离衰减规律的理论基础是牛顿发现的万有引力公式:

$$F = g\frac{m_1 m_2}{r^2}$$

式中:F 为引力;m_1 和 m_2 是主体和客体的质量;r 是主体和客体的距离;g 是系数。

经济地理学和城市地理学的许多公式都是从牛顿万有引力定理演化来的。19 世纪 50 年代,凯雷(Carlyle)提出居民点间的吸引力公式:

$$I_{ij} = \frac{p_i p_j}{d_{ij}^2}$$

式中:I_{ij} 为吸引力;i,j 是两个居民点;p_i 和 p_j 是两个居民点的人口规模;d_{ij} 是两个居民点的距离。公式表明两个居民点间的吸引力与距离平方成反比,与人口成正比。

1931 年兰利(Langley)在凯雷公式基础上提出零售点引力定理和断裂点概念:

$$BP = \frac{d_{ij}}{1 + \sqrt{\frac{p_2}{p_1}}}$$

式中:p_1 和 p_2 是居民点 1 和居民点 2 的人口;BP 是从居民点 1 到断裂点的距离;d_{ij} 是居

[①] 萨拉·霍洛韦,等.当代地理学要义.黄润华,等译.北京:商务印书馆,2008:140.
[②] Waldo Tobler(1930—　　),Everything is related to everything else, but near thing's are more related to each other(加利福尼亚大学圣巴巴拉分校,UCSB)。

民点 1 到居民点 2 的距离。断裂点概念在研究城市吸引范围时广泛采用。

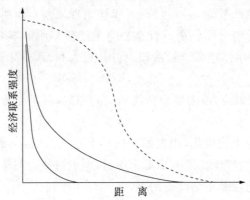

图 2-5　经济活动距离衰减现象

资料来源：刘卫东等.经济地理学思维.北京：科学出版社，2013：35.

2.5.2　距离衰减规律的正负效应

1. 文化和技术的传播受距离衰减规律制约

文化和技术的传播受距离衰减规律制约，在其他条件相似情况下，传播时由近及远逐渐扩散。人们形容这类传播像墨迹效应。工业革命从英国发端，在 19 世纪中叶向欧洲大陆传播。首先扩散到荷兰、法国，逐步扩散到德国。经过半个世纪，扩散到乌克兰和俄罗斯。

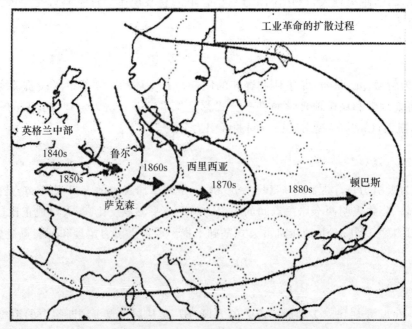

图 2-6　欧洲工业革命扩散示意图

资料来源：H. J. de Blij, Peter O. Muller. Geography: Realms, Regions and Concepts. 10th ed. New York: John Wiley & Sons, Inc., 2002: 52.

第二次世界大战后,东亚出现产业的地区转移。转移的机制与欧洲工业革命扩散相似,转移的方向与欧洲工业革命扩散相反。欧洲由西向东,东亚由东向西。日本学者将东亚地区性产业转移称为"雁行原理"。"雁行原理"中,东亚分成三个地带,形成大雁飞行的追踪形态:第一带是日本,第二带是新加坡、韩国、中国的港台地区,第三带是东盟和中国内地。"雁行原理"的扩散方向与欧洲工业革命扩散方向不同,由东向西逐步扩散。

"雁行原理"追踪的顺序是从消费资料到生产资料,从轻工业产品到重工业产品,再到高科技产品。日本的电器制造业先向韩国和中国台湾地区扩散,第二波向马来西亚和中国内地扩散。追踪时,发达国家的轨迹是:① 开发新产品;② 出口;③ 技术输出或者直接投资输出;④ 国外生产;⑤ 进口。发展中国家的轨迹是:① 进口;② 技术输入;③ 进口替代,本国生产;④ 出口。

2. 距离衰减有正效应,也有负效应

改革开放初期温州模式崛起得益于距离的衰减负效应。温州离省会遥远,政策比较宽松。改革开放初期温州模式与传统的社会主义模式有较大差距,宽松政策是成长的前提。温州模式发展过程中往往不是政策明确后再干,而是先干起来政策才逐渐明确。改革初期的重要市场不在县政府驻地。县政府驻地政策管理比较严。温州纽扣市场原在青田温溪镇,那里靠金温公路和瓯江,交通便利,"割资本主义尾巴"时把纽扣商赶跑了,到山沟里的桥头落脚。桥头逐渐成为全国纽扣业的中心。"山窝里飞出金凤凰",引起许多学者好奇。离开距离衰减的负效应很难解释纽扣市场在桥头落脚。

第3讲 区 域

区域和区位是一对相关联的概念。区位和区域的差别是相对的。北京,在世界地图上是一个点,是一个区位;在京津冀地图上是一个面,是一个区域;在北京市地图上,更是区域的全部。

区位和区域共同组成地方(Place)概念。地方是地球表面的一部分,可以是点,也可以是面,是个体或群体的所在地,是人们日常生活的范围。在中文中,地方还有一个内容——与中央对应的各级行政区。由地方衍生出不少常用的概念,如中央与地方、地方工业、地方病、地方戏、地方志、地方主义、去地方化等。

地方的物理学描述是空间,英文称 Space。地理学中不少概念包含"空"这个字,如时空现象、时空综合、时空压缩。空间概念超出地理学研究的范围。《牛津英语词典》对空间的描述是:一个连续的范围,既可以考虑其中存在的事物,也可以不考虑;地点或事物之间的距离。与空间有关的学科有天体物理学、航空航天科学等。

3.1 区 域 特 性

区域的主要特性是物质性、可度量性、历史性和层次性。

3.1.1 区域的物质性

区域是物质存在的形式。物质是多样的,区域也是多样的,有自然区、行政区、经济区、文化区等。

"市"是行政区中的一个概念。"市"的内涵十分复杂,有行政管辖区、建成区、规划区、郊区等。北京还有一个北京城的概念,指清朝北京城墙内的地区,只有62平方千米。目前北京有六个城区:东城、西城、朝阳、海淀、丰台、石景山,1381平方千米。北京行政管辖区16410平方千米。

同样一个"市"的概念,在中国和西方有差别。中国的市管辖郊区,有些郊区是典型的农业区。1997年重庆升格为我国第四个直辖市。原四川省万县市、涪陵市和黔江地区成建制并入重庆市。重庆市管辖区面积扩大十余倍,达到8.24万平方千米,比宁夏回族自治区和海南省还大,在国际上比捷克共和国这样中等规模的国家还大。重庆市管辖区的人口一夜之间增加5倍,达到3022万人。国外有些媒体不了解情况,惊呼世界上人口最多的城市是重庆。万县、涪陵和黔江绝大部分是农业地区,有不少是国家级贫困县。作为直辖市的重庆市不是典型的城市概念,相当于省级行政区的概念。[①]

2017年有媒体发布了一条新闻,题目是"九省省会不是第一大城市",其中包括安徽、江西、山西、内蒙古和贵州等省和自治区。[②] 误导的原因是"市"的概念。报道中所指的

[①] 国家统计局国民经济综合统计司.新中国五十年统计资料汇编.北京:中国统计出版社,1999:665.
[②] 九省省会不是第一大城市.澎博新闻社,2017-08-28.

"第一大城市"基本上是农业区,不是严格意义上的城市。2016 年这些"第一大城市"人均 GDP 只有省会城市的 1/3 左右,反映了我国城市与乡村的实际差距。同时应该指出,人口不是衡量城市地位的唯一指标。伦敦是国际金融中心,位列世界城市排序的顶端。按人口计算,2010 年伦敦有 800 万人,排在许多城市之后。

表 3-1 我国城市人口与人均 GDP 比较(2016 年)

省份	市	人口/万人	人均 GDP/万元
安徽	合肥	786	8.01
	阜阳	799	1.76
江西	南昌	537	8.16
	上饶	674	2.69
河南	郑州	972	8.29
	南阳	1188	2.30
山西	太原	434	6.82
	运城	530	2.31
内蒙古	呼和浩特	308	10.32
	赤峰	430	4.49
贵州	贵阳	462	6.78
	毕节	664	2.45

资料来源:国家统计局国民经济综合统计司.中国统计摘要・2017.北京:中国统计出版社,2017.

区域的物质性决定区域的可度量性。区域要落脚在地图上,由区域的边界线框定,有一定的空间面积。一个国家有国家的领土,一个行政区有行政管辖领域。领土是国家的主权,是国家的基本资源。

区域是相对稳定的,区域和区域间有相邻关系,有可排列性。国家与邻国相伴,省与邻省相伴。

3.1.2 区域的历史性

在历史的长河中,区域的边界是可变的,区域包容的空间也是可变的。自然区按照自然规律变化,变化的速度慢些。社会经济区按照社会规律和经济规律变化,变化的速度快些。

研究区域首先要界定区域在特定历史时期的实际范围。1949 年到 1958 年北京市管辖的行政区范围经历 5 次扩大,面积增加 22 倍。

表 3-2 1949—1958 年北京市行政区扩大情况

变动时间	划入行政单位
1949.06	长辛店、丰台、门头沟、南苑
1952.07	宛平、房山 75 村、良乡 3 村
1956.03	昌平、通县 7 乡
1958.03	通县、顺义、大兴、房山、良乡
1958.10	怀柔、密云、平谷、延庆

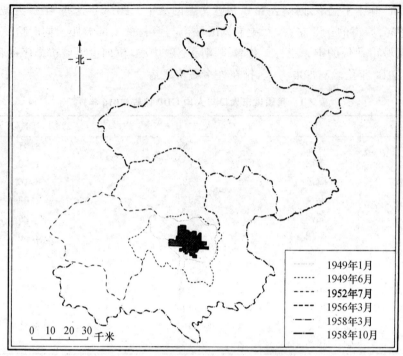

图 3-1　北京市行政区界变化示意图[①]

3.1.3　区域的层次性

区域的系统性又称层次性，有一级区、二级区、三级区等层次。区域是内部各要素有机组合的整体。若干下一级区域组成一个上级区域时，发生质的变化，出现新的特征。省、自治区、直辖市和特别行政区组成中华人民共和国后产生新的内涵：人口众多，面积辽阔，对世界有重大影响的国家。

区域的层次性说明区域是整体的一部分，区域与整体紧密相连。研究区域要有全局观念，认识中国的区域要从全国视角入手，甚至要从世界视角入手。区域可持续发展，区域优势和区域主导产业都与全国整体密不可分。

3.2　区域比较优势

区域优势是区域发展的依据。区域优势有比较优势和后发优势两类。

比较优势是区域发展的基础，一个国家或者一个地区发展的主要依据是比较优势。区域发展是潜在的比较优势转化为现实优势的过程。

3.2.1　比较优势特征

从空间横向分析，比较优势具有综合性、相对性和绝对性。从时间纵向分析，比较优

[①]　胡兆量.开放政策下的北京：突破、规模与挑战.载于杨汝万.中国城市与区域发展.香港：香港中文大学香港亚太研究所，1993：261.

势具有历史性。

1. 比较优势的综合性

比较优势包含自然、社会文化和区位三部分。自然方面有土地、矿产、水文、海洋、生物、自然景观等。社会文化方面有人的数量和质量、经济、政治、文化、宗教、基础设施等。在社会文化优势中，人的知识结构和科学技术水准对区域发展有决定性贡献。区位是自然资源和社会文化资源的综合。自然优势和社会文化优势相互制约，相互联系。自然优势是比较优势的基础，社会文化改革可以发挥自然优势的作用。改革开放后，中国的土地还是那片土地，人还是那些人，中国经济发展出现全新的面貌。

2. 比较优势的相对性

一个区域的比较优势要从互相比较中解读。有些自称的优势，放到全国、全世界，往往不是优势，甚至可能还是劣势。我国经济建设中存在一哄而起、重复布局倾向；经济规划中存在趋同化倾向，县抄市、市抄省、省抄中央。根源之一是对比较优势认识不足。同样是古都，西安、北京、开封各有特色。西安的特色是唐风，北京的重点在明清，开封是宋韵。比较优势千差万别，各地的发展模式、主导产业、规划布局是不可能相同的。

3. 比较优势的绝对性

每一个区域都有比较优势，都有发展经济的条件，每一个地区都可以走上共同富裕的道路。比较优势的绝对性要求人们对地区发展保持信心，努力探索地区发展的具体道路。有些地区可能缺乏珍贵的矿产资源，缺乏肥沃的土壤，但是，一定空间，一定有土地，空间本身就是资源。有些地区教育文化水平较低，劳动力素质较差，一定数量的人口就是资源，有人就有提升劳动力素质的可能性。有些地区交通闭塞，经过努力，闭塞可以向通畅转化。

4. 比较优势的历史性

随着科学技术的进步，无用的自然物质变成宝贵的资源，无法开采的资源成为可以利用的资源，单一用途的资源成为多用途的资源。以农业为例，随着科学技术的进步，作物的品质和产量不断提高。1949年到2016年我国人口增长1.5倍，同期，粮食产量增长4倍以上。1949年到2016年播种面积只增加11%，产量增加主要靠单位面积产量提高。低产地变高产地，高产地更加高产，农业科技发挥了决定性的贡献。

表 3-3　我国 1949 年和 2016 年粮食产量比较

项　目	1949	2016	2016/1949
播种面积/万公顷	10 164	11 303	1.11
产量/万吨	10 810	61 625	5.70
单位面产量/(千克/公顷)	1060	5452	5.14
人口/万人	54 167	138 271	2.55
人均产量/(千克/人)	200	446	2.23

资料来源：① 农业部计划司.农业经济资料手册.北京：农业出版社，1959；② 国家统计局国民经济综合统计司.中国统计摘要·2017.北京：中国统计出版社，2017.

3.2.2 自然环境的直接影响

自然环境的影响分两类,有直接影响和间接影响,又称自然环境的第一影响和第二影响。

自然资源是指在一定条件下能够产生经济效益的自然环境因素。自然资源包括土地资源、矿产资源、生物资源、水资源、自然景观资源等。人类离不开大地,区域发展离不开自然资源。20 世纪 60 年代,我国力图扭转北煤南运局面。我国江南九省、市煤炭资源储量只占全国的 1.8%,投入大量人力、物力,进行勘探和开采,得不到必要的回报,形成巨大浪费。

影响自然资源价值的因素包括资源的有限性、丰度、伴生物和位置。

依托自然资源成长的城市称资源型城市。资源型城市有矿业城市和林业城市两类。根据"资源型城市经济结构转型"报告,我国有资源型城市 118 座。[①] 资源型城市因资源而兴,也可能因资源枯竭等原因而衰。资源型城市在发展之初就有寻找替代型产业的转型问题。

表 3-4 我国资源型城市简表

省 区	座	资源型城市
河北	5	唐山、邯郸、邢台、武安、迁安
山西	11	大同、阳泉、长治、晋城、朔州、古交、霍州、孝义、介休、高平、原平
内蒙古	9	乌海、赤峰、满洲里、牙克石、东胜、锡林浩特、霍林郭勒、根河、阿尔山
辽宁	7	抚顺、本溪、阜新、盘锦、葫芦岛、调兵山、北票
吉林	10	辽源、白山、敦化、珲春、桦甸、蛟河、松原、舒兰、临江、和龙
黑龙江	13	鸡西、鹤岗、双鸭山、大庆、伊春、七台河、五大连池、铁力、尚志、海林、宁安、穆棱、虎林
安徽	4	淮南、马鞍山、淮北、铜陵
福建	2	永安、漳平
江西	5	萍乡、丰城、德兴、乐平、高安
山东	9	枣庄、东营、新泰、龙口、莱州、滕州、招远、邹城、肥城
河南	8	平顶山、鹤壁、焦作、濮阳、义马、汝州、灵宝、登封
湖北	2	潜江、大冶
湖南	6	耒阳、冷水江、郴州、资兴、涟源、临湘
广东	3	韶关、云浮、乐昌
广西	2	凭祥、合山
四川	5	攀枝花、广元、华蓥、达州、绵竹
贵州	2	六盘水、福泉

---

① 魏后凯,时慧娜.中国资源型城市国家援助政策.载于李国平,等.2011—2012 中国区域经济学前沿.北京:经济管理出版社,2012:18.

(续表)

省　区	座	资源型城市
云南	4	东川、个旧、开远、宣威
陕西	2	铜川、韩城
甘肃	3	白银、金昌、玉门
宁夏	1	石嘴山
新疆	5	克拉玛依、哈密、阿勒泰、库尔勒、阜康
合　计	118	

建筑的功能之一是御寒、避雨、防风，适应自然环境。诗仙李白神游齐鲁，主人用美酒盛情款待。李白痛饮后忘了自己流浪异乡，写下《客中作》诗："兰陵美酒郁金香，玉碗盛来琥珀光。但使主人能醉客，不知何处是他乡。"画家按诗中意境作画，选用轻薄的竹木结构居屋。这类建筑多出现在南方亚热带地区，但在齐鲁大地无法防冬日严寒。建筑与环境不协调，画作的艺术价值就会减色。

图3-2　李白《客中作》诗句意境

2017年中央电视台"诗词大会"栏目有道选择题。题目出自杜甫《绝句》："两个黄鹂鸣翠柳，一行白鹭上青天。窗含西岭千秋雪，门泊东吴万里船。"试问诗中描写的景观是春季、秋季还是冬季。选手误选了冬季。如果选手在成都看到过实景，或者有高山引起温度差异的知识，肯定会选春季。春季平地柳枝吐绿，西山温度低，仍有白雪。杜甫写西山雪景的诗不少。《望野》中有："西山白雪三城戍，南浦清江万里桥。"

图 3-3　杜甫《绝句》诗句意境①

3.2.3　自然环境的间接影响

自然环境通过历史和文化媒介对区域发展产生的影响称自然环境的第二影响,即间接影响。从影响的广度和深度分析,间接影响与直接影响同样重要。

1. 文化可以成为产业兴旺的动因

印度假发产业规模世界第一,年产值超过 2.5 亿英镑(合 23 亿元人民币)。印度假发产业兴起有自然方面的背景,起决定作用的是文化和宗教因素。印度天气炎热,剃光头图凉快。印度人属印欧人种,头发结构与欧洲人相似。这两点是假发业兴起的自然背景。宗教把印度剃发习俗神化,发源于印度的佛教认为剃发抛除杂念,脱离尘世。印度人信轮回观,认为胎里带来的毛发与前世有缘,带有前世罪孽,把胎发剃光,可与前世割裂。印度教认为献发是放下自我,奉献神灵。印度教有个神话:有一次守护神毗湿奴被斧头击中,一部分头发脱落。一位女神将自己的一缕头发献给毗湿奴。毗湿奴十分感激,实现了献发者的心愿。印度南部是剃发献神最盛行的地方。蒂鲁帕蒂庙的长廊上有 600 名穿白大褂的理发师为信徒理发,场面壮观。神庙定期拍卖头发,年收入约 600 万美元。

景以文兴,楼以文存。我国许多景点,名扬海内外,依靠的就是文化的软实力。苏州寒山寺梁天监年间建,距今 1500 余年。相传寒山寺焚毁五次(一说七次),屡毁屡建,得力于张继《枫桥夜泊》诗:"月落乌啼霜满天,江枫渔火对愁眠。姑苏城外寒山寺,夜半钟

---

① 张世明,等. 彩图古诗词典. 上海:上海辞书出版社,1989:100.

声到客船。"①诗作将枫桥夜泊的景与旅客愁思的情融为一体,情随景生,是旅途孤寂的绝唱,表达了海内外游子的心声。寒山寺的钟声成为游客慕名而至的天籁之音。

武昌黄鹤楼和南昌滕王阁的重建也是文化的物化。黄鹤楼系东吴黄武二年(223年)建。唐崔颢作《黄鹤楼诗》:"昔人已乘黄鹤去,此地空余黄鹤楼。黄鹤一去不复返,白云千载空悠悠。"②诗篇将神话传说与大江烟云融为一体,引发美好憧憬和思乡情怀,被推崇为七律之首。李白登黄鹤楼时感叹:"眼前有景道不得,崔颢题诗在上头。"滕王阁是唐高祖儿子李元婴建。李封滕王,故有滕王阁名。咸亨二年(671年)九月九日,洪州牧在滕王阁设宴。王勃在宴席上挥毫作序。③ 序中"落霞与孤鹜齐飞,秋水共长天一色"被认为是千古写景名句。时王勃21岁。1989年重建滕王阁时,参照梁思成草图,有盛唐雄姿。

2. 中美两国历史和文化上的差异在城市体系上有明显反映

美国是典型的联邦制国家,城市的行政地位与城市体系有异构性。美国50个州,州府是首位城市的只有14个州,有15个州的州府人口不到5万人,百万人口以上的城市没有一个是州府所在地。纽约州的州府在奥尔巴尼。芝加哥所在的伊利诺伊州,州府在斯普林菲尔德。费城所在的宾州,州府在哈里斯堡。这些州的州府都是些名不见经传的小城市,人口规模与首位城市相差几十倍。我国从秦朝开始逐渐形成中央集权体制,行政是城市的关键性功能。我国城市的行政地位与城市体系有同构性,行政地位可以反映城市的地位。我国28个省和自治区中,只有山东省省会济南不是首位城市,其余27个省和自治区的首府都是首位城市。

表 3-5 美国三大州首位城市与州府人口比较(2015年)

	纽约州 1984万人	伊利诺伊州 1284万人	宾 州 1281万人
首位城市	纽约 849万人	芝加哥 272万人	费城 155万人
州 府	奥尔巴尼 9.8万人	斯普林菲尔德 14.5万人	哈里斯堡 4.9万人
首位城市:州府	86:1	19:1	32:1

资料来源:百度网。

3. 自然环境通过意识形态影响我国区域发展的观念

(1) 大国地位和大国观

自然环境是大国的基础。我国是对世界历史、文化有重要影响的大国。第二次世界大战开始时,我国的国力跌入低谷,但仍以东方主战场的地位出现在世界舞台上。作为大国,我国要为国家统一付出艰巨努力。作为大国,我国要有大国担当,要将本国的利益和世界利益很好地融合起来,为建立世界新秩序做出贡献。

---

① 张继(?—779年),襄州人(今湖北襄阳),唐天宝十二年(753年)进士。
② 崔颢(704—754年),汴州人(今开封),唐开元二十一年(733年)进士。
③ 王勃(650—676年),绛州人(今山西河津)。王勃是初唐四杰之首,另三人是杨炯、卢照邻和骆宾王。

(2) 复杂多样和区域协调观

我国资源分布不平衡。资源分布不平衡决定了区域互补的必要。南水北调、北煤南运、西电东送是区域互补的重大工程。随着社会发展,我国区域互补的深度和广度不断拓展。复杂性和多样性决定了一切政策、法令、规制要与当地条件相适应,要接地气,切忌主观盲目和一刀切。复杂性和多样性决定了区域规划是我国顶层设计的重要组成部分。我国社会经济越发展,空间规划在我国建设中的地位越重要。

(3) 资源短缺和资源节约观

人口众多、人均资源短缺是我国的基本国情。自古以来,中华民族就以节俭为美德。朱伯庐《治家格言》讲:"一粥一饭,当思来之不易;半丝半缕,恒念物力维艰。"节俭是我国立国的根本方针。我国任何时候都要提倡节约资源,生产生活和规划建设都要贯彻节约方针。首先是土地资源节约。我国平原地稀缺,耕地珍贵。城市用地不宜简单照搬国外定额。大广场、大马路、大规模圈地威胁我国的耕地红线和可持续发展。[①] 其次是节约用水,要努力发展节水经济,建设节水城市。

(4) 灾害多发和防灾观

我国是自然灾害多发区。季风气候有雨热同季的优点,也有变率较大的缺点。环太平洋地区是地震多发区,多山地貌易诱发地质灾害。中华民族几千年的历史是与各种灾害作斗争的历史。小农经济抗御灾害能力较弱,只有克勤克俭,积谷备荒,才能度过灾害,繁衍生息。与防灾观相匹配的是较强的储蓄观。华夏子孙,无论移居到世界哪个角落,都是储蓄率较高的人群。储蓄率高,资金充沛,对社会经济发展利大于弊。

3.2.4 文化资源

在区域开发中,对同一个历史文化资源的价值可以做出不同的判断。除了利益驱动,主要原因是对文化资源价值的认识有分歧。利益驱动背后也有认识根源。文化资源的价值具有潜在性、滞后性和整体性。

1. 文化资源价值的潜在性

文化资源价值的潜在性与文化的存在形式有关。计算价值的前提是对象化、具体化。物质产品,例如,一支笔,一斤粮食,一匹布,可以对象化,计算价值比较容易。在庞大的文化体系中,只有一部分可以对象化。意识文化中的绘画、音乐、诗歌、小说可以对象化。物质文化中的建筑、园林、服饰可以对象化。纯意识文化、理论意识文化、制度文化很难对象化。

无法对象化的文化资源度量价值有难度,然而它的影响是客观存在的。优秀的文化有强烈冲击力、震撼力和感召力,能够升华思想,激扬感情,醇化道德,陶冶灵魂。优秀的文化,"犹如天空中的氧气,自然界的春雨,不可缺却视之无形,飘飘洒洒,润物

---

① 陆大道,陈明星. 关于"国家新型城镇化规划(2014—2020 年)"编制大背景的几点认识. 地理学报,2015,(2):179—185.

无声"①。

文化是民族的灵魂,是维系国家统一和民族团结的纽带。龙应台在考察欧洲时发现,"离开机场,一路上看见田野依依,江山如画。村落的红瓦白墙起落有致,衬着教堂尖塔的沉静。斜阳钟声,鸡犬相闻,绵延数百里,像中古世纪的图片。"她深受感悟,认识到"传统是绑着氢气球的那根粗绳,使你的脚仍旧踩得到泥土。越先进的国家,越有能力保护传统;传统保护得越好,越有信心。"②有些残存的宫殿庙宇,可以引起人们无限感慨。圆明园遗址残缺的西洋楼石柱,交织着民族的荣辱与兴衰,引人深思,催人猛省。张爱萍填《如梦令》词:"秋日偷闲郊游,圆明园址人流。怒目看废墟,不齿联军寇仇。整修、整修,还我河山锦绣。"1997年香港中文大学对香港同胞做过一次问卷调查,被调查人对长城有自豪感的占78.8%,对国歌有自豪感的占41%,对国旗有自豪感的占30.1%。③登上长城的华夏儿女,增添了作为中国人的自豪感。登上长城的国际友人,无不流露出对中华民族的钦佩。长城绵延万里,气势磅礴,是展示华夏文明的载体,是海内外华人的凝聚剂。

文化是各国人民互相了解、增进友谊的媒介,是亲善大使。许多国际友人通过中国民乐、武术、中餐、园林、京剧,增进对中华民族的了解。文化是美国向全世界推介美国价值观和审美观的主要手段。美国控制世界近半数以上的广播、电视节目。为了保护本民族的文化传统,如法国这样的欧洲国家,像加拿大这样的美国近邻,都制定了法令、法规,防止美国文化的过度泛滥。

2. 文化资源价值的滞后性

大多数文化产品的功能是在审美过程中释放的,是持久的。优秀的文化产品可以满足人们世世代代的需求,是全人类的共同财富,历经千年的唐诗仍在焕发灿烂的光辉。文化产品功能的持久性是文化资源价值滞后性的基础。

物以稀为贵。大部分文化产品,如绘画、雕塑、古建等,是不可再生的。通常将这类文化产品叫古董,复制品叫假古董。有些文化产品可遇而不可求,踏破铁鞋也找不到。一件明朝的瓷瓶,拍卖价可达百万元。一件仿明瓷瓶,几十元也无人问津。当前拆除真古建、修缮假古建之风似有流行漫延之势,孰不知假古建的价值远远抵不上真古建。以假代真,以假乱真,是倒行逆施的行为。

白鹭立雪,愚者看鹭,聪者观雪,智者见白。④ 不同文化素养的人群对同一个文化产品有不同的感受。人们对文化资源有一个逐步认识的过程。不少文学家、艺术家,如曹雪芹、梵高等,生前穷困潦倒,死后作品价值连城。梵高生前只卖出一幅画。1890年6月梵高创作《加歇医生像》时写道:"人们也许会长久地凝视它们,甚至在100年后带着渴念追忆它们。"梵高的预见是正确的。1990年5月《加歇医生像》在纽约克里斯蒂拍卖行售

---

① 严家炎.重视人文科学的无用之用.北京大学校刊,2000-03-31;"润物无声"出自杜甫诗《春夜喜雨》:"随风潜入夜,润物细无声。"
② 龙应台.城市文化.中国时报(台湾),2003-07.
③ 回归后港人认同中国人身份上升.商报(香港),1998-02-14.
④ 台湾诗人林清玄禅诗。

价 7500 万美元,创下了绘画的天价。①

马斯洛(A. Maslov)提出"需求层次"概念,将人们的需求分成七个层次,低层次是物质需求,高层次是精神需求。随着社会的发展,人们对高层次消费需求增加,文化资源的价值逐渐释放出来。

由于文化资源价值具有潜在性和滞后性的特征,优秀的文化产品是增值最快的产品。1925 年齐白石创作的《山水十二条屏》,2017 年 12 月 17 日在北京保利秋拍中以 8.1 亿元落槌,加上佣金,成交总价 9.315 亿元,折合 1.455 亿美元,开创了中国书画全球拍卖最高纪录。1990 年 3 月《山水十二条屏》易手时的成交价是 100 万美元,27 年间,增值 145 倍。齐白石《山水十二条屏》天价成交,不仅肯定了齐白石作品的艺术价值,也体现了我国的综合经济实力。②③

3. 文化资源价值的整体性

历史文化资源具有整体性,其价值要通过资源及其周边环境的整体反映。在规划和建设中,保护文化遗迹主体的意见比较容易统一,保护文化遗迹的周边环境,保护文化遗迹整体性,较难取得共识。原因是对文化资源价值整体性认识不足。

美学有两条重要原则:① 调和原则——将相近的东西排列在一起,相近的色彩组合在一起,使人在协调中感受美。② 统一原则——将多种要素组合在一起,既不杂乱,又不单调,既活泼,又有序,形成和谐的整体。④ 遵循调和原则、统一原则,文化资源的价值轨迹是 1+1>2。违反这两条原则,文化资源的价值轨迹是 1+1<2。《淮南子》(成书于汉景帝时)讲酒窝"在颊则好,在颡则丑"⑤。同样一个酒窝,长在脸颊上是美的,长在脑门上是丑的。

文化资源的整体性决定了保护文化资源要有系统观和整体观。像民俗文化村这样的资源,由建筑、服饰、习俗、歌舞、饮食等综合要素构成,破坏任何一个要素,都有损于民俗文化村的形象。违反整体性、损害文化资源的实例屡见不鲜。20 世纪 90 年代初,北京为了继承古都风貌,要求在高楼上加盖亭子。"十里五里,长亭短亭。"⑥秦汉驿道上,隔十里设长亭,隔五里设短亭,供行人旅途休息,谁能到高楼顶上去休息呢?

3.2.5 人口资源

人口资源是发展中国家重要的比较优势。发展中国家步入工业化时,劳动力成本相对较低,依靠低劳动力成本,从劳动密集型产业起步。

---

① 〔美〕卡罗琳·克莱纳.神秘失踪的梵高名画.新闻与世界报道,2000-07.
② 曹新昊.齐白石《山水十二条屏》9.315 亿元的天价神话.北京晚报,2017-12-20.
③ 齐白石一生所画《山水十二条屏》共两套,另一套藏重庆中国三峡博物馆。《山水十二条屏》的名称依次为"江上人家""石岩双影""板桥孤帆""柏树森森""远岸余霞""松树白屋""杏花草堂""杉树楼台""烟深帆影""山中春雨""红树白泉""板塘荷香"。
④ 杨辛,甘霖.美学原理.北京:北京大学出版社,2001:136—148.
⑤ 淮南子·说林训.
⑥ (北周)庾信.哀江南.

人口数量较多、人口增加过快的国家,人与资源的矛盾往往比较尖锐。中华人民共和国成立后,经历人口高速增长时期。为此,实行严格控制人口增长的政策。进入 21 世纪以来,我国人口形势出现两个拐点:① 2011 年城镇人口超过农村人口;② 2012 年劳动力人口首次下降。根据测算,2030 年前后,总人口将达到峰值。

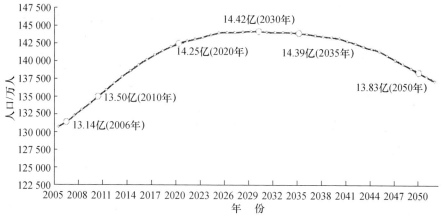

图 3-4　中国 2005—2050 年人口增长轨迹图①

人口流动是推动社会进步和区域发展的积极因素。在工业化初期,人口流动有两个趋势:① 从农村移向城市,完成城市化过程;② 从先期开发地区流向未开发地区。从 1500 年到 1800 年欧洲有 4800 万人移居海外,移民占总人口比例最高的是第一个工业化国家英国,达到 20%。

熟练劳动力是人力资本和技术禀赋的载体,是经济集聚区高速成长的必要保证。美国硅谷 36% 的人才来自海外;CEO 多印度人,技术人员多华人。美国诺贝尔奖得主有四分之一是国外出生的居民。

3.3　区域后发优势

后发优势又称赶超优势,是发展中国家和地区经济成长的重要依据。

3.3.1　赶超是常态

赶超是世界经济史中的常态。1870 年,英国是世界工业第一大国,占全球工业总产量的 30%;美国位居第二,占 25%。1913 年,美国的份额上升到 36%,英国下降到 14%。② 英国发展速度最高的阶段在 1880—1890 年间,国民收入平均年增长 2.7%。美国最高的发展速度出现在 1900—1910 年间,国民收入平均年增长 5.7%。赶超的特点是后发展的国家可以取得比先发展国家更快的增长速度,赶超的速度越来越快。

---

① 陆大道,樊杰. 2050:中国的区域发展. 北京:科学出版社,2009:151.
② 〔英〕彼得·迪肯著. 全球性转变. 刘伟东译. 北京:商务印书馆 2009:28.

表 3-6 英国经济高速增长期情况①

	1880—1890 年
国民收入/百万英镑	1073～1399
国民收入年均增长/(%)	2.7
人口年均增长/(%)	1.0
人均国民收入年均增长/(%)	1.7

表 3-7 美国经济高速增长期情况②

	1900—1910 年
国民收入/亿美元	162～202
国民收入年均增长/(%)	5.7
人口年均增长/(%)	2.0
人均国民收入年均增长/(%)	3.7

根据世界银行计算,在工业化过程中,人均国民收入增加一倍所用的年数如表 3-8 所示:

表 3-8 人均国民收入增加一倍所用年数

	英国	美国	日本	韩国
时间范围	1780—1838 年	1839—1886 年	1885—1919 年	1966—1977 年
间隔年度	58 年	47 年	34 年	11 年

后发优势的形成机制主要有四点:

(1) 后工业化国家劳动力、土地等生产要素相对比较丰富、低廉,具有比较优势。

(2) 后工业化国家可以从早期工业化国家引进知识、人才和资金,采用新的技术和管理方法,节省探索时间,可以吸取早期工业化国家的教训,少走或者不走弯路。模仿和购买成熟技术的成本比开发研究低。研究表明,购买专利的费用平均只有开发成本的 1/3。③

(3) 后工业化国家在经济上有补课任务。一些在早期工业化国家成为夕阳工业的部门,在后工业化国家仍蓬勃发展。

(4) 后工业化国家没有陈旧设备负担,可以轻装前进,选用最佳技术装备。早期工业化国家有陈旧设备和过期设施,这往往成为采用先进技术的拖累。

上海和深圳开放时间相差一个半世纪,成长速度有指数级差别。深圳成长速度超过上海是后发优势的实证。1843 年上海开埠。1910 年上海人口 128.9 万人。1919 年民族工业发展,上海增速加快。1927 年上海人口 264 万人,1937 年增加到 385 万人。开埠近一个世纪,上海成长为 300 余万人口的国际大都市。1980 年 8 月 26 日全国人大常委会批准深圳建立经济特区,深圳人亲切地把这一天看作是深圳的生日。关于深圳 2016 年

---

① 世界经济资料编辑委员会. 英法美德日百年统计提要. 北京:中国统计出版社,1958.
② 同上.
③ 林毅夫. 发展战略与经济发展. 北京:北京大学出版社,2004:70.

的人口,有三个不同的口径:① 户籍人口 367 万人;② 常住人口 1190 万人;③ 管理人口,在深圳市域内实际生活的人口,有关人士的估计是 2000 万人。2008 年深圳市推出居住证制。5 年内共办理深圳市居住证 2000 万张。在不到 40 年的时间里,深圳跻身为千万人口的国际大都市。

3.3.2 弯道赶超

赶超大体有两类。

1. 学习赶超

学习赶超包括学习发达国家成熟的技术,补上第一次工业革命和第二次工业革命的课。纺织工业、钢铁工业在发达国家处在夕阳工业地位,在发展中国家有补课任务。

2. 弯道赶超

发展中国家要想最终赶上和超越发达国家,必须在学习的基础上创新,拥有自主的优势技术。在一些新兴技术领域,大家都处在同一起跑线上,赶超时集中优势力量,占领制高点,称弯道赶超。以汽车工业为例,在传统汽车制造领域,发达国家有一百多年的技术积累,发展中国要想赶超十分艰难。在刚刚兴起的无人驾驶汽车和新能源汽车领域,大家都在同一个起跑线上,发展中国家集中优势投入,有可能与发达国家一比高低。

信息技术产业(ICT)的出现是弯道赶超的机遇。信息技术产业有电子信息制造、软件和信息服务、通信三大领域。有关信息技术产业的三个定律都说明它发展迅速。摩尔定律指出集成电路(芯片)上容纳的元器件数量每 18 到 24 个月增加一倍。梅特卡夫定律指出网络的价值与网络用户数量的平方成正比。吉尔德定律指出主干网的带宽每 6 个月增加一倍,主干网增长速度是运算性能增长速度的三倍。[①] 在信息技术产业时代,一个国家、一个地区,停滞不前,就会落伍。第一次工业革命的标志纺锤从欧洲走向世界用了 120 年。互联网延伸到世界主要地区用时 10 年。进入新世纪,标准普尔指数上市企业的平均寿命,由 60 年缩短到 18 年。进入信息技术产业时代,我国涌现了一批弯道赶超的案例。百度、阿里巴巴和腾讯跻身世界十大互联网公司。深圳大疆创新科技有限公司占据全球小型无人机市场过半份额,客户遍布世界 100 多个国家和地区。

3.3.3 长板和短板

分析区域发展条件时,人们常用木桶原理。

1. 木桶原理

木桶原理由美国管理学家彼得提出,他认为木桶盛水多少取决于短板的高度。分析自给自足社会,可以用短板效应。小农经济时期,土地、水和阳光三要素像三块木板,哪一块短了,农业发展就受到限制。山区缺土地,干旱区缺水,高纬度地区缺阳光,都是制约农业发展的短板。四大文明古国的立足点是土地、水和阳光三要素齐备,没有短板。

---

① 〔德〕克劳斯·施瓦布著.第四次工业革命.李菁译.北京:中信出版集团,2016:7,53,65.

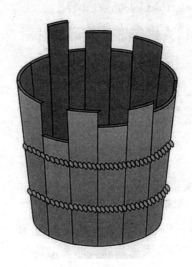

图 3-5　木桶原理示意图①

2．木桶原理新解

（1）在木桶原理基础上，出现反木桶原理，强调长板贡献。在对外开放区域，起作用的是长板。区域发展的本质是扬长避短，发掘潜在优势，生产有竞争力的产品。潜在优势就是长板。区域长板越长，经济发展越快。海湾国家依靠石油和天然气长板，成为世界财富中心之一。日本和韩国缺铁矿石，缺炼焦煤，第二次世界大战后，利用港口、技术和资金优势，通过大运量的廉价海运，从境外进口铁矿石和炼焦煤，发展强大的钢铁工业。

（2）对木桶原理的全面解读是补短板、扬长板。补短板、扬长板，首先要重视短板的制约作用和消极影响，尽可能地减缓短板的消极影响，同时要充分发挥长板的积极作用，利用长板发展社会和经济。一个区域从受短板制约到充分发挥长板作用是发展的必由之路。

补短板、扬长板依靠互相开放，互通有无，依靠经济和文化交流。区域经济一体化，建立自由贸易区，目的是补短板、扬长板，符合社会发展规律。"一带一路"倡议，以互联互通为基础，推动社会、经济、文化交流，发挥长板效应，符合沿线国家的长远利益。贸易保护主义，维护短板劣势，违背区域经济一体化，违反社会发展规律，是倒退的表现，阻碍本国本地区的前进步伐，也违反世界共同繁荣。

（3）从历史长河考察，有些短板具有可塑性。条件成熟时，短板可以向长板转化。贵州省长期是我国经济发展的锅底地区。原因之一是"地无三尺平"，交通不便。高速公路网和高速铁路网形成后，贵州北接四川盆地，南联两广珠江三角洲，东通长江三角洲，西经云南面向缅甸、泰国等境外国家。贵州成为陆上交通的枢纽，交通不便的阴影逐渐退去。

---

① 人民教育出版社地理课程教材研究中心.地理2.北京：人民教育出版社，2016：12.

3.4 区域发展指标

区域发展指标众多。国内生产总值和人类发展指数两个指标被联合国采用,影响面较广。

3.4.1 国内生产总值

国内生产总值(Gross Domestic Product,GDP)是衡量国家繁荣状况的指标。GDP在20世纪30年代初期世界经济大萧条时催生。GDP用货币表现一国、一地区一年内生产的产品和劳务总值。计算时先采用本国物价和货币统计,再按照汇率折合成美元。第二次世界大战后,联合国用GDP划分国家类型,分配援助金额,GDP成为国家繁荣的代名词。

国民生产总值(Gross National Product,GNP)是与GDP共生的指标。GNP是在GDP的基础上加国民在境外获得的利润、红利、劳务等收入,减去付给境外的利润、红利和劳务等款项。大多数国家GDP和GNP非常接近。

GDP的缺点是不少正能量的活动无法统计,有些负能量的活动无法剔除。例如,人们的义务活动,志愿者的付出,家务劳动,与家人朋友聚会,都无法统计。人们砍伐树木,破坏环境成为产值。污染环境,增加疾病,加重卫生支出,可以提高GDP。[1] 以建筑中盛行的拆旧楼建新楼为例,有两个不同的计算方法。按照财富指标建成的新楼是财富,新楼财富要减去旧楼财富和拆除旧楼的费用。拆除价值连城的古建,新楼再好,也是负值。按照GDP指标,是新楼加拆除费,不用减旧楼价值;旧楼再值钱,也被一笔抹掉。

巴西有位经济学家,坐在巴西去瑞士的飞机上,突然想到,如果发生空难家属可以收取赔偿金,飞机制造厂可以再出售一架新飞机,GDP得到两次攀升。他还想到,有两位母亲各有一个孩子。如她们到对方家庭照料孩子,领取工资,GDP总值提高了,孩子享受的是保姆照料;如果两位母亲各自照料自己的孩子,在GDP上虽无法反映,但孩子得到照料的质量肯定提高了。

联合国通过的《国民账户体系2008》核算的范围略有扩大,增加了研发经费,将坦克、潜艇采购费视同桥梁、道路纳入公共投资中。按照这一标准,日本和美国的GDP分别增加4.2%和3%。我国按新标准统计的2015年GDP增加1.3%。《国民账户体系2008》对地下经济持宽容态度。2014年英国和意大利宣布将毒品交易和卖淫等地下经济列入GDP中。地下经济助推英国GDP上升0.7%,一举超过法国规模。这一点引发广泛质疑。打击毒品交易将使GDP下降。人们认为GDP本是衡量生活富裕文明程度的指标,地下经济地上化与GDP的初衷是不相容的。[2]

---

[1] 〔英〕伊桑·马苏德(Ehsan Masood)著.GDP简史.钱峰译.北京:东方出版社,2016:13.
[2] 〔日〕欧洲将地下经济纳入GDP统计范畴引质疑.产经新闻,2016-09-23.

3.4.2 购买力平价

1. 引入购买力平价指标的必要性

GDP 按当地物价水平计算,再按汇率折成美元进行比较。物价水平相差悬殊时,折成美元后在实际购买力方面缺乏可比性。在一般情况下,经济发展水平和开放程度较低的国家,当地产品的价格较低,特别是劳务的价格较低。人们发现,同样的收入,生活在发达国家和生活在发展中国家,生活质量完全不同。

为了消除物价升降对 GDP 的影响,反映当地的实际生活水平,出现购买力平价指标(Purshing Power Parity,PPP)。计算购买力平价指标时,从 15 大类和 1000 余种商品的价格中,求出当地总价格水平与美国的对应关系。购买力平价指标在一定程度上消除了物价差别引起生活水平的扭曲。与 GDP 比较,购买力平价更接近各国实际生活水平。按购买力平价计算,2014 年我国总值超过美国,2016 年差距继续扩大,超过美国 14%。然而,按人口平均计算,2016 年我国的购买力平价只有美国的 1/4。

2. 购买力平价指标的局限性

(1) 数据收集困难。国家对物价管制调控时,物价本身有扭曲现象,计算时很难消除。

(2) 各国的消费结构和物价结构差别较大,购买力平价很难全面反映差别。以住房为例,房价与年薪的比例反映了人们购房的难易。美国房价和年薪的比例一般在 3 左右。房价最贵的纽约达到 10。香港房价与年薪的比例是 15.6。[1] 不少港人抱怨自己是房奴,一辈子为房贷奋斗,"为李嘉诚打工"。我国一线城市房价和年薪的比例高达 28,对青年人的压力很大。中国富豪榜上多房地产巨头。在美国,房地产业主在富豪榜上是排不上高名次的。

(3) 无法反映在国际贸易和国际金融中的实力。国际贸易和国际金融活动按照汇率折算。2015 年人民币与美元的市场汇率是 6.3∶1,即 6.3 元人民币换 1 美元。按购买力平价计算,比价是 3.5∶1,即 3.5 元人民币换 1 美元。世界上没有一家银行允许按购买力平价兑换美元。

3.4.3 人类发展指数(HDI)

GDP 不能反映一个国家的软实力,不能反映社会制度、分配制度对生活质量的影响。发展经济以人为本。在相同的人均 GDP 水平下,一个有健全义务教育和公费医疗保障的国家和另一个保障不完善的国家,二者的社会发展水平是不同的。[2]

1. 人类发展指数

1989 年 9 月,以哈克(M. Hag)为首的一批学者提出,以人类发展指数(Human De-

---

[1] 〔美〕Kevin 著. 微信公众热读. 薛涛译. 载于读者,2016,24.40—41.
[2] 〔巴基斯坦〕马赫布卜·乌尔·哈克. 人类发展指数的诞生. 载于反思人类发展. 纽约:牛津大学出版社,1995:46.

veloping Index,HDI)作为衡量经济社会发展水平的指标。联合国开发计划署采纳人类发展指数,于 1990 年 5 月发布第一份人类发展指数报告。随后,每年 4 月发布前一年的全球人类发展指数。

人类发展指数反映了一个国家和地区为国民提供基本需要的能力,包括物质生活和精神生活两个方面的能力。人类发展指数由三部分组成:① 预期寿命。② 教育,教育指数分两部分:成人识字率占 2/3;小学、中学和大学毛入学率占 1/3。③ 生活质量,依据购买力平价计算。预期寿命和教育两部分是人们享受的物质生活和精神生活的综合反映。2015 年世界人类发展指数平均值 0.702。中国人类发展指数 0.727,略高于世界平均值。在世界 188 个国家和地区中,中国排序第 90 位。人类发展指数说明我国是一个中等水平的发展中国家。

2. 国民幸福指数

国民幸福指数(GNH)是人类发展指数的补充。20 世纪 70 年代不丹提出国民幸福指数,它包含四个方面:① 可持续发展;② 环境保护;③ 文化保护;④ 政府管理。国民幸福指数第一次将发展、保护和福祉三方面统一起来。2011 年 7 月,第 65 届联合国大会通过不丹提交的有关国民幸福指数概念的议案,引起全世界的关注。

遵循国民幸福指数,不丹取得良好的绩效。不丹由一个低收入国家一跃而成为中下等收入国家,2016 年人均 GDP 2804 美元,高于周边印度、缅甸、孟加拉、尼泊尔的水准。不丹医疗保健全覆盖,基础教育普及,出国深造由国家负担。人均寿命从 40 岁增加到 75.5 岁,超过世界平均水平。不丹提供了全新的发展选择,贫穷的山国在保护环境和文化传承前提下,可以走向繁荣。

学术界有一个观点,认为不丹模式取得成功与不丹特殊的自然环境和社会历史背景有关。

第一,不丹是位于喜马拉雅山南麓的山国,面积 3.84 万平方千米,95% 以上是山地。不丹的地理环境比较封闭,是世界上最后开放电视和网络的国家之一。进入不丹,犹如进入"桃花源",农舍古朴,民风淳厚,自然环境和社会文化都没有受到现代化的污染。不丹水力资源十分丰富,水电站是支柱产业,电力是主要出口产品。

第二,不丹 2016 年人口 80 万人,是袖珍国家。从 1961 年开始执行发展国民经济计划,受到联合国开发署、瑞士、印度等方面援助。不丹通过外交合作换取"零"国防,军队的装备、培训由印度负担。不丹可以将财政支出的 18% 用于普及教育,12% 用于医疗保健,提高全民教育和医保水准。

第三,不丹具有较强的文化凝聚力。不丹政府派出的留学生 90% 以上学成回国。亲密的人际关系和对故国的爱恋留住了出国学子的心。不丹文化的凝聚力与全民信教有一定关联。公元 7 世纪噶举派喇嘛教传入不丹,成为不丹国教。佛教重视心理幸福观念,与国民幸福指数控制物质消费理念相契合。国民幸福指数提倡公平共享可持续发展,与佛学慈悲观相呼应。保护环境和自然资源与佛学万物有情观相呼应。提倡反贪清廉政府与佛学轮回观相呼应。德雷克斯认为:"国民幸福指数出现前,不丹已经是一个奉行国民幸福指数的国家。"

3.4.4 经济发展速度

经济发展速度反映一个国家和地区的经济活力。从某种视角分析,速度比水平更重要。在历史的长河中,有些发展水平高的国家,由于速度停滞,渐渐落后了;有些发展水平不高的国家,获得较高的发展速度,后来赶上。经济发展速度受工业化发展的阶段性、资源禀赋、国内外的政治形势等因素制约。

由于汇率变化和产品价格上涨,产品单一的国家,可以获得短时期高速增长。尼日利亚是非洲人口第一大国,2016年有1.86亿人,盛产石油。2014年油价大涨,尼日利亚GDP由2013年的2931亿美元上升到2014年的5736亿美元,涨幅达90%,超过南非,坐实非洲第一大经济体。2015年石油价格回落,尼日利亚GDP出现16%的负增长,2016年继续负增长。① 价格和汇率变动引发的经济增长是不稳定的。

第二次世界大战后,日本经济高速增长受到举世关注。日本经济高速增长从1954年开始到1970年结束,前后16年中出现三个高速期:① 神武景气,1954年11月到1958年6月;② 岩户景气,1959年4月到1962年4月;③ 伊奘诺景气,1965年11月到1970年7月。高速增长阶段GDP年增速8%左右。伊奘诺景气增速最高,达到11.1%。1971年增速降到4.4%。1973年在石油危机冲击下,出现负增长。经历16年高速增长,日本跃升为世界第二大经济体。

3.4.5 区位商和集中系数

分析区域产业专门化程度时,常常采用下列指标:① 产值和产量比重;② 就业人数比重;③ 产品调出率比重;④ 产品占全国调出量比重;⑤ 产品占地区输出总额比重。每一个指标反映产业专门化程度的一个方面。

区位商Q是研究产业发展和专门化程度的综合性指标。区位商是两组数字的比较:在分析工业专门化时,第一组是该地区工业产值或者工业就业人口占全国比重;第二组是该地区某一工业部门占全国比重。这两组数字可以用产值表述,也可以用产量和人口表示。第二组数大于第一组数表示区位商高,专门化程度高;第二组数小于第一组数表示区位商低,不是专门化部门。

$$Q = \frac{B}{A}$$

式中:Q——区位商;A——该地区工业占全国的百分比;B——该地区某工业部门占全国的百分比。

2016年河北省第二产业产值占全国5%,钢产量占全国23.8%,区位商4.8,钢铁工业是专门化部门。改革开放初期江苏是全国电冰箱主产区。2016年江苏第二产业产值占全国11.4%,电冰箱产量占全国10.2%,区位商0.9,专门化已经不明显了。2016年安徽电冰箱产量等于江苏3.5倍,电冰箱的区位商是9.2,成为全国电冰箱的主产区。安徽家电产业兴起是江苏家电产业就近转移的成果。②

---

① 资料来源:百度网.
② 国家统计局国民经济综合统计司.中国统计摘要·2016.北京:中国统计出版社,2016:121.

与区位商相近的还有集中系数指标 C。集中系数是该地区某部门人均产量与全国人均产量比较。集中系数高低与专门化程度成正比。

$$C=\frac{B}{A}$$

式中：C——集中系数；A——全国人均产量；B——该地区人均产量。

2016 年全国人均产粮 446 千克，黑龙江省人均产粮 1595 千克，粮食集中系数 3.6，是重要粮食生产基地。同年全国人均产水果 205 千克，黑龙江省人均产水果 68 千克。受气候影响，黑龙江不具备生产水果的比较优势，水果的集中系数只有 0.33。[①]

3.5 区域差异指标

区域内部差异是经济地理学关注的热点之一。恩格斯在致奥·倍倍尔的信中说："在国和国、省和省、甚至地方和地方之间总会有生活条件方面的某种不平等存在。阿尔卑斯山的居民和平原上的居民的生活条件总是不同的。"[②]

描述区域差异经常选择最高值地区和最低值地区对比。2016 年美国人均 GDP 最高的是阿拉斯加州（73 474 美元），最低的是密西西比州（35 717 美元）。最高值等于最低值的 2.05 倍。这一指标虽然简明，然而，不能反映 50 州内部复杂的差异性。

为了精确地描述区域差异态势，学术界探索了一系列指标。其中，比较常用的是集中指数和地理联系率。

3.5.1 集中指数

集中指数（Index of Concentration）反映某项经济活动在区域上的集中程度。集中指数用集中半数经济活动地域的人口比重表述。集中度越高，集中半数经济活动地域的人口比重越小。如果经济活动分布绝对平均，那么，集中指数应该是 50。

$$C=\frac{P}{T}\times 100$$

式中：C——集中指数；P——占全国半数经济活动地域的人口数；T——全国总人口数。

计算集中指数，首先要将各地区的经济指数由高到低按顺序排列，然后求出占半数经济活动地域的节点，对应计算节点以上的人口数。这一节点类似于人口学中的人口年龄分布中位数。[③]

按照集中指数指标，2016 年美国人均 GDP 排序前 14 州和伊利诺伊州的 78%，达到全国 GDP 的中位数 88 913 亿美元。这 14 州和伊利诺伊州 78% 的人口占全国总人口的 43.45%。美国 2016 年 GDP 的集中指数是 43.45。美国半数 GDP 集中在占 43.45% 的人口的地域范围内。

2016 年我国人均 GDP 排序前 9 位和重庆市 62% 的总量占全国一半。这一地域范围内的人口占全国 35.48%。我国 GDP 的集中指数是 35.48。与美国比较，我国的集中

---

① 国家统计局国民经济综合统计司.中国统计摘要·2016.北京：中国统计出版社，2017：134.
② 马克思恩格斯全集（第 34 卷）.北京：人民出版社，1972：124.
③ 胡兆量，郭振淮，李慕贞，况鸿章.经济地理学导论.北京：商务印书馆，1987：307—309.

指数比较小,表明我国经济活动分布的集中度高,我国的地域差异比美国大,意味着我国社会的现代化水平与美国有较大差距。

表3-9 美国GDP集中指数(2016年)

序	州	GDP人均/(美元/人)	GDP在全国占比/(%)	人口占全国/(%)
1	哥伦比亚特区	181 171	0.68	0.21
2	阿拉斯加	73 474	0.30	0.23
3	纽约	72 965	8.12	6.13
4	康涅狄格	72 311	1.46	1.11
5	北达科他	70 926	0.30	0.24
6	马萨诸塞	70 192	2.68	2.11
7	特拉华	69 930	0.37	0.30
8	怀俄明	68 536	0.22	0.18
9	新泽西	64 070	3.22	2.77
10	华盛顿	62 213	2.50	2.75
11	加利福尼亚	61 925	13.63	12.20
12	明尼苏达	60 256	1.86	1.71
13	马里兰	60 047	2.03	1.87
14	得克萨斯	59 995	9.27	8.63
15	伊利诺伊	59 472	(4.37)	(3.97)
			4.37×78%=3.36	3.97×78%=3.01
	合计		50.00	43.45

资料来源:百度网.

表3-10 中国GDP集中指数(2016年)

序	省、市(自治区)	GDP人均/(元/人)	GDP在全国占比/(%)	人口/(%)
1	天津	115 053	2.32	1.13
2	北京	114 653	3.23	1.55
3	上海	113 615	3.56	1.75
4	江苏	95 257	9.85	5.80
5	浙江	83 538	6.02	4.05
6	内蒙古	74 069	2.41	1.83
7	福建	73 951	3.69	2.81
8	广东	72 787	10.30	7.98
9	山东	67 706	7.21	7.21
10	重庆	57 039	(2.28)	(2.21)
			2.28×62%=1.41	2.21×62%=1.37
	合计		50.00	35.48

资料来源:国家统计局国民经济综合统计司,中国统计摘要·2017,北京:中国统计出版社2017年版。

3.5.2 地理联系率

地理联系率(Coefficient of Geographical Association)反映两个经济要素地理分布的相关度。联系比较密切,地理联系率就高。地理分布差别较大,相关度低,联系比较松散,地理联系率就低。

$$C = 100 - \frac{1}{2}\sum_{i=1}^{n} | S_i - P_i |$$

式中:C——地理联系率;S_i——第一要素占全国或全区的百分比;P_i——第二要素占全国或全区的百分比。

2016 年美国 50 个州和哥伦比亚特区 GDP 占比(%)和人口占比(%)差的正值和是 7.2,负值和也是 7.2。地理联系率是:100－7.2＝92.8。

2016 年我国 31 个省、市、自治区 GDP 占比(%)和人口占比(%)的正值和是 16.02,负值和也是 16.02。地理联系率是 100－16.2＝83.8。我国经济地区差异比美国大。

表 3-11　美国 GDP 与人口地理联系率(2016 年)

序	州　名	GDP/(%)	人口/(%)	GDP 占比－人口占比	
				＋	－
1	加利福尼亚	13.63	12.20	1.43	
2	得克萨斯	9.27	8.63	0.64	
3	纽约	8.12	6.13	1.99	
4	佛罗里达	4.97	6.38		1.41
5	伊利诺伊	4.30	3.97	0.33	
6	宾夕法尼亚	3.81	3.96		0.15
7	俄亥俄	3.33	3.59		0.26
8	新泽西	3.22	2.77	0.45	
9	北卡罗来纳	2.79	3.10		0.31
10	佐治亚	2.78	3.16		0.38
11	马萨诸塞	2.68	2.11	0.57	
12	弗吉尼亚	2.66	2.60	0.06	
13	密歇根	2.60	3.07		0.47
14	华盛顿	2.50	2.25	0.25	
15	马里兰	2.03	1.87	0.16	
16	明尼苏达	1.86	1.71	0.15	
17	印第安纳	1.84	2.05		0.21
18	科罗拉多	1.78	1.71	0.07	
19	田纳西	1.73	2.06		0.33
20	威斯康星	1.67	1.78		0.11
21	亚利桑那	1.66	2.14		0.48

(续表)

序	州 名	GDP/(%)	人口/(%)	GDP占比−人口占比	
				+	−
22	密苏里	1.62	1.88		0.26
23	康涅狄格	1.46	1.11	0.35	
24	路易斯安那	1.42	1.45		0.03
25	俄克拉荷马	1.27	1.27		
26	亚拉巴马	1.17	1.50		0.33
27	南卡罗来纳	1.11	1.54		0.43
28	肯塔基	1.09	1.37		0.28
29	俄勒冈	1.02	1.21		0.19
30	艾奥瓦	0.95	0.97		0.02
31	犹他	0.83	0.94		0.11
32	堪萨斯	0.82	0.90		0.08
33	内华达	0.79	0.91		0.12
34	阿肯色	0.69	0.92		0.23
35	哥伦比亚特区	0.68	0.21	0.47	
36	内布拉斯加	0.63	0.59	0.04	
37	密西西比	0.60	0.93		0.33
38	新墨西哥	0.51	0.65		0.14
39	夏威夷	0.44	0.45		0.01
40	新罕布什尔	0.40	0.41		0.01
41	西弗吉尼亚	0.40	0.57		0.17
42	特拉华	0.37	0.30	0.07	
43	爱达荷	0.36	0.52		0.16
44	罗得岛	0.32	0.33		0.01
45	缅因	0.31	0.41		0.10
46	阿拉斯加	0.30	0.23	0.07	
47	北达科他	0.30	0.24	0.06	
48	蒙大拿	0.26	0.32		0.06
49	南达科他	0.26	0.26		
50	怀俄明	0.22	0.18	0.04	
51	佛蒙特	0.17	0.19		0.02
	合 计	100.00	100.00	7.20	7.20

资料来源:百度网.

表 3-12 中国 GDP 与人口地理联系率(2016 年)

序	省、市(自治区)	GDP/(%)	人口/(%)	GDP占比-人口占比	
				+	-
1	广东	10.30	7.98	2.32	
2	江苏	9.85	5.80	4.05	
3	山东	8.68	7.21	1.47	
4	浙江	6.02	4.05	1.97	
5	河南	5.20	6.91		1.71
6	四川	4.23	5.99		1.76
7	湖北	4.18	4.27		0.09
8	河北	4.12	5.41		1.29
9	湖南	4.05	4.95		0.90
10	福建	3.69	2.81	0.88	
11	上海	3.56	1.75	1.81	
12	北京	3.23	1.55	1.68	
13	安徽	3.13	4.49		1.36
14	辽宁	2.85	3.17		0.32
15	陕西	2.48	2.76		0.28
16	内蒙古	2.41	1.83	0.58	
17	江西	2.38	3.33		0.95
18	广西	2.36	3.51		1.15
19	天津	2.32	1.13	1.19	
20	重庆	2.28	2.21	0.07	
21	黑龙江	1.99	2.75		0.76
22	吉林	1.93	1.98		0.05
23	云南	1.93	3.46		1.53
24	山西	1.68	2.67		0.99
25	贵州	1.52	2.58		1.06
26	新疆	1.25	1.74		0.49
27	甘肃	0.97	1.89		0.92
28	海南	0.52	0.66		0.14
29	宁夏	0.41	0.49		0.08
30	青海	0.33	0.43		0.10
31	西藏	0.15	0.24		0.09
	合计	100.00	100.00		16.02

资料来源:国家统计局国民经济综合统计司.中国统计摘要·2017.北京:统计出版社,2017.

第4讲 区划和主体功能区

区划是按照一定的原则和指标,将地域划分成若干单元。区划反映地域差异,是地理学服务社会的重要领域。我国国土辽阔,自然环境复杂,人口和民族众多做好,区划工作是提高我国管治水平的重要举措。

4.1 地理界线

地理界线是区域间的分界线。区域由地理界线框定。中国地理学会成立一百周年时,中国国家地理杂志评选百年来地理学的学术成果,位于前列的是胡焕庸人口分布线和秦岭淮河南北分界线。

4.1.1 突变型界线和渐变型界线

地理界线有突变型和渐变型两类。

1. 突变型界线

突变型界线可以勾画出明确的边界。例如,自然区中的海陆界线、流域界线,社会经济生活中的国界、行政区界线和房地产地界等。国界是国家领土的界线,国界的陆地界线和水上界线统称地面界线,以地面界线为根据形成垂直面,构成领空和地下层界线。

到20世纪90年代,我国省级行政界线中,争议线占18%。经过5年勘界工作,2002年7月实施《行政区域界线管理条例》,有了法定界线,消除了边界地区存在的争端。广西南丹县六寨镇和贵州独立县马尾镇在勘界后贴出对联:"百年争斗,一朝化解,功德无量;千山逶迤,两地平安,人民有缘。"

乌拉尔山是欧亚分界线。俄罗斯叶卡捷林堡市在乌拉尔山西麓,郊区山脊上有一座欧亚界线纪念碑。纪念碑两侧分别用俄语和英语书写欧洲和亚洲两个字。纪念碑顶端是俄罗斯双头鹰国徽,一头望着欧洲,另一头望着亚洲,表达俄罗斯是横跨两大洲的国家。纪念碑旁出售"横跨欧亚证明书",用英文和俄文注明:"您亲自跨越了欧亚分界线。"[1]

由于河流曲流摆动,两岸土地常有消涨。美国密西西比河的习惯是两岸土地不受河流摆动影响,沿岸各州常在对岸拥有小片土地。黄河在陕西龙门到潼关132.5千米段称小北干流,经常摆动,有"三十年河东,三十年河西"一说,造成几百年纷争。1969年陕晋两省整治河道时,建挑流工程冲向对方滩地,加剧矛盾。1982年成立黄河北干流河务局,统一管理、规划、建设治河工程,照顾两省利益,矛盾开始缓解。[2]

2. 渐变型界线

大多数自然区和社会区没有泾渭分明的界线,称渐变型界线。以植被区为例,由亚热带常绿阔叶林到暖温带落叶阔叶林间有一个常绿阔叶林和落叶阔叶林混交林带。那

---

[1] 刘爱民.触摸俄罗斯.北京:华艺出版社,2011:136.
[2] 安树伟.中国省区交界地带经济发展研究.北京:中国经济出版社,2002:16—18.

里既有常绿阔叶林,又有落叶阔叶林。语言、宗教、文化的分布相互交错渗透,有过渡带。在过渡带中,语言混用,民俗多样。

4.1.2 胡焕庸人口分布线

胡焕庸在 1935 年指出:"自黑龙江之瑷珲(现属黑河市——作者注),向西南作一直线,至云南之腾冲为止,分全国为东南与西北两部。""人口之分布,则东南部计四万四千万,约占总人口之百分之九十六,西北部之人口,仅一千八百万,约占全国总人口之百分之四。"[①]国际上称这条界线为胡线(Hu Line)。

按照 2007 年人口普查数据,胡焕庸线仍是我国人口分布的基本界线。我国 91.4% 的人口分布在占国土面积 36% 的东南半壁,占国土面积 64% 的西北半壁只占全国人口的 8.6%。

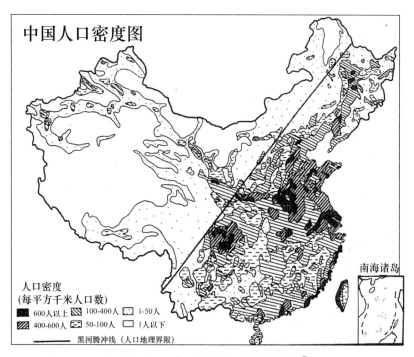

图 4-1　胡焕庸人口分布线(韩茂莉绘)[②]

地带性规律是我国人口突变线的形成机制。纬度地带性和经度地带性的共同作用促使我国降水量由东南向西北递减。我国从东北到西南有一条年降水量 400 毫米的分界线。胡焕庸人口分布线大体上与年降水量 400 毫米分界线相吻合。垂直地带性的影响加剧了这一趋势。我国地势西高东低,形成三个阶梯。东南半壁平原、盆地、三角洲密集,适宜农耕,人口承载能力较高。西部多高山峻岭,人口承载能力较低。

---

① 胡焕庸.中国人口之分布.地理学报,1935,(2).
② 胡兆量,王恩涌,韩茂莉.中国区域经济差异及其对策.北京:清华大学出版社,1997:4.

我国自然环境在影响人口分布的同时,也影响生产和生活空间分布。我国农牧交错带走向与人口分布线基本一致。

4.1.3 城市规划五线

城市规划有绿、紫、黄、蓝和橙五条界线。

城市绿线是城市各类绿地控制线,包括公共绿地、防护绿地、生产绿地、居住绿地、单位附属绿地、道路绿地和风景林地。

城市紫线是国家和省、自治区、直辖市人民政府公布的历史文化街区保护范围,县以上人民政府公布的历史建筑保护范围。历史文化街区保护范围包括历史建筑、构筑物和其风貌环境相组成的核心地段以及为确保该地段风貌、特色完整性而进行建设控制的地区。历史建筑的保护范围包括历史建筑本身和必要的风貌协调区。

城市黄线是对城市发展全局有影响的、城市规划中确定的、必须控制的城市基础设施用地的控制界线。城市基础设施包括公共交通、供水、供燃、供热、供电、环境卫生、消防、通信、防洪、抗震防灾等设施。

城市蓝线是城市规划确定的江、河、湖、库、渠和湿地等城市地表水体保护和控制的地域界线。城市蓝线统筹考虑城市水系的整体性、协调性、安全性和功能性,改善城市生态和人居环境,保护城市水系安全。[①]

城市橙线是保障城市安全必需的防护界线,包括核电站、油气及化学危险品仓储、超高压管道等重大危险设施的安全保护界线。

4.2 类 型 区

类型区是按照单一目标划出的地域范围。在扶贫工作中,分析贫困的类型,勾画出分布地域,对扶贫有指导作用。黄土高原丘陵沟壑区、西南喀斯特山区、蒙新干旱地区是我国主要贫困类型区。黄土高原丘陵沟壑区的主要矛盾是水土流失严重,伴有干旱缺水,个别地区地方病蔓延;优点是土地资源丰富,有丰富的煤、石油、天然气等资源。西南喀斯特山区的主要矛盾是岩溶发育,水土流失,岩石裸露,土层浅薄;优点是亚热带湿润气候,水热条件较好,水力和矿产资源丰富。蒙新干旱区的主要矛盾是干旱少雨,冬季严寒,土地沙化,草场退化;优点是光热风能资源丰富,只要具备水肥条件,作物可获优质高产,地下资源丰富,石油、煤等蕴藏量大。[②] 扶贫工作应改变过去单纯救济的方针,启动内部活力,走自我脱贫致富道路,针对类型特征,探索适宜的发展路径。

类型区划在空间上有三个特点。

一是局部覆盖。类型区不是全覆盖的区划。类型区勾画出区内和区外的界线,区内占整个地域的局部。例如,自然保护区、风景名胜区,只占全地域的局部地区。

---

① "城市绿线管理办法""城市紫线管理办法""城市黄线管理办法""城市蓝线管理办法",载于中华人民共和国城乡规划法,北京:中国法制出版社,2015:126—136。
② 姜德华,等.中国的贫困地区类型及开发.北京:旅游教育出版社,1989:41—157。

二是可重叠。类型区在空间上可能出现重叠现象。例如,农产品类型区中,产粮区和产棉区可能重叠,有些地区既大规模种粮,又大规模种棉。

三是有层次。类型区也可能有层次,若干个下级区组成一个上级区。例如,贫困类型区中的黄土高原丘陵沟壑区,可以细分为陇中和陇东旱原丘陵区、宁夏南部半荒漠山地区、陕北黄土高原区和吕梁山区四个亚区。

4.3 区划的特征和原则

区划是一个庞大的体系,可以分自然区划、行政区划、生态和环境保护区划、经济区划等。经济区划又可以分综合经济区划和部门经济区划。

4.3.1 区划在空间上的特征

1. 全覆盖,不重叠

以政治行政区划为例,如果出现遗漏和重叠,就会引发纠纷。在划分国界时,出现重叠现象,可能导致冲突。

2. 层次性

区划有明确的层次性。省、市、县、区是行政区划中的层次。

4.3.2 区划共同遵守的原则

第一,相似性与差异性原则。地球表层空间客观上存在相似性和差异性,形成不同区域。在自然条件方面有水热变化、地貌地势、自然资源等方面的差异。在社会条件方面有区域开发程度、基础设施、人口数量和质量、民族宗教等方面的差异。

第二,主导因素原则。影响区域的因素千头万绪。区划要把握主导因素。例如,蒙新贫困类型的主导因素是干旱缺水,黄土高原贫困类型的主导因素是黄土堆积,西南地区贫困类型的主导因素是岩溶地貌发育。

第三,空间结构有序原则。区划对千差万别的空间进行梳理,犹如生物学将无数物种分出纲、目、科、属。空间结构有序的表现是层次明晰,不同等级的区域上下层关系清晰和协调。

1. 不同性质的区划有相应的区划原则

综合自然地理区划从大量自然因素中找出主导因素。

(1) 年平均400毫米降水量等雨线和青藏高原边缘是我国一级综合自然区的界线。东部季风森林区,年降水400毫米以上,干燥度1.5以下。西北干旱荒漠草原区,年降水400毫米以下,干燥度1.5以上。[①] 青藏高寒草甸草原区,海拔3000米以上,气候寒冷,天

---

① 干燥度公式

$$K = \frac{E}{r} = \frac{0.16 \sum t}{r}$$

式中:K 表示干燥度;E 为可能蒸发量(毫米);r 为 >10℃ 期间降雨量(毫米);$\sum t$ 为 >10℃ 期间活动积温。$K<1$,水分收入大于支出;$K>1$,水分收入小于支出。

然植被是荒漠和草甸。

（2）我国二级自然区划分的主要因素是活动积温。活动积温是日平均气温>10℃期间日平均气温总和。云贵高原>10℃的日数较长，但是夏温低，积温少，除少数干热河谷，不宜栽种喜温的棉花。塔里木盆地和吐鲁番盆地>10℃的日数不长，但积温比较高，可以种长纤维棉花。

（3）划分三级自然区划时干湿度和地形是主导因素。平原、丘陵（相对高差100米左右）、低山（相对高差200～500米）、山地（相对高差500米以上）、高原等地形单元是划分三级自然区的重要依据。

2. 中国公路自然区划

20世纪70年代杨吾扬等完成了中国公路自然区划。根据路基和路面设计要求，按照我国水热平衡状况，将全国划分成七个一级区：Ⅰ，北部多年冻土区；Ⅱ，东部湿润季节冻土区；Ⅲ，黄土高原干湿过渡区；Ⅳ，东南湿热区；Ⅴ，西南潮暖区；Ⅵ，西北干旱区；Ⅶ，青藏高寒区。在一级区基础上，按照干燥度 K 值，将全国划分成52个二级区。根据地貌、水文和土质强度，进一步划分出三级区。[①] 该成果被公路部门列为制定不同地区公路建设投资定额的依据。

4.4 综合经济区

有关社会经济方面的区划，要遵守和谐原则、共赢原则。和谐原则是遵循自然规律，实现人和自然的和谐。共赢原则是有关地区共赢，缩小地区间的差距，各阶层人民都能享受发展的成果。

综合经济区划是提高我国管治水平的重要手段。沿海和内地，东部、中部和西部是我国综合经济区划的基本概念。

4.4.1 沿海和内地

1. 沿海和内地是我国区域关系的主轴

效率与公平、不平衡增长与平衡化，在我国主要体现在沿海和内地的关系中。

从第一个五年计划到第六个五年计划（1952—1985年）内地与沿海是基本经济区的核心。第三个五年计划和第四个五年计划（1966—1975年）穿插一线、二线、三线。一线主要是沿海地区。沿海区位优势在鸦片战争后显现。五口通商时，上海、宁波、福州、厦门、广州都在沿海，殖民帝国在我国侵占的租界主要在沿海。租界与我国改革开放后建立的经济特区性质不同，在区位要求上有相似处。

---

① 杨吾扬,耿大定,陈传康,江美球.论中国公路自然区划.地理学报,1978,(1).

表 4-1 1949 年前租界分布

年　代	地　点
1845 年	上海
1860 年	天津
1861 年	汉口、九江、广州、镇江
1878 年	厦门
1896 年	杭州
1897 年	胶州湾、威海卫、旅大
1898 年	沙市
1898 年	福州
1899 年	广州湾
1901 年	重庆
1902 年	鼓浪屿

我国东部港口肩负着亚洲内陆国家的出海任务。2000 年时连云港还只是一座年吞吐量 2700 万吨的中型港口。2016 年连云港的货物吞吐量超过 2 亿吨,进入世界大港的行列。连云港位于欧亚大陆桥的东端,60% 的货源来自哈萨克斯坦等中亚国家。[1]

2. 文化是东部率先发展的第二个因素

从唐朝以来,我国的政治中心、经济中心和文化中心逐渐东移。政治中心移到北京,经济中心移到太湖流域。东南沿海华侨、海外华人、港澳台亲友较多,他们为故乡带来丰富的信息、宝贵的资金、先进的技术和经营理念,促进了故乡繁荣。

我国的原料、燃料大部分在内地。内地是我国经济相对落后的地区,是少数民族集中分布的地区,是国防的纵深地带。周恩来说:"人们都说中国'地大物博,人口众多'。其实汉族是'人口众多',少数民族地区是'地大物博',各占一条。所以,我们各民族必然互相合作,互相帮助,才能发展。"[2]

4.4.2　三大经济带

发展经济要发挥比较优势,进行区域间的分工协作。开放是发挥比较优势的必由之路。

适应开放的需要,我国第七个五年计划(1986—1990 年)将全国划分成东部沿海、中部和西部三大经济地带。

东部沿海从辽宁到广西 12 个省、市和自治区,包括河北、北京、天津、山东、上海、江苏、浙江、福建、广东、海南。

中部从黑龙江到湖南 9 个省和自治区,包括吉林、内蒙古、山西、河南、安徽、江西和湖北。

---

[1] 国家统计局国民经济综合统计司.中国统计摘要·2017.北京:中国统计出版社,2017:153.
[2] 周恩来.不信教的和信教的要互相尊重.选自周恩来统一战线文选.北京:人民出版社,1984:308—309.

图 4-2　我国东、中、西三大地带示意图
资料来源：胡兆量，王恩涌，韩茂莉．中国区域经济差异及其对策．北京：清华大学出版社，1997：46．

西部包括大西南和大西北 9 个省和自治区，四川、贵州、云南、西藏、陕西、甘肃、青海、宁夏和新疆。当时，重庆还没有从四川省分出成直辖市。

4.4.3　四大经济区

进入 21 世纪，区域均衡发展提上议事日程，我国采用四大经济区管治全国区域发展。东部地区包括北京、天津、河北、山东、上海、江苏、浙江、福建、广东和海南 10 个省和直辖市；中部地区包括山西、河南、安徽、江西、湖北和湖南 6 省；西部地区包括内蒙古、重庆、四川、贵州、云南、广西、陕西、甘肃、宁夏、青海、新疆和西藏 12 个省、市、自治区；东北地区包括辽宁、吉林和黑龙江 3 省。

我国在 2000 年制订第十个五年计划时提出"实施西部大开发"，促进地区协调发展的战略任务，同时要求"加快中部地区发展""中部地区要发挥承东启西、纵贯南北的区位优势和综合资源优势"[①]。后来，把有关中部的提法概括为"中部崛起"。2004 年 3 月《政府工作报告》提出："统筹区域协调发展，推进西部大开发和东北地区等老工业基地振兴。"把振兴东北提高到与西部大开发同等重要的地位。我国开放城市和工业园、开发区建设逐步向中部和西部推进。[②]

东部经济区析出辽宁和广西后，不再用东部沿海名称，东部面积占全国的 9.5%。

---

① 中华人民共和国国民经济和社会发展第十个五年计划纲要．人民日报，2001-03-18．
② 温家宝．十届全国人大二次会议"政府工作报告"．人民日报，2004-03-17．

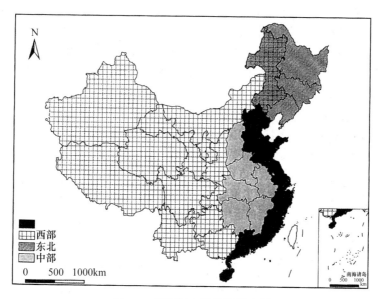

图 4-3　我国四大经济区示意图

西部经济区在西部经济带的基础上增加内蒙古和广西两个民族自治区,面积占全国的 71.4%。

4.5　主体功能区

2004 年陆大道和樊杰完成"全国功能区域的划分及其发展的支撑条件"咨询报告。国务院采纳报告建议,于 2010 年发布"全国功能区规划"。根据 2011 年国家"十二五"规划纲要我国开始实施主体功能区划。2016 年国家"十三五"规划纲要进一步完善政策体系,强化了主体功能区划在国土空间开发中的顶层设计地位。

4.5.1　主体功能区划的理念

主体功能区划是统筹我国空间规划的总图。以往,发展改革委员会牵头编制国民经济和社会发展规划,国土资源部门牵头编制土地利用规划,城市建设部门牵头编制城市规划,往往从单一任务出发,缺乏协调,因而产生"规划打架"现象。主体功能区划可以克服空间规划中的重叠和矛盾,提升国家空间管理水准。

主体功能区划是制定区域政策的依据,指导区域管治的生态保护和补偿制度、资源有偿使用制度、环境整治制度。环境资源承载力监测机制"要严格落实全国主体功能区规划和各省制定的主体功能区规划,建立国土空间开发保护制度,严格按照主体功能区定位推动发展"[①]。

区域功能是在更大的区域范围内承担的生产和生活功能。国土空间有多种功能性。从提供产品的角度划分,提供工业品、服务产品和农产品可以成为区域的主体功能。从

---

① 中华人民共和国环境保护法(注释本).北京:法律出版社,2014:17.

关系全局生态安全出发,提供生态产品可以成为区域的主体功能。主体功能不是唯一功能,明确主体功能不排斥该区域有其他功能。

主体功能区划是生态系统的可持续性、资源环境的可承载力和人类社会福利的统一,是自然规律、社会规律和地理规律的统一。

1. 遵循自然规律

主体功能区划的立足点是自然规律,是人与自然和谐。主体功能区划的重要创新是引入生态学原理,强调生态产品与农产品、工业产品、服务业产品一样是可以交换的产品,保护和提供生态产品是创造价值的过程。绿水青山就是金山银山,随着人们生活水平提高,对生态产品的需求不断加强。生态产品具有商品的共性,可以流通交换。生态补偿是购买生态产品应付的代价。自然保护区、风景名胜区、森林公园、地质公园和世界文化自然遗产是实行强制性保护的地区,对有碍保护的违法开发实行一票否决。

2. 遵循经济规律和社会规律

主体功能区划的核心是协调人与人的关系,遵循经济规律和社会规律,贯彻效率与公平统一的原则。发展是主体功能区划的目标是按照经济规律,发挥集聚效应,勾画出最有利于发挥集聚效应的区位和地区,保证大城市与城市群发挥引领经济发展的功能。我国人口众多,保证粮食安全和主要农产品供应,保护耕地红线,是我国社会可持续发展的重要条件。同时,主体功能区划要促使全国各地区共同繁荣,共奔小康,使全体人民都能享受发展成果。全国各地区共同发展,各地区间的关系从不平衡走向相对平衡是主体功能区划的终极目标。

3. 遵照地域差异,将人与自然和谐、人与人和谐的理念落实到地图上

主体功能区划的关键是落地,将人与自然和谐的理念,发挥集聚效应与共享发展成果的理念落实到地图上。我国960万平方千米国土存在巨大的自然和人文差异,区域发展必须与区域实际情况相结合,才能发挥应有的作用。

4.5.2 四类主体功能区

主体功能区划根据资源环境承载能力、现有开发密度和发展潜力,统筹考虑未来我国人口分布、经济布局、国土利用和城镇化格局,将国土空间划分为优化开发、重点开发、限制开发和禁止开发四类主体功能区,形成合理的空间开发结构。

1. 优化开发区

优化开发区经济比较发达、人口比较密集、开发强度较高、资源环境问题突出。优化开发区是提升国家竞争力的重要区域,是带动全国经济社会发展的龙头,是全国重要的创新区。优化开发区推动产业结构向高端高效发展,优化空间结构,逐年减少建设用地增量,提高土地利用效率。

2. 重点开发区

重点开发区有一定经济基础,资源环境承载能力较强、发展潜力较大、集聚人口和经济的条件较好。重点开发区是落实区域发展促进区域协调发展的支撑点,是全国重要的人口和经济密集区。重点开发区不断集聚产业和人口,带动区域协同发展。

优化开发区和重点开发区面积占全国1/5，人口占全国1/2。

3. 限制开发区

限制开发区分为两类：

第一类限制开发区是农产品主产区。那里耕地较多、农业发展条件较好，首要任务是增加农业综合生产能力，限制大规模高强度工业化城市化开发。

第二类限制开发区是重点生态功能区。那里生态系统脆弱或生态功能突出，资源环境承载能力较低，首要任务是增强生态产品生产能力。重点生态功能区包括大小兴安岭森林生态功能区等25个地区，总面积约386万平方千米，占全国陆地国土面积的40.2%，占全国总人口的8.5%。重点生态功能区分为水源涵养型、水土保持型、防风固沙型和生物多样性维护型四个类型。重点生态功能区实行产业准入负面清单，限制大规模高强度工业化和城市化开发。

4. 禁止开发区

禁止开发区是依法设立的各级各类自然文化资源保护区域，需要特殊保护的重点生态功能区，包括国家级自然保护区、世界文化自然遗产、国家级风景名胜区、国家森林公园和国家地质公园，省级以下各级各类自然文化资源保护区域、重要水源地。禁止开发区是我国保护自然文化资源的重要区域、珍稀动植物基因资源保护地。根据法律法规和有关方面的规定，国家级禁止开发区共1443处，总面积约120万平方千米，占全国陆地国土面积的12.5%。

表 4-2　全国主体功能区划的四类区域

类　型	范　围	目标方向和开发原则
优化开发区	环渤海、长三角和珠三角	加快转变经济发展方式，提升经济质量和效益
重点开发区	18个重点开发区域	增强产业和要素集聚能力，推进城镇化和新型工业化
限制开发区	东北平原、黄淮海平原、长江流域等7大优势农业区和23个产业带	严格保护耕地，稳定粮食生产，保障农产品供给，建成现代化新农村
	25个国家重点生态功能区	保护和修复生态环境，提高生态产品供给能力，建成人与自然和谐相处示范区
禁止开发区	国家级和省级自然保护区、风景名胜区、森林公园、地质公园、世界自然文化遗产等共1443处	依法实施强制性保护，严禁各类违法开发，引导人口逐步有序转移，实现污染物零排放

4.5.3　北京主体功能区规划

2012年9月17日北京市政府发布《北京市主体功能区规划》。规划将全市国土空间规划分为四类功能区域和六类禁止开发区域。四类功能区域是：首都功能核心区、城市功能拓展区、城市发展新区、生态涵养发展区。

首都功能核心区严格限制与优化开发功能不匹配的大型公建项目，限制医疗、行政办公、商业等大型服务设施新建和扩建,防止疏解搬迁区域的人口再集聚。区内近期重点项目是实施中轴线风貌恢复,推进朝阜大街一线历代文化遗存的修复,加强四合院保护利用,开展危房改造。

城市功能拓展区项目向南和西南方向倾斜。城市功能拓展区的主要目标是治理城乡结合部,适当降低常住人口比重,提升公共资源质量。城市功能拓展区将建设具有全球影响力的科技创新中心、国际商务中心和国际文化体育会展中心。

城市发展新区建设中心城区外迁人口居住区。在通州建设国际水准的现代化新城。顺义、亦庄、大兴、昌平、房山建设新城。

生态涵养发展区的建设重点是两屏、两系和多点。两屏是北部燕山和西部太行山生态屏障。两系是污水收集处理体系和垃圾收集处理体系。多点是自然保护区、防沙治沙、流域治理、镇村环境整治、关停废弃矿山、植被恢复等生态保护和建设。

禁止开发区包括世界自然文化遗产、自然保护区、风景名胜区、森林公园、地质公园和重要水源保护区六类,共63处。禁止保护区面积3023平方千米,占北京市总面积的18.4%。

表 4-3 《北京市主体功能区规划》中的禁止开发区域

类　型	单位	名　录
世界自然文化遗产	6	长城、故宫等
自然保护区	14	百花山国家级自然保护区等
风景名胜区	10	八达岭-十三陵风景名胜区,十渡风景名胜区等
森林公园	24	霞云岭国家森林公园等
地质公园	6	密云云蒙山国家地质公园等
重要水源保护区	3	密云水库京密引水渠一级保护区,怀柔水库一级保护区,官厅水库一级保护区

4.5.4　实施主体功能区划的保障

主体功能区划涉及多方面的经济利益,实施主体功能区划需要三方面的保障。

1. 完善的空间区划体系

空间区划是一个庞大的系统。除了全国性的综合空间区划,还有全国性的专项空间区划,不同层次地区性空间规划。全国主体功能区划需要不同层次、不同部门的空间区划配合,组成空间区划体系。长期以来,我国空间区划存在两个短板:一是空间区划落后,影响发展;二是空间区划多头管理,互相矛盾。主体功能区规划统揽全局,可以克服我国空间区划的两个短板。

2. 系统的分类管理政策

四类主体功能区应有相应的管理政策,包括财政政策、产业政策、土地政策、人口政策和政绩考核政策等。一段时间,GDP增长是考核干部的主要指标,有些地方追求一时增长速度,盲目上项目、办企业、引投资。

表 4-4　主体功能区分类管理的区域政策

区　域	优化开发区	重点开发区	限制开发区	禁止开发区
财政政策	提升参与全球竞争层次	加速工业化和城镇化	增加财政转移	增加财政转移
投资政策	发展高新技术产业	支持基础设施改善投资环境	支持公共服务和生态环境保护	支持公共服务和生态环境保护
产业政策	引导"三高"产业转移，提升产业结构	加强产业配套能力	发展特色产业	修复生态保护环境
土地政策	严格增量控制	适当扩大建设用地	严禁生态用地改变用途	严禁生态用地改变用途
人口政策	鼓励外来人口定居	鼓励外来人口定居	降低人口密度	引导人口有序转移
政绩考核	强化经济结构、资源消耗、自主创新评价	综合评价经济增长与质量效益	突出生态保护环境评价	主要评价生态环境保护

我国禁止开发区有五大类。其中，国家级自然保护区 243 处，占地面积 89.44 万平方千米，占全国国土面积的 9.3%，比东北地区面积还大。禁止开发区有优异的自然环境、丰富的自然景观，是人们亲近大自然的好去处。建立不同类型的国家公园是禁止开发区的天赋功能。

3. 合理的财富二次分配

管理政策的核心是合理的财富二次分配体制，二次分配是生态补偿的重要形式。禁止开发区和限制开发区大都是我国发展滞后的地区。实施主体功能区划后，我国形成八类重点支持的区域：前四类是革命老区、民族地区、边疆地区和贫困地区，简称"老少边穷"，是固有的重点支持区域；后四类是限制开发区、禁止开发区、资源枯竭型城市、三峡库区，是根据需要形成的重点支持区域。[①]

[①] 樊杰.主体功能规划、战略和制度形成的人文与经济地理学基础.载自中国人文与经济地理学者的学术探究和社会贡献.北京：商务印书馆，2016.

第5讲 行政区和特殊经济区

我国自古以来就有行政区体制。行政区是我国国家体制的组成部分。

特殊经济区(Special Economic Zone)是在政府主导下,根据区位和资源优势,采取优惠政策,连片开发,促进经济发展的区域。开发区是我国对特殊经济区约定俗成的简称。

5.1 行 政 区

《周礼》载:"惟王建国,辨方正位,体国经野,设官分职,以为民极。""体国经野"和"设官分职"是指划分行政区和建立地方政府。秦朝总结战国分封割据的教训,设立郡、县行政区体系,加强中央权力,保障国家稳定统一。汉袭秦制,从汉朝起,行政区继承秦制不断完善。

5.1.1 传统行政区划原则

维护国家长治久安是行政区划的目标。在维护国家长治久安的前提下,行政区划的具体原则有三条:① 随山川形便,自然原则;② 犬牙交错,政治原则;③ 肥瘦搭配,经济原则。

随山川形便原则是行政区与自然地理区一致,用天然的山川作为行政区边界。用山川地物作边界具有稳定性。"广谷大川异制,民生其间异俗。"山川地物是人文习俗的界线。随山川形便划分行政区,与文化区划一致,便于行政管理。

随山川形便划分行政区军事上易守难攻,容易出现据险自守与中央分庭抗礼的局面。四川北有秦岭、大巴山,南有云贵高原,东有三峡,西有青藏高原,称四塞之国。"天下未乱蜀先乱,天下已安蜀未安。"历史上先后有蜀汉、成汉、前蜀、后蜀、元末明玉珍,明末张献忠建立政权。山西也是四塞之地,历史上有前赵、后赵、北汉等政权;民国时期,山西阎锡山名为省主席,实为土皇帝。

犬牙交错原则是将不同自然地理单元划入同一行政区。天险消融在同一行政区内可以抑制割据。元朝行政区划中犬牙交错的情况最突出,11个行省中除四川行省外,都包含多个自然地理单元。行政区没有天险屏障,便于中央政府统治。

肥瘦搭配原则主要从经济财政视角分界。每一个行政区内都有一块相对肥沃的地域,在税收、财政上丰歉互补,减轻中央负担。

我国当前的省域行政区有传统划分原则的烙印。陕西省包括汉中盆地、关中平原和陕北黄土高原三个自然地理单元,在人文和经济上差异较大。语言学家认为汉中方言属西南官话,关中方言属中原官话,陕北方言归晋方言系统。江苏和安徽两省地跨长江流域和淮河南北,人文和经济条件有明显区别。

图 5-1 元代十一行省简图(韩茂莉绘)

5.1.2 现行行政区的贡献

1. 概况

"中华人民共和国的行政区划分如下:

(一)全国分为省、自治区、直辖市;

(二)省、自治区分为自治州、县、自治县、市;

(三)县、自治县分为乡、民族乡、镇。

直辖市和较大的市分为区、县。自治州分为县、自治县、市。

自治区、自治州、自治县都是民族自治地方。"

"国家在必要时得设立特别行政区。在特别行政区内实行的制度按照具体情况由全国人民代表大会以法律规定。"[1]

特别行政区是中华人民共和国不可分割的一部分。第七届全国人民代表大会第三次会议和第八届全国人民代表大会第一次会议通过的《香港特别行政区基本法》和《澳门特别行政区基本法》,对香港和澳门特别行政区内实行的政治、经济、社会制度作了规定。

2016年年底,我国有直辖市4个,省22个,自治区5个和特别行政区2个;有地级行政区334个,其中地级市293个;有县级行政单位2851个,其中市辖区954个,县级市360个,县1366个,自治县117个。[2]

---

[1] 中华人民共和国宪法第三十条和第三十一条.北京:中国法制出版社,2015.
[2] 国家统计局国民经济综合统计司.中国统计摘要·2016.北京:中国统计出版社,2017:1.

2. 现行行政区的贡献

行政区是我国国家机构的重要组成部分,行政治理能力是社会文明的重要保障。我国行政区主要有三方面的贡献。

(1) 保障国家稳定统一。行政区保障全国政令畅通,上下协调,社会安定。在突发事件和天灾来袭时,各级行政区担当一线抗灾重任。

(2) 参与社会经济建设。政府搭台,企业唱戏,招商引资,脱贫致富,建开发区,兴医办学,行政区都当仁不让。供应困难时,省长抓"米袋子",市长抓"菜篮子"。浙江省提出行政区长官当好"店小二",全心全意为繁荣经济效力。

(3) 加强民族互助团结。我国是多民族国家,"各少数民族聚居的地方实行区域自治,设立自治机关,行使自治权。各民族自治地方都是中华人民共和国不可分割的部分。""各民族一律平等。""各民族都有使用和发展自己的语言文字的自由,都有保持或者改革自己的风俗习惯的自由。"[①]民族区域自治维护我国 56 个民族的平等、团结、互助关系。

为了适应经济建设需要,我国行政区界线有较大灵活性。我国是世界上行政区界线调整频率较高的国家。广西壮族自治区原本没有海岸线。1965 年广东省钦州、北海、防城一带划归广西,带动广西经济腾飞。

5.1.3 行政区经济

我国长期实行中央集权体制,行政区对经济的影响比较突出。行政区对经济的影响简称行政区经济,主要表现在三个方面。

(1) 行政本身是经济实体,有编制、有消费力。行政中心设在哪里,这一实体就聚焦在哪里。北京市在通州建城市副中心,通州副中心很快形成百万人口以上的现代化建成区。行政区对城市的主要影响是行政中心城市功能综合化和城市地位首位化。

(2) 离行政中心远的地区往往鞭长莫及,照顾欠缺,出现行政区边缘地带经济社会发展相对滞后的现象。

(3) 由于行政经济的影响,一旦行政中心的地点转移,行政区划的界线调整,对经济发展产生后续效应。实地考察中发现,行政中心转移后,优质的医疗、教育、金融等服务机构随着转移,新行政中心迅速崛起,行政中心原址很快衰落。

5.2 特殊经济区的性质

特殊经济区是我国改革开放的重要标志。特殊经济区有四个主要特征:① 政府行为,政治特征;② 区域界线,地理特征;③ 产业开发,经济特征;④ 动态变化,历史特征。区域界线、政府行为、产业开发是界定开发区的标尺,不具备这三条的不属于特殊经济区。动态变化是特殊经济区与一般行政区的差别。与一般行政区比较,特殊经济区发展阶段性明显,转型较快。

---

① 中华人民共和国宪法.北京:中国法制出版社,2004:63—64.

5.2.1 政府行为

特殊经济区是上层建筑和经济基础的良性互动,是"看得见的手"和"看不见的手"的完美结合。"看不见的手"是客观经济规律,是经济上的集聚效应。"看得见的手"是政府行为,由政府主导规划、开发、管理,由政府提供优惠的政策保障。在具体操作方面,特殊经济区遵守市场经济规划,促使区位的潜在优势转化为现实优势。

1. 特殊经济区的政府行为

(1) 由上级政府部门核准。我国特殊经济区有两个层次:国家级和省级。优秀的省级区可以升格为国家级区。国家级开发区由国务院有关部门核准。例如,天津滨海新区有 2006 年 5 月 26 日国务院发布的国发〔2006〕号文"国务院关于推进天津滨海新区开发开放有关问题的意见"。

(2) 建立特殊经济区引发行政区划调整。以四川天府新区为例,位于成都市南侧,涉及三市七县(区)的土地。核心是成都市双流县,包括龙泉驿区和武侯区的一部分、新津县的两个镇,东南并入简阳市的五个乡,南部并入眉山市两个乡镇。天府新区在成都平原附近,划出 1578 平方千米土地,是行政区划的大规模洗牌。

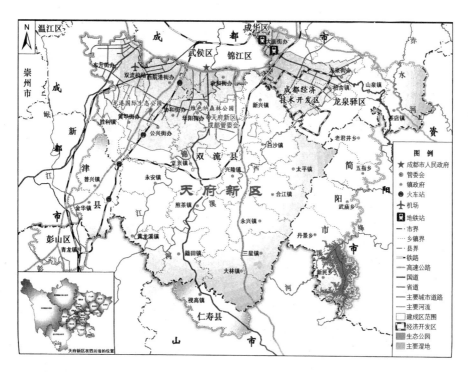

图 5-2 天府新区简图

资料来源:国家发展和改革委员会,国家级新区发展报告·2015,北京:中国计划出版社 2015 年版,第 146 页。

(3) 开发区的核心是实施税收、土地等优惠政策,涉及财政、海关、国土等部门管辖权限。

(4) 开发区有一定的行政区级别,提供良好的基础设施、生态环境和治安环境。天府新区具有副省级行政区地位。

2. 没有行政区属性的园区,不属于特殊经济区

城市规划中常有园区、新城、学校和企业开拓园区,鞋城、服装城等产业集聚区,不具备行政区属性,不属于特殊经济区范畴。

5.2.2 区域界线

特殊经济区是一个完整的区域,有确切的区位,有清晰的边界和可以度量的面积。港口、机场、交通枢纽是特殊经济区的落脚点。特殊经济区具有区位优势才能吸引生产要素流入。

1. 我国特殊经济区建设过程中出现的三类特殊区域组合形态

(1) 大区套小区形态。特殊经济区像俄罗斯套娃一样,大开发区中包含若干小开发区。例如,天津滨海新区包含有天津港保税区、天津出口加工区、天津经济技术开发区、天津滨海高新技术产业开发区。

(2) 串联形态。一区多园像葡萄串,有些分园越过省市界线。上海浦东新区张江高新技术开发区初始面积22.13平方千米,2014年开发区增加到531平方千米,共有22个园区。其中,5个园区在浦东新区范围内,17个园区在浦东新区范围外。上海市17个区县的知识经济集聚区都纳入张江高新技术开发区。

(3) 犬牙交错形态。不同类型的特殊经济区中你中有我、我中有你。在上海浦东新区中有陆家嘴金融贸易区、金桥出口加工区和张江高新技术开发区。这三个区中都设有保税区。

2. 特殊经济区有严格的界线

深圳经济特区成立时面积376平方千米,含福田、罗湖、南山、盐田四区,占全市2050

图5-3 深圳经济特区管理线示意图

资料来源:北京晚报,2018-01-17。

平方千米的18.3%。① 东起大鹏湾,西到南头,有条特区管理线,全长84.6千米,俗称"二线"。特区管理线由2.8米高的铁线网和花岗岩石板隔开,沿管理线有巡逻公路。1983年国务院批准沿管理线设布吉、南头、沙湾、白芒、盐田坳、背仔角6个检查站,对进入特区人员的证件、护照、签证实施检查。当时深圳特区实行税收减免政策,深圳货物进出检查站时要缴纳一定的税费。

内地居民到深圳特区要办《边境管理通行证》,在乡间办证,从乡到县至少要盖四五个公章,查办个人档案。人们到深圳先办通行证,找到工作后办暂住证,工作有稳定收入后,设法调入深圳户口,办特区身份证。提起这三个证件,年纪稍大一点的深圳人有说不完的故事。在深圳历年人口统计,具有通行证、暂住证的人口数,远远超过持身份证的户籍人口数。

特区管理线便于特区内实施特殊的经济政策,便于特区外引内联,加强管理,创造良好的社会治安,保障香港的繁荣稳定和国家的长治久安。2005年由于经济特区内外政策差幅缩小,城市建成区的迅速外延,人们只需凭身份证便可以进入特区。2010年7月国务院批准扩大经济特区版图,深圳全市划入特区,管理线名存实亡。2018年1月《国务院关于同意撤销深圳经济特区管理线的批复》,同意撤销深圳经济特区管理线。至此,使用36年的"二线"正式退出历史舞台。

由于特区管理线对深圳的历史贡献,由于深圳人民对"二线"的真切记忆,"二线"成为著名的城市历史文化,成为旅游景区。

5.2.3 产业开发

我国特殊经济区的名称众多,有些名称不同,内容相似。有些名称出现在一定的历史阶段,往后就销声匿迹了。原因大致有两个:① 特殊经济区的主要目标是发展产业。产业的门类众多,导致特殊经济区的类型众多;② 随着改革开放深化,开发区的内涵逐步转变。

1. 按产业分类,特殊经济区有三大类型

(1) 综合型。如经济特区、新区、经济开放区、边境经济合作区、综合配套改革试验区、重点开放试验区等。

(2) 制造业型。如出口加工区、工业园、产业园等。增加研究科技内容后出现科学技术园、高新技术产业园、高新技术开发区。

(3) 流通型。如保税区、金融贸易区、自由贸易和边境自由贸易区等。

2. 有两类地区不属于特殊经济区

一类是以保护为目标的区域,如自然文化资源保护区、风景名胜区、森林公园、湿地公园、地质公园等,这类区域的规章制度围绕保护制定。另一类是旅游度假区,旅游度假区大都依托风景名胜区,开发服从保护。以杭州之江国家旅游度假区为例,位置紧邻西湖风景名胜区,景观浑然一体,开发要服从西湖风景名胜区的整体保护。

---

① 中华人民共和国民政部.中华人民共和国行政区划简册.北京:中国社会出版社,2010:109.

5.2.4 动态变化

特殊经济区是在特定的历史阶段由于特定的需要出现的区域。"变"是常态,特殊经济区像川剧变脸一样,不断地变,管辖地域在变,管理体制在变,优惠政策在变,主导产业和功能定位在变,名称在变,居民如潮水般涌进退出也在变。

以北京中关村为例,这里集聚了 31 所大学,113 所科研院所。1988 年 5 月国务院批准的名称是高新技术产业开发区,是我国第一个高新技术产业开发区,面积 100 平方千米。1999 年 6 月,国务院文件定名为中关村科技园区。2009 年 3 月 13 日国务院批复改称中关村国家自主创新示范区。中关村自主创新示范区的具体内容是"1+6":"1"是指搭建中关村科技创新平台,2010 年 12 月 31 日正式挂牌;"6"是指 6 项支持政策,包括科技成果处置权和收益权、股权激励个人所得税、中央单位股权激励审批方案、科研项目经费管理体制、统一监管下的全国场外交易市场、完善高新技术企业认定。中关村逐步向高新技术总部基地转变。在空间上,中关村国家自主创新示范区辐射到北京 16 个园区,在北京各区遍地开花。2014 年中关村企业在京外设分支机构 8300 余家,224 家中关村上市企业 7 成以上收入在外地。

5.3 特殊经济区的国际经验

1547 年意大利热那亚湾的雷格亨港出现世界上第一个自由贸易港。20 世纪中叶,特殊经济区大量涌现,著名的有爱尔兰香农开发区和新加坡裕廊工业园区。

5.3.1 香农开发区

香农开发区依托爱尔兰西部香农国际机场,是欧盟离美国最近的地点之一。美国有 4000 万个爱尔兰血统人口,他们是香农与美国联系的文化纽带。1959 年爱尔兰政府成立香农自由空港开发有限公司(Shannon Free Airport Development Company Limited),简称香农开发公司。1960 年公司筹建自由贸易区,初始面积 2.5 平方千米;后期开发区扩展到 1 万平方千米,包含有 5 个郡的土地,占全国面积 1/7。香农以 12.5% 的公司税吸引国际投资,与欧盟大多数国家 30%~50% 公司税比较,具有强大吸引力。香农开发区经历三个发展阶段:

(1) 1960—1990 年以制造业为主,重点是电子工业和医药业。1972 年组建利默里克大学(Limereck University)为产业转型做准备。

(2) 1990—1999 年向服务业转型,发展电信业,开展电话和财务终端服务。有 80 余家境内外科技企业和研发机构进驻园区。

(3) 1999 年以来向研发转型,重点发展软件开发和金融服务,同时发展旅游业。依托高等院校,香农建立四个科技园;与利默里克大学共建利默里克科技园;与凯里工学院共建凯里科技园;与提帕拉里学院共建提帕拉里科技园;与阿斯隆理工学院共建波尔科技园。

爱尔兰全国人口 460 万人。香农开发区创造 14 万个就业岗位。全球 10 大医药公司中,有9家入驻园区。在园区带动下,爱尔兰上升为欧盟经济发展水平较高的国家。

5.3.2 新加坡裕廊工业园区

新加坡裕廊工业园区1961年启动,开发面积9.91平方千米。通过填海等措施,园区现有面积64.8平方千米,占全国面积的1/10。新加坡政府成立裕廊管理局(ITC),不久管理局改制为裕廊集团,是政府出资的开发公司。园区分三部分:① 腾飞集团,操作园区开发,有高科技、石油化工和生物科学三个板块;② 裕廊港,新加坡第二大出入门户;③ 裕廊国际,提供总体规划、基础设施规划、设计、选址、建筑设计等一站式服务。

裕廊工业园区经历三个发展阶段:① 劳动密集型产业阶段(1961—1979);② 技术与资本密集型产业阶段(1980—1989);③ 知识密集型产业阶段(1990—)。依托裕廊工业园区,腾飞集团成为新加坡最大的工业房地产开发商,在境外参与45个工业园区开发。在我国10座城市有15个项目,如苏州园区(SIP)、大连长兴岛临港工业园区、大连软件园腾飞园区。在印度有班加罗尔国际科技园。在菲律宾有卡梅尔第二工业园。在越南有新加坡工业园。

纵观国际开发区建设,主要有四点经验:① 少而精,选择优势区位,集中力量开发;② 加强政府管理,实施优惠政策;③ 按照市场机制,由优质开发公司操作;④ 按照产业发展规律,依托高等院校,推动产业转型升级。

5.3.3 特区建设的理论基础

回顾国际上特殊经济区建设,理论基础是集聚效应与增长极理论。

1. 集聚效应

在集聚效应作用下,经济越集中,经济活动的密度越高,地区越富裕。公共设施由众多企业共享可以降低投资。一家企业的活动可以为上下游企业提供便利。经济活动集聚带来信息、技术和人才的效应和集聚。

2. 增长极理论

增长极理论认为经济增长在空间上是不均匀的,呈现点状增长,通过各种渠道影响区域经济。增长极理论强调外部经济条件,包括公共和商业服务、专业化供应、劳动力市场、对消费者的吸引、思想与技术交流。[①] 增长极的外部条件集中体现在区位上,优质区位具备优质外部条件。因此,特殊经济区建在优质区位上,区位的选择是特殊经济区成功的保证,优质区位可以建成优质特殊经济区。

5.4 我国特殊经济区建设

我国改革开放采取"摸着石头过河"方针,有三个特征:一是类型和名称多样;二是区域组合形态复杂;三是名称和内涵变化较快。在我国特殊经济区中,经济特区、新区和自由贸易试验区最具典型性。

---

① 王缉慈.增长极概念、理论和战略探究.经济科学,1989,(3):53—58.

5.4.1 经济特区

1979年6月广东省委和福建省委分别向中央递交报告,提出在深圳、珠海、汕头和厦门设立出口特区,允许华侨、港澳商人投资办厂,也允许外国厂商投资办厂。出口特区名称源自出口加工区。1980年5月,中共中央和国务院文件将出口特区正式命名为经济特区。①

1. 经济特区的功能

(1) 桥梁功能。引进技术、资金和先进的经营管理,开展对外贸易,开拓国际市场。

(2) 试验功能。建立社会主义市场经济体制在特区先行先试。人事招聘、劳务用工、土地拍卖、物价调控、证券开放等领域,特区都先行探索。

(3) 辐射功能。特区的成功经验,向全国辐射。特区建立后,出现全国学特区的热潮。

2. 经济特区实行的特殊政策

(1) 体制政策。扩大特区项目审批权、人事管理权、行政体制权,保证特区先行先试,完善投资环境。

(2) 优惠政策。包括外商投资的资本货物免征关税,企业所得税降到15%等。

(3) 扶持政策。在中央财力不足情况下,通过财税留用政策,筹集开发资金。

经济特区任务繁重,规模不宜过小。随着改革开放的深化,经济特区的规模逐步扩大。

在特区建设过程中,全国人才、劳动力、资金、技术纷纷流入,俗称"孔雀东南飞"和"麻雀东南飞"。特区汇聚了来自全国四面八方的人士,说着祖国各地的方言。背靠祖国是经济特区高速成长的重要原因。

深圳经济特区是我国改革开放的样板。经过四十年努力,深圳从名不见经传的边陲小镇跃升为特大城市,世界著名的通信设备、计算机、电子元器件的生产基地。深圳市电子信息制造业和软件出口连续多年居全国第一。深圳市成为有世界影响力的国际创新中心之一,拥有华为、中兴等著名高新技术企业。

5.4.2 新区

进入20世纪90年代,国家级新区成为经济特区的接续。国家级新区由国务院批准设立,具有副省级行政地位,实行经济特区的优惠政策。国家级新区有四方面的功能:① 全国经济发展的新引擎;② 体制机制创新的综合平台;③ 全方位扩大开放的新窗口;④ 统筹区域发展,促进城乡融合和新型城镇化建设。②

1992年我国第一个新区在上海浦东设立,包括原黄浦区、南市区、杨浦区的浦东部分

---

① 郑有贵. 中华人民共和国经济史(1949—2012年). 北京:当代中国出版社,2016:160.
② "国家发展改革委、国土资源部、环境保护部、住房和城乡建设部关于促进国家级新区健康发展的指导意见"(发改地区[2015]778号).

和川沙县、上海县三林乡,面积522.75平方千米。① 2009年浦东新区二次创业,撤销南汇区,面积增加到1210平方千米。新区成立初始,地区生产总值只占全市8%,2014年新区以全市1/5的土地和1/5人口,实现全市30%的生产总值。新区港口集装箱吞吐量突破3000万箱,占世界第一,浦东机场货邮吞吐量占世界第三。新区对上海市建设国际经济中心、国际金融中心、国际贸易中心和国际航运中心做出巨大贡献。

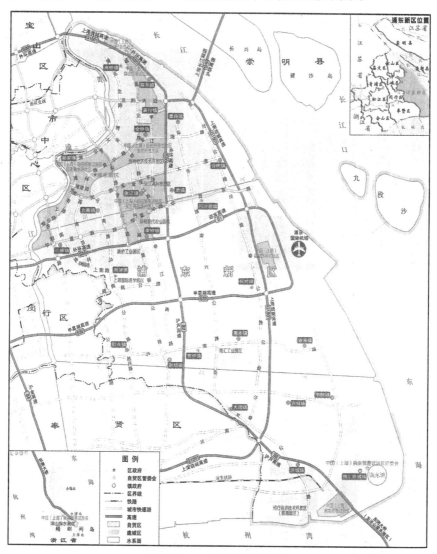

图5-4 上海浦东新区简图

资料来源:国家发展和改革委员会.国家级新区发展报告·2015.北京:中国计划出版社,2015:136.

2006年5月国务院批准设立天津滨海新区。滨海新区包括塘沽区、汉沽区、大港区三个行政区和天津经济技术开发区、天津港保税区、天津港区以及东丽区、津南区的部分

---

① "国务院关于上海市设立浦东新区的批复"(国函[1992]146号)。

区域,面积2270平方千米。① 滨海新区距天津市中心45千米,距北京市中心160千米,有可供开发的盐碱荒地1000平方千米以上,有海岸线153千米。滨海新区建立以来,形成新能源、新材料、电子信息、生物医药、轻纺粮油等主导产业和多层次科技创新体系。2014年滨海新区完成天津全市生产总值56%,对天津市建设北方国际航运中心和国际物流中心、现代制造业和研发转化基地作出决定性贡献。

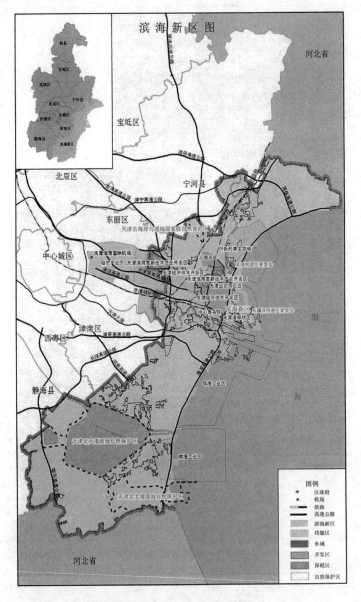

图 5-5　天津滨海新区简图

资料来源:国家发展和改革委员会.国家级新区发展报告·2015.北京:中国计划出版社,2015:137.

---

① "国务院关于推进天津滨海新区开发开放有关问题的意见"(国发[2006]20号)。

2010年以来,新区迅速增加。到2017年4月设立雄安新区,全国有新区19个,共有面积22 883平方千米。面积最大的大连金普新区2729平方千米。面积最小的江西赣江新区465平方千米。19个新区意味着增加了19个副省级行政单位。

雄安新区以河北省雄县、安新和容城为中心,包括部分周边县、市,远期面积2000平方千米。新区与北京和天津的距离100千米,呈三足鼎立状,是京津冀协同发展的重要节点,北京疏解非首都功能的重要承接地。雄安新区改变北京、天津两座特大城市与周边城市规模不协调状况,使京津冀城市群的规模结构趋于完善。

表5-1 我国新区简表

名称	建立时间	面积/平方千米（2014）	常住人口/万人
1. 上海浦东新区	1992	1210	541(2014)
2. 天津滨海新区	2006	2270	279(2014)
3. 重庆两江新区	2010	1200	235(2014)
4. 舟山群岛新区	2011	1440	114(2014)
5. 兰州新区	2012	806	15(2014)
6. 广州南沙新区	2012	570	64(2014)
7. 陕西西咸新区	2014	882	98(2014)
8. 贵州贵安新区	2014	1795	73(2014)
9. 青岛西海岸新区	2014	2096	148(2014)
10. 大连金普新区	2014	2729	158(2014)
11. 四川天府新区	2014	1578	179(2014)
12. 湖南湘江新区	2015	490	85(2015)
13. 南京江北新区	2015	788	168(2015)
14. 福州新区	2015	800	
15. 云南滇中新区	2015	472	170(2015)
16. 哈尔滨新区	2015	493	
17. 长春新区	2016	499	47(2016)
18. 赣江新区	2016	465	
19. 雄安新区	2017	2000	
合计		22 883	

5.4.3 自由贸易试验区

自由贸易区有广义和狭义两类。

1. 广义自由贸易区

广义的自由贸易区是两个或两个以上国家或地区,通过自由贸易协定,相互取消绝大部分货物关税和非关税壁垒,取消绝大多数服务部门市场准入限制,开放投资。自由贸易区促进商品、服务和资本、技术、人员等生产要素的自由流动,实现优势互补,促进共同发展。加勒比自由贸易区有15个国家和地区参加。美国、加拿大和墨西哥组成北美自由贸易区。

国际上有世界自由贸易区联合会。联合会下属世界自由贸易区协会(World Free Zone Convention),总部在伦敦。120个国家的自由贸易区参加协会,定期召开世界自由贸易大会(World Free Trade Conference)。我国是世界自由贸易区协会的积极参与者,多次在我国召开世界自由贸易大会。

2. 狭义自由贸易区

狭义的自由贸易区是一个国家或单独关税区内设立的用栅栏隔离、置于海关管辖之外的特殊经济区域。区域内允许外国船舶自由进出,外国货物免税进口,取消对进口货物的配额管制。

狭义的自由贸易区有五个类型:

(1) 转口集散型。从事货物转口分拨、货物储存、商业性加工,如巴拿马科隆自由贸易区。

(2) 贸工结合型。出口贸易为主,兼做简单转口集散加工装配,如阿联酋迪拜自由贸易区。

(3) 出口加工型。以出口加工为主,转口贸易、国际贸易、仓储服务为辅,如尼日利亚自由贸易区。

(4) 保税仓储型。以保税为主,免除外国货物进出口手续,可以较长时间免税储存货物,如荷兰阿姆斯特丹港自由贸易区。

(5) 综合发展型。在货物免税基础上,发展强大的金融、商业等服务业,具有国际影响力的经济枢纽。香港和新加坡在自由港基础上发展成为综合性的自由贸易区。

2014年上海成立中国(上海)自由贸易试验区(China Shanghai Pilot Free Trade Zone),简称"上海自贸区"。上海自贸区涵盖外高桥、洋山新城和浦东机场三个保税区,增加陆家嘴片区、金桥片区和张江片区,总面积120.72平方千米。我国自由贸易区带有试验两字,说明我国的自由贸易区有个逐步完善的过程。

2015年以来,我国设立自由贸易区的步伐加快。2015年新设天津、福建、广东三个自由贸易区。2017年3月增设辽宁、浙江、河南、湖北、重庆、四川、陕西7个自由贸易区。11个自由贸易试验区构成东中西协调发展的格局。

5.5　特殊经济区的管治

特殊经济区"是我国改革开放的成功实践,对促进体制改革、改善投资环境、引导产业集聚,发展开放型经济发挥了不可替代的作用"[①]。

5.5.1　特殊经济区存在的问题

我国特殊经济区建设在探索中前进,在取得喜人成绩的同时,出现"多、乱、滥"等问题。

---

① "国务院办公厅关于促进开发区改革和创新发展的若干意见"(国办发[2017]7号)。

1. 多,遍地开花

特殊经济区建设一哄而起,布局重复,造成土地资源和财力物力的浪费。我国城市化过程中用地增长比人口增长快,特殊经济区过量是重要原因。以北京为例,2003 年出现四级政府争建开发区的局面。国务院、市政府建开发区,市属各部门和区县政府设开发区,区县各部门和乡镇政府也设开发区。四级政府共建开发区 470 个,按照当年北京市人口平均,每 4 万人有一个开发区。其中,374 个开发区由区县各部门和乡镇政府设立,占总量 79.5%。

表 5-2 2003 年北京市开发区简况

批准部门	个	规划面积/公顷	建成面积/公顷
1. 国务院	3	42 564.67	16 949.80
2. 市政府	23	11 363.58	4049.33
3. 市属部门和区县	70	12 010.18	4102.70
4. 区县部门和乡镇以下单位	374	21 670.63	4943.29
合　计	470	87 609.06	30 045.12

资料来源:北京卷编辑部.当代中国城市发展丛书·北京.北京:当代中国出版社,2011:574.

2004 年根据国务院要求,北京市对开发区清理整顿。经过整顿,北京市有开发区 28 家,其中,国家级开发区 3 家,市级和市级以下开发区 25 家,合计规划面积 40843.36 公顷（1 公顷=10^4 平方米)。整顿后,开发区减少 95%,规划面积减少 53.4%。[1]

2. 乱,名实不符

开发区过多,管理不规范,土地资源利用率低,出现免费供应土地现象。有些创意园区没有创意企业,高新技术园区没有高新技术产业。

3. 滥,滋生腐败

特殊经济区是土地和资金等要素大规模集聚的地方,违纪高发,有的地区出现塌方式腐败。

5.5.2 提高管治水平

建设好特殊经济区首先要提高管治水平:

(1) 建立规章制度,提高法治水平。

(2) 纠正政绩驱动。地方官上任年限有定,任期内为求政绩,特殊经济区是重要抓手。"张书记建东区,李书记建西区",各吹各的号,背离少而精的原则。

(3) 防止多龙治水。国务院发展改革委员会、科技部、商务部、工信部和各级政府分别介入,"部门分割和各地为政是开发区遍地开花和泛滥成灾的缘由之一,而这种条条块块分割,是我国体制上数十年的顽疾。"[2]深入改革,要改变多龙治水的现状。

---

[1] 北京卷编辑部.当代中国城市发展丛书·北京.北京:当代中国出版社,2011:574.
[2] 王缉慈.创新集群三十年探索之旅.北京:科学出版社,2016:35.

第6讲 地 名

地名是人们赋予地理实体的专有名称。[①][②] 地名是文化,2007年联合国第九届地名标准化大会确定地名是非物质文化遗产。我国地名是中华民族文化的组成部分。中国人初次见面常问:"尊姓大名？府上在哪里?"老乡见老乡,两眼泪汪汪。如果是同乡,不管是小同乡还是大同乡,彼此的感情就拉近了。

6.1 命名四原则

初步归纳,起地名有四条原则:一是特色原则,接地气,是地理原则;二是稳定原则,留记忆,是历史原则;三是团结原则,尚和谐,是政治原则;四是简明原则,求大美,是美学原则。特色、简明、稳定、团结四原则反映了地名的基本属性,反映了地名具有地理、历史、政治和美学的属性。

6.1.1 特色原则

地名的主要功能是把不同的地理实体区别开来。要区别就要有特色,地名特色是城镇特色一部分,保护城镇特色可以从地名特色入手。地名特色的本质应接地气,接当地的地气。

1. 地名是信息库

地名实体中有方位、区域范围和环境。地名中有天文位置、自然环境、历史文化等信息。

2. 地名出现的频率与区域文化背景有关

基督教盛行地区与上帝有关的地名较多。我国传统文化敬天地、重伦理,认为天道与人道是统一的,敬天地和重人伦是统一的。我国地名中有两类词汇出现频率较高。

(1) 第一类出现频率较高的是方位要素和自然要素。

我国34个省级行政区中,22个地名含自然要素,15个地名含方位要素。河北、河南、湖北、湖南、山东、山西等地名兼含自然要素和方位要素。我国县级以上地名中,东西南北四个字打头的地名143个,其中南和东分别有49个和42个。重东南与我国自然环境有关。

因山因水命名时,我国自古有条规则:"水北为阳,山南为阳。"[③]江苏扬州和江阴分别在长江的北岸和南岸。绍兴在禹陵北,秦朝开始实行郡县制(公元前222年)时,便有山阴县名。绍兴名称在宋高宗建炎五年(1131年)才出现,是府名。清宣统三年,山阴县改称绍兴县。

---

① 胡兆量.地名说.载于城市问题,2017,(8):4—7.
② 褚亚平.地名学论稿.北京:高等教育出版社,1986.
③ 《谷梁传》又称《春秋谷梁传》,战国鲁国人谷梁赤撰,西汉时成书。

"南桥北口沿海浦"。南方地名多"桥"字,北方地名多"口"字,东南沿海地名多"浦"字。南方河网密集,建桥是便利交通的要务。桥头往来方便,是聚落佳处。北方交通靠陆上通道,大道交叉口、关口、隘口是聚落佳处。三叉口、四道口、五道口等地名分布广泛。山海关、嘉峪关、张家口、古北口是历史重镇。

我国水系名称,北河南江。北方黄河、海河、淮河、泾河、渭河、汾河都叫"河"。南方长江、珠江、闽江、湘江、沅江、资江都叫"江"。这是古人的方言。我国东南一带水边或河流入海的地方叫"浦"。江苏有浒浦、浦口,上海有黄浦,浙江有乍浦、澉浦、蟹浦、鹤浦,福建有漳浦、霞浦。霞浦是重复度较高的地名,日本也有一个地方叫霞浦,浙江宁波有个霞浦镇。当地方言"霞"和"下"的发音不同。人们俗称"下浦",书写时雅称"霞浦","霞浦"是"下浦"的雅化。

(2) 第二类出现频率较高的地名是吉祥伦理要素

我国县级地名中,"新"字打头的地名出现频率高居榜首,有 51 个,"旧"字打头的地名一个也没有。喜用新字容易出现重名,河北省石家庄市有个新华区,衡水市有个新华区,河南省平顶山市也有个新华区。"平"字和"安"字出现频率也很可观。家庭是我国社会的细胞,我国基层地名中,张家庄、刘家营、李家店等地名随处可见。

3. 地名中有成语典故、寓言神话

有些地名转化为成语广泛流传。邯郸是战国时赵国都城,"邯郸学步"成语出自《庄子·秋水》:"未得国能,又失其故行矣,直匍匐而归耳。"比喻模仿不成,把自己原有走路的本领也忘掉了。滑铁卢是比利时布鲁塞尔旁的小镇,1815 年 6 月 18 日拿破仑在这里兵败,流放到圣赫勒拿岛,"遭遇滑铁卢"(To meet Waterloo)表示溃败。

6.1.2 稳定原则

稳定原则的核心是尊重历史,是历史原则。地名既是地理现象,又有历史性,是历史现象。地名是活化石,为什么取这个名,什么时候取这个名,是否更改过,为什么更改,都是历史。我国有千年古县八百多个,千年古镇一千多个。地名中有民族融合,人口迁移,历史印迹。[1] 福建晋江地名和江名都与晋人南迁有关。《太平御览》:"东晋南渡,衣冠士族,多萃其地,以求安堵,因立晋安郡。"[2]《舆地纪胜》:"晋江在县南一里,以晋衣冠避者多沿江以居,故名。"[3]

1. 新陈代谢是地名的常态

地名新陈代谢有三方面的原因。

(1) 自然环境的变化。以长江三角洲为例,两千年前(汉朝初期)海岸线在太仓附近,上海市绝大部分地区一片汪洋。三百年前(清朝初期)海岸线在南汇城附近。今天海岸线由南汇城向东移了十余千米。在这片富饶的土地上,涌现出数以万计的新地名。

---

[1] 中华人民共和国民政部.中华人民共和国行政区划简册·2017.北京:中国地图出版社,2017.
[2] [北宋]李昉,李穆等编.太平御览(卷一百七十).《太平御览》983 年成书,是有一千卷的百科全书式丛书。
[3] [南宋]王象之编.舆地纪胜(卷一百三十).泉州,景物上.《舆地纪胜》南宋宝庆三年(1227 年)成书,是有二百卷的地理丛书。

(2) 社会环境的变化。政治疆界的增减、朝代的更替、行政区体系的调整,都会引起地名的大规模消长。城市化是触发地名变化的重要动力。初步测算,我国城镇化率提高一个百分点,出现 2 万个新地名。从 1980 年到 2003 年,北京市的胡同消失了 40%,一千多条胡同湮没了。2017 年 8 月北京市规划国土委开展地名普查,查出全市有 1958 条无名道路和命名不规范道路,需要命名。

(3) 由俗到雅。多数地名先由少数人使用,后逐渐被大众认可。草根百姓随缘而定的地名往往欠缺文雅,由俗到雅是地名转变的规律。在地名转变过程中有政府介入称"俗成官改",北京朝阳门内北小街东有条鸡爪胡同,形状不规则,如鸡爪状,后来取谐音改为鸡罩胡同。1924 年中华民国临时政府总理段祺瑞宅在这条胡同,堂堂总理住在鸡罩胡同,不祥不雅,故将胡同改名吉兆胡同。阜成门外在明朝时是农贸集市,大批驴马集聚,有条胡同取名驴屎胡同,后来改名礼士胡同,现名礼士路。有些弯曲的胡同俗称尾巴胡同,如羊尾巴胡同、猪尾巴胡同、猴尾巴胡同。狗尾巴胡同最多,有九条。① 这些尾巴胡同纷纷雅化。羊尾巴胡同改杨威胡同。猪尾巴胡同改朱苇箔胡同。猴尾巴胡同改侯位胡同。狗尾巴胡同改高伯胡同、高义胡同、寿逾百胡同。最近一次大规模更改和雅化胡同名称出现在 1965 年。②

2. 地名稳定原则的中心思想是尊重历史

贯彻稳定原则关注下列几点。

(1) 更改地名慎之又慎,可以保留的地名尽可能保留下来。地名有传承和记忆功能。通过地名,可以考证文化传播、民族迁移,城池变更。北京辽金城墙实物难觅,留下会城门地名(军事博物馆南)可以引发对金中都的回忆。

地名是对家乡的记忆。一位漂泊在外的华人,身体不好,不能回家,让孩子回家寻根,找他生活过的地方。孩子回来,拿着地名,怎么也找不到,原来地名已经消失。最后,找到民政部门,翻阅档案,才找到家乡。这位华人说得好:"你们经济发展得很好,建设也很好。但是,地名不要改,地名是我们回家的路。"③

(2) 具有历史文化价值的地名尽可能保留下来。三国鼎立时,襄阳和荆州是争夺的焦点。三顾茅庐,刘玄德决意赖荆州、关云长大意失荆州等故事在这里上演。1950 年襄阳和樊城合并,取名襄樊,不久荆州和沙市合并,改名荆沙,襄阳和荆州两个古地名相继消失。受到历史的感召,最终双双重拾旧名。

北京平谷有条胡同,明朝取名仁义胡同。相传明朝有两位尚书在这里安家,两家相邻,修院墙时各让出一墙之地,形成五尺宽的胡同供邻里出行。1975 年,将北门大街、北关路和仁义胡同合并,更名北大街。1981 年又改名北门街。2012 年 10 月,北门街改名仁义胡同。2000 年广州市荔湾区"地名办"上报申请,将康王路更名世纪路。康王是宋朝名将康保裔,改名不到半年,荔湾区"地名办"再次上报,要求恢复康王路原名。④

---

① [清]朱一新.京师坊巷志稿.
② 户力平.老北京曾有哪些"狗"地名,北京晚报,2018-01-25.
③ 王瑞锋,高佳.全国地名大清查.载于南方周末,2016-04-21.
④ 彭卓,黄小希.任性改地名,何处载乡愁.参考消息·北京参考,2015-06-05.

(3) 环顾世界,用人名作地名稳定率较低。对人物的评价是不稳定的,人们常说盖棺论定,有时盖棺也不能论定。因人立名,也可以因人废名。2015 年 5 月乌克兰议会通过法律,清理用人名命名的地名。2016 年 12 月,乌克兰国家记忆研究所公布清理名单,涉及 520 位历史人物的 987 座城镇和 51400 条街道都要改用新地名。① 不用人名作地名还有一个正面效应:防止个人迷信。我国没有用人名作地名的传统。我国封建社会以帝皇为代表的个人权威和个人崇拜观念根深蒂固。在地名领域,个人权威和个人崇拜的烙印不深是难能可贵的。从隋唐起,我国有地名避讳习惯,把与帝王姓名相同的地名改掉。隋朝改避讳地名 48 个,唐代改避讳地名 54 个。地名避讳举世罕见,走到了另一个极端。②

进入 20 世纪,受西方文化影响,我国出现用人名命名的地名。1925 年为纪念孙中山先生,将香山县改称中山县,1984 年升格为中山市。后来又有陕北的志丹、山西的左权和辽宁的靖宇等县名。③ 在我国地名的汪洋大海中,这类地名毕竟是极其罕见的少数,有些早已废弃。④ 为了继承我国地名的优秀传统,有关条例规定:"一般不以人名作地名。禁止用国家领导人的名字命名地名。"这是一条泽披千秋的规则。

6.1.3 团结原则

地名中有政治。地名关系国家主权和荣誉,关系友邻和睦和民族团结。

1. 政治环境变化是地名更新的重要原因

乌克兰西部重镇利沃夫在一百多年时间里四次易旗帜,四次更地名。利沃夫由 13 世纪乌克兰大公创建,14 世纪划归波兰。1772 年、1793 年、1795 年俄罗斯、普鲁士、奥地利三次瓜分波兰,利沃夫归奥匈帝国,取名德文 Lemberg。1918 年波兰独立,取名波兰文 Lwow。1939 年划归苏联,取俄文名。1991 年苏联解体,利沃夫重归乌克兰管辖,用名 Lviv。复杂的历史背景给利沃夫留下风格多样的古建筑群,人称"小欧洲",是旅游胜地。

2. 民族团结是地名的主旋律

我国是多民族国家。民族团结是我国地名命名的重要原则。我国能够以大国屹立在世界东方,是多民族团结和融合的硕果。我国地名中有各民族多彩的文化,有各民族团结的印记。在我国 960 万平方千米陆域上,少数民族分布地区占半数以上,在这些地区,民族团结更是地名的主旋律。

中华民国期间废除一批歧视少数民族的地名。甘肃省原有伏羌、镇蕃、平蕃和抚彝四县。伏羌始自唐武德三年(620 年),镇蕃始自明洪武二十九年(1396 年),平蕃和抚彝始自清雍正二年(1724 年)和乾隆十五年(1750 年)。1928 年和 1929 年分别改称甘谷、民勤、永登和临泽。同治十三年(1874 年)宁夏置平远县,1914 年改称镇戎县,1918 年改称豫旺县,1936 年改称同心县。

---

① 俄罗斯新闻社.基辅,2016-12-27.
② 华林甫.中国历史上的地名避讳.地理知识,1992,(2).
③ 陕北志丹县原名保安县,1936 年 6 月,为纪念刘志丹命名。山西左权县原名辽县,1942 年 5 月,为纪念左权命名。辽宁靖宇县原名濛江县,1946 年 2 月,为纪念杨靖宇命名。
④ 1932 年,安徽设立煌县,1947 年废弃,改名金寨县。

早在1572年内蒙古就有"呼和浩特"地名的记载,蒙语"呼和浩特"意为"青色的城市",至今呼和浩特简称"青城"。明朝在当地建归化城,清朝又建绥远城。中华民国时期两城合并称归绥。1954年4月恢复"呼和浩特"名称。新疆"乌鲁木齐"是个旧地名。1773年清乾隆年间改名"迪化",有"启迪教化"意。1884年迪化成为省会城市。1954年4月,恢复乌鲁木齐原名。关于乌鲁木齐的含意,有"优美草场"说,有"大好围场"说,具有民族特色是无可置疑的。呼和浩特和乌鲁木齐两地恢复原名是我国民族团结政策的体现。

2016年新疆在地名普查基础上恢复了一批有历史文化价值的古地名。吐鲁番东的高昌在公元前1世纪建城,是丝绸之路上的重镇。因地势高敞,人文昌盛得名。唐玄奘取经途径高昌,诵经讲佛,与高昌王结为兄弟,留下千古佳话。13世纪高昌毁于战火,遗址仍在。在吐鲁番设高昌区,重塑各民族共同开发丝路的盛景。

3. 地名关系友邻和睦

辽宁省与朝鲜民主主义共和国接壤的边境城市原名安东。"安东"一名出自唐朝(668年)设立的安东都护府。安东都护府的治所多次变更,1876年设安东县稳定下来,后改为市。1965年安东市改名丹东市,附近安东县改名东沟县。汉朝在广西与越南接壤地设关,先后有雍鸡关、鸡陵关、界首关、大南关等名称。明成祖永乐五年(1407年)称镇夷关,明宣德三年(1428年)改名镇南关。镇南关延用五百余年,1953年改名睦南关,1965年更名友谊关。丹东市和友谊关两个地名体现了我国睦邻友好的外交方针。

6.1.4 简明原则

特色是内涵,是本质。简明求大美,是形式。特色通过简明表达,唯有简明,才能更好地反映特色。简明原则的目的是便于传播,节约流通成本。从现代视角考察是便于电脑操作。简明原则与我国传统文化的审美观一脉相承。

1. 简明原则的要点

简明原则的要点是"四好",即好听、好写、好记、好找。

(1) 好听。是指多用喜庆吉利悦耳的字,不用佶屈聱牙和晦气的字,让人听了高兴顺耳。

(2) 好写。是指地名不宜过长,笔画不宜过多。汉语单音节是简明的基础,一般地名只用两个字或三个字,书写、印刷都方便。拉丁语一个音节可以发几个音。Trump是一个音节,发三个音,译成汉语是特朗普(也译作川普)。美国西海岸有座城市San Francisco,是1847年墨西哥人按西班牙语起的地名。1848年发现金矿,华人大批涌入,华人起的地名是三藩市。1859年澳大利亚墨尔本发现金矿,华人称圣佛朗西斯科是旧金山,墨尔本是新金山。三藩市和旧金山在华人圈中通用。阿根廷西北部有个省名Santiago del Estero,省府所在城市同名。译成汉语是圣地亚哥德尔埃斯特罗省,圣地亚哥德尔埃斯特罗市,都有十个字,外加"省"和"市"才能区别清楚。

我国有些古地名难写难读。20世纪60年代,难写的古地名纷纷简化。醴泉县在隋开皇十八年(598年)设置。醴是酒,醴泉因有泉甘如醴命名,1963年改称礼泉。鄜县在隋大业二年(606年)设置,1964年改称富县。汧阳因汧水之阳得名,秦襄公八年(前770

年)设县,是秦人发源地之一,1964年改称千阳。

(3) 好记。是指特色鲜明,过目不忘。用数字命名最简明好记。北京胡同用数字排列从一条、二条,可以排到十条。北京山区村名按渡河次数排列,从一渡河排到九渡河、十渡河。南北向街和东西向街都用数字排列称织补式。济南东西排列称经一路、经二路,南北排列称纬一路、纬二路,是典型的织补式。纽约曼哈顿东西向排列称Street,南北向排列称Avenue,东西向排列由1街排到215街。

(4) 好找。地名重名增添寻找时的困难。去除"文相类,声相近"的地名是历代政府的任务。江西丰县于太平二年设置(257年),因徐州有丰县,江西丰县改称南丰。广东雄州南汉乾汉四年设置,因河北有雄州,宋开宝四年(971年)改名南雄。唐朝天宝元年(742年)处理重名110处,是世界上最早的地名规范化实践。①

2. 清理重名

中华民国成立后,废除府、州、厅等行政建制,增设县建制,出现大批重名。1914年1月一次性清理123个重名的县名,是我国历史上规模最大的县名规范化。当时,全国有6个新城县,清理后,吉林新城改称扶余,山东新城改称桓台,浙江新城改称新登,江西新城改称黎川,贵州新城改称兴仁,河北新城维持原名。太平、宁元和永宁全国共有5个重名县,一一妥善去重。②

中华人民共和国成立后,出现市、县重名的现象。例如,山西大同市旁有个大同县,江苏无锡市旁有个无锡县。市、县同名,在邮政通信上,容易误寄、误传,增加交流障碍。

基层地名重复现象更加普遍。北京地铁6号线上有个五路居站。为了避免歧义,前面加海淀两字,全称海淀五路居。公交黄庄站,全称海淀黄庄。北京市规定街道取名不用域外行政区名,目的是减少地名上的歧义。

6.1.5 四原则的协调

特色原则、稳定原则、团结原则和简明原则是互相关联的整体。在不同的历史阶段,从不同的视角出发,人们对四原则的认识和权重是有区别的,落实四原则时,可能出现矛盾,需要协调。

我国古地名中有不少生僻怪字,不符合简明原则。把这些字改了,又割断了历史,违背稳定原则。陕西省西安西南有盩厔(Zhouzhi)县和鄠(Hu)县,不好记,不好写,不好认,1964年改为周至县和户县,受到群众欢迎。鄠由春秋时的扈国转化,"飞扬跋扈"的典故出自扈国,公元前350年秦孝公十二年改为同音的"鄠"。盩厔源自西周盩庙,公元前104年汉武帝太初元年设县。户县划归西安市后,改为区,恢复用"鄠"字古名。用"户"字好,还是"鄠"字好,涉及对简明原则和稳定原则的协调。

1987年安徽省徽州地区改名黄山市,在黄山市下以岩寺镇为中心设徽州区。改名目

---

① 华林甫.中国地名学源流.长沙:湖南人民出版社,2002.
② 徐兆奎,韩光辉.民国年间(1912—1949)改动重名地名统计表.载于中国地名史话.北京:中国广播出版社,2016:208—211.

的是借黄山景点,招商引资,发展经济。徽州地名在宋徽宗宣和三年(1211年)出现,到1987年存在七百多年了。徽州是一张知名度很高的名片。研究徽州文化的徽学是我国有代表性的显学,与藏学、敦煌学齐名,已经走向世界。徽州是朱熹故里,是理学的重要发源地。徽商、徽雕、徽墨、徽菜在全国享有盛名。徽派建筑与苏州园林是我国向世界展示中华文化的重要物质载体。建黄山市时将绩溪县划给宣城。绩溪自古是徽州文化组成部分,唐永泰二年(766年)置绩溪县,隶属歙州。宋宣和三年改歙州为徽州,因为绩溪境内有徽岭和徽溪。绩溪是徽菜和徽墨的主产地,有"无徽不成镇,无绩不成街"一说。随着文化在区域发展中地位上升,人们认识跟进,对徽州地名的关注度在升温。如何妥善处置像徽州这类文化含量丰富的古地名,历史会做出正确的抉择。

6.2 东北地名文化[①]

东北地名有两个特征:一是满源汉雅,反映了多民族共同开发、互相融合的历史背景;二是"闯关东"印记,反映了山东、河北一带贫民开拓东北大地的经历。

6.2.1 满源汉雅

满源汉雅是东北地名形成的重要轨迹。不少东北地名,望文无法生义,追根溯源,要从满族和其他少数民族语言中寻找。东北是多民族共同居住的地区。其中,满族的影响较大。满族先人女真人开创金朝,占领中原半壁江山。满族建立的清朝延续二百七十多年。满语地名是许多东北地名的源头。

长春和牡丹江是东北两座城市,读懂这两座市名离不开满语。

长春是个吉祥的地名。一年之计在于春,春是美丽的象征,是生命的符号。唐朝诗人孟郊《登科后》:"春风得意马蹄疾,一日看尽长安花。"形容学子应试中榜后的喜悦情景。后唐李煜《虞美人》:"春花秋月何时了,往事知多少。"春花秋月意喻过往美好的生活。春光明媚,春华秋实是汉语中使用频率较高的赞美词汇。长春春长,是人们殷切的企盼。实际上长春春不长,长春四季中最长的是寒冬。长春地名源自满语"茶啊冲",本意是祭天祈福,与天气无关,意译是"神赐福地"。长春地名在清嘉庆五年(1800年)出现,设长春厅,隶属吉林将军。同治四年(1865年)挖城壕建长春城。

牡丹国色天香,是花中之王,是富贵昌盛的象征。唐朝刘禹锡《赏牡丹》:"庭前芍药妖无格,池上芙蕖净少情。唯有牡丹真国色,花开时节动京城。"唐朝长安是牡丹栽培中心。北宋时,牡丹栽培中心移到洛阳。欧阳修《洛阳牡丹图》:"洛阳地脉花最宜,牡丹尤为天下奇。"当前,我国有两座牡丹研究所,一在洛阳,另一在山东菏泽。黑龙江牡丹江市毕竟不是牡丹花的主产区。牡丹花原产在秦岭大巴山区,在温度17℃到20℃间盛开,不耐-30℃寒冬。牡丹江市名称来自江名,源自满语"穆丹乌拉"(穆丹是"弯曲",乌拉是

---

① 本节由郎云华(满族)执笔。

"江")。穆丹乌拉本意是弯曲的河流,与花卉无关。① 1903 年修建中东铁路时在牡丹江畔修建牡丹江火车站。

除了满族,东北还有蒙古、朝鲜、达斡尔、锡伯等民族。东北有些地名的源头存在于这些民族语言中。黑龙江省昂昂溪是蒙古语"昂阿奇"的译音,原意是狩猎场。②

松花江和嫩江是东北两条重要河流。松花江是满族活动的区域,满语意为白色的江。《魏书·勿吉传》称松花江是"速末水"。金、元两朝称松花江是宋瓦江。到明朝宣德年间出现松花江名。嫩江流域有蒙古族居住。嫩江先后有"难""诺尼""脑温"等名称,在蒙古语中,是指碧和青。松花江和嫩江两个名称都有逐渐雅化的过程。③

东北还有一批没有雅化的地名。黑龙江中南部和吉林东部有座张广才岭。张广才是典型的老农名字、草根名字。林海雪原的故事发生在这里,故事中的夹皮沟、威虎山位于主脊以东的海林县境内。张广才岭源自满语"遮根采良阿林":"遮根采良"是"吉祥","阿林"是山"岭"。张广才岭原意是"吉祥如意的山岭"。

6.2.2 "闯关东"的印记

东北汉族大都是不同历史时期从关内移入。规模最大的一次移民潮是 1897 年到 1910 年的"闯关东"。从 1668 年到 1860 年的二百年间,清政府为保护龙兴之地,禁止汉人移入。1860 年咸丰十年,迫于东北边防形势,清政府开禁放垦,1897 年全部开禁。黄河中下游连年灾荒,山东、河北百姓大批移居东北。"闯关东"高潮期间,每年移入 48 万人。1910 年东北人口 1800 万人,1949 年增加到 4000 万人。"闯关东"给东北地名留下深刻的烙印。

辽东半岛南端的旅顺口,在元朝时称狮子口,是从山东半岛渡海进入辽东的登陆处。明洪武四年(1371 年)明太祖派马云和叶旺两员大将率军队从山东蓬莱乘船跨海收复辽东。海上一帆风顺,登陆后将狮子口改名旅顺。旅途平顺也是"闯关东"移民的心声,旅顺这一地名至今沿用。

农村聚落常用姓氏命名,如潘家屯、林家屯、李善人屯等。关内基层村庄大多一村一姓,同姓大家族历代延续。东北虽用姓氏冠名,但众姓杂居,同村屯多数农户间无血缘关系。也有以最早出现的建筑物或人工标记命名的,如三撮房等。用自然环境命名也很常见,如靠山屯、二道沟子、汤河子等。农民起出的村名、屯名,有俗文化的特点。

朝鲜族是近百年移居东北的民族之一。朝鲜族聚居区基层地名多洞、里、坪等词语,如九沙坪、玻璃洞等。

中华人民共和国成立后,东北重点开发,新聚落不断涌现,地名富有时代特色。1959 年 9 月 26 日,国庆十周年前夕,安达县高台子"松基三井"喷出工业原油,取名大庆油田。1979 年 12 月安达更名大庆市。"十万官兵,百万知青"开发北大荒。北大荒面积 5.5 万

---

① 吴蓓,谢艺.松花江名称由来与河道变迁之考证.载于长春工业大学学报(社会科学版),2012,24(1):99—101.
② 王岸英.牡丹江流域满语地名之翻译考证.民族翻译.2008,(1):54—55.
③ 贾清妍,闫晶森,王佳.黑龙江蒙古族地名的社会语言学研究.牡丹江大学学报,2017,26(3):27—29.

平方千米,前进、友谊、红星、红旗等地名相当普遍。

6.2.3 地名资源保护

1. 爱辉

黑龙江爱辉是个有历史文化价值的地名。爱辉原写作瑷珲。有人认为,瑷珲地名出自满语"阿依活",汉语谐音艾呼、瑷珲,意为"水貂"。亦有观点认为瑷珲地名出自达斡尔语,意为"可畏"。因瑷珲字生僻,1956年改用爱辉。

清康熙二十二年(1683年)在瑷珲设黑龙江将军治所,这里成为重要的行政中心。1858年中俄签订《瑷珲条约》,黑龙江以东大片土地丧失,是历史上割地最多的不平等条约。20世纪30年代,胡焕庸发现我国人口分布的瑷珲—腾冲线,是我国20世纪最杰出的地理学研究成果之一。

近百年来,爱辉的行政地位发生多次变化。1909年设瑷珲厅。1913年建瑷珲县。1983年黑河建市扩容,爱辉并入黑河市成为一个地辖市下的区,爱辉地名逐渐边缘化了。2016年黑河机场建成,定名瑷珲机场,保留住了这一地名的印记。

瑷珲古城遗址尚在。古城中有《瑷珲条约》签订处,有瑷珲副都统衙门。传说瑷珲古城中有棵松树,《瑷珲条约》签订时就已存在,名"见证松""耻辱松"。古城中的瑷珲历史陈列馆是国家爱国主义教育示范基地。

2. 宁古塔

宁古塔是黑龙江省有文化价值的地名之一。地名源自满语"宁衮(gǔn)塔":宁衮是六,塔是个。早在万历三十六年(1608年),努尔哈赤就在宁古塔建军事据点。清朝建立后,作为统治东北边疆地区的重镇,宁古塔曾是宁古塔将军治所和驻地,黑龙江、吉林一带的行政、军事中心。顺治十年(1653年)在今黑龙江省海林市长汀镇旧街筑边城,称宁古塔旧城。康熙元年(1662年)设宁古塔将军。康熙五年(1666年)宁古塔将军迁驻宁古塔新城,今黑龙江省宁安市。海林县保留有宁古塔旧城遗址。

顺治十五年(1658年)清廷有"挟仇诬告者流放宁古塔"的规定,宁古塔成了犯人的流放地,不少文人学子因文字狱或科场案流放宁古塔。其中有郑成功的父亲郑芝龙、明末清初文人金圣叹的家属。流放文人提升了当地的文化教育水准。宁古塔将军巴海请流放人杨越给儿子讲授汉学,办宁古塔第一所官学——龙城书院。光绪九年(1883年)重修宁古塔时,胡适父亲胡传代撰《重修牙城记》。

6.3 藏区地名文化[①]

藏族分布地区占我国国土面积的五分之一。藏区地名有鲜明的地域特色和民族特色,藏语是藏区地名的基石。

---

① 本节由西藏大学次仁央宗(藏族)执笔。

6.3.1 吉祥文化

"扎西德勒(吉祥如意)",是藏民见面时的第一问候语。世界各族人民普遍企望吉祥。藏族人民对吉祥的企望特别强烈。在藏区,生活礼仪、婚丧嫁娶、文艺表演、趣味风俗,处处讲吉祥。藏区地名,吉祥的烙印十分深刻。

藏语"曲"是河,"玛"是黄色,"玛曲"是黄河。"那"是黑色,藏北"那曲"是黑色的河。"松"是三,山南松曲是三条河。拉萨河古称吉曲,是幸福河、吉祥河,现在藏民还昵称拉萨河是吉河。藏语中"隆"是谷地,日喀则边境吉隆县意为吉祥的谷地。

"仁青"和"彭措"都有吉祥的意思。西藏不少村庄取名仁青岗,"仁青"是聚宝盆,"岗"是高地,仁青岗是吉祥的聚宝地。彭措林是西藏常见的地名之一。"彭措"是繁荣昌盛,"林"是州,是地方,彭措林是繁荣昌盛的地方。达赖喇嘛夏天居住的罗布林卡宫有个扎西康桑:"康桑"是新房,扎西康桑意为吉祥的新房。

西藏长期处在农业社会,农作物丰登是吉祥如意的重要内容。拉萨附近有个尼木县:"尼"是麦穗,"木"是雌性。传说麦穗分雄性和雌性,雌性麦穗饱满高产。尼木县意为盛产麦子的农场。

6.3.2 宗教文化

藏族是宗教色彩浓厚的民族,藏族经历长时期万物有灵的原始宗教阶段。藏传佛教形成于7世纪松赞干布统一西藏时期,是从印度传入的佛教与西藏当地苯教融合的结晶。1284年藏传佛教出现活佛转世制度,形成政教合一社会。四大皆空、生死轮回、因果报应等佛学哲理是藏民思想和行为的准则。浓郁的宗教色彩是藏区地名的特色。

藏语中"拉"是神仙、菩萨,"萨"是土地,拉萨意为菩萨住地。拉萨布达拉宫是梵语普陀洛迦的藏语译音,原意是观音菩萨圣地。汉族地区观音菩萨圣地在浙江省普陀山。后藏最大的扎什伦布寺原意是吉祥须弥。扎什伦布寺的全名是"扎什伦布白吉德钦曲唐结勒南巴杰瓦林",意是吉祥须弥聚福殊胜诸方州。

西藏苯教崇拜山川星辰,把高山湖泊都神化了。藏民没有见过大海,西藏多湖,藏民认为大的湖泊是海,称"错"。"纳木"是天,纳木错意为天湖。

阿里普兰有著名的神山圣湖。神山是冈仁波齐峰;仁波齐是大宝贝,峰高6714米,是冈底斯山主峰。圣湖是玛旁雍错:湖面海拔4588米,面积412平方千米,湖水清澈,透明度达14米。苯教、佛教和印度教都奉这山这水是极乐世界。西藏苯教在这一带发源。印度教奉圣山是三尊神之一湿婆的乐园。圣水是胜乐大尊赐给人间的甘露,可以洗涤人们心中的烦恼。从印度、巴基斯坦、尼泊尔、不丹等境外和青海、甘肃等地的藏区信徒千里迢迢前来转山、转湖。有些信徒叩着长头,转山转湖历时一年。

藏南加查县拉姆拉错原意是圣母圣湖,"姆"是女性。达赖喇嘛和班禅寻找转世灵童有关的圣母圣湖仪式,在这里举行。

6.3.3 藏语是藏区地名的源头

研究藏区地名,藏语是基础,忠于藏语是藏区地名的重要原则。

由于翻译上的误差,同一个藏语,在不同的时期,不同的地点,采用不同的译法,可能造成地名上的分歧。藏区地名中常出现"孜"和"则"两个字:"孜"和"则"本是同一个藏字,同一个意思,表示顶尖,绝佳。由于翻译关系,采用两个汉字。日喀则的藏语发音是溪卡孜:溪卡是庄园、农场,日喀则的本意是肥美的庄园。拉孜和江孜是日喀则地区的两个县:拉孜的本意是菩萨住的绝佳圣地;江孜的本意是胜利的顶峰,法王的顶峰。1904 年3月到9月,西藏军队在江孜进行了伟大的抗英自卫战。

围绕西藏这一名称,历史上有许多翻译引起的歧音。藏民自称 Bod,Bodliong,有高地的含义。在唐代,将它译成吐蕃。① 突厥人和蒙古人译成土伯特。"土伯特"一名经阿拉伯人介绍,流传到欧洲,出现英文 Tibet。如今,法、德、俄、日等都称西藏为 Tibet,Tibet 指整个藏区、藏族。西藏的藏字源自吐蕃王朝的中心地域"卫"和"藏",dbus 和 gtrang:"卫"是前藏,"藏"是后藏。在清朝时,将卫和藏合在一起,称西藏,设西藏办事大臣。

香格里拉(Shangrila)是文化价值极高的地名。香格里拉意为桃源仙境、乌托邦、伊甸园,是人类梦想的极乐世界。香格里拉摄成好莱坞电影,获得奥斯卡奖。香港郭氏财团买断香格里拉,组建国际酒店集团,香格里拉五星级酒店遍布世界。

香格里拉是英国希尔顿(James Hilton)在小说《消失的地平线》(Lost Horizon)中描写的仙境。小说 1934 年在英国麦克米伦出版公司出版后引起轰动。希尔顿是根据美国夏威夷大学容克在滇西三十年考察的素材写成该小说的。香格里拉本是藏语,原意是心中的日月。1996 年 10 月云南启动考察,1997 年 9 月发布考察结果,提出香格里拉在迪庆藏族自治州。因为香格里拉是迪庆藏语方言,按照拉萨标准藏语,应读成"新格里拉"。② 2001 年迪庆藏族自治州中甸改名香格里拉县,2014 年 12 月设香格里拉市。

更名后,香格里拉成为旅游热点。香格里拉普达措是我国第一批国家级地质公园,松赞林寺称小布达拉宫,梅里雪山和虎跳峡位居世界最险要的景区之列。新建的中甸机场迎来世界各地的游客。港资在中甸兴建的香格里拉悦榕仁安度假酒店,于 2005 年被世界旅游组织评选为年度世界最有创意酒店,于 2006 年被世界旅游组织评选为世界最好酒店。③ 为了充分开发香格里拉的价值,云南和西藏、四川联手在迪庆周边缔造香格里拉生态旅游区。

6.3.4 珠穆朗玛正名

1855 年印度测绘局将珠穆朗玛峰定名为埃菲尔士峰。同时将冈底斯山定名为外喜马拉雅山,理由是冈底斯山位于喜马拉雅山北方。埃菲尔士是英籍印度测绘局局长的名

---

① 安才旦."'吐蕃'一称语源及含义述评,兼论'吐蕃'源于古突厥语说".中国藏学(汉文版),1988-04.
② 西藏大学琼达协助考证香格里拉地名。
③ 香格里拉悦榕酒店以现代休闲为目标,属于 20 世纪 90 年代成立的悦榕酒店度假村集团,该集团在全球拥有 43 家酒店。为适应人们多方面需要,旗下有服务家庭客群的悦椿酒店,有公寓与度假相结合的悦连酒店。

字(George Everest)。

根据林超考证,①早在 1715 年,清王朝就派员测绘制图。由钦天监主事胜住率喇嘛楚尔心藏布和兰本占巴进藏实测。② 1717 年完成《皇舆全览图》,标名"朱母郎阿林","阿林"在满语中表示山。1721 年,《皇舆全览图》制成汉文木版,1733 年又制成法文木版。胜住、楚尔心藏布和兰本占巴是第一批给珠峰定名的人士。1822 年出版的《皇朝地理图》标名"珠穆朗玛"。藏语中珠穆(job-mo)是女神,朗玛(glang-ma)有高山柳和母象两个含意。珠穆朗玛的内涵是神女峰。③

1952 年我国政府宣布埃菲尔士峰的名称为珠穆朗玛峰,同时宣布外喜马拉雅山的名称为冈底斯山。藏语冈底斯是世界之轴,众山之主,苯教认为冈底斯是宇宙的中心。2005 年 5 月 22 日,我国实测珠穆朗玛峰的岩面高是 8844.43 米,珠峰的位置在我国境内。20 世纪 60 年代,尼泊尔命名珠穆朗玛峰是萨迦玛塔峰(Sagarmathal),意思是天空中的女神。2010 年我国和尼泊尔双方互相承认对珠穆朗玛峰的测量结果。

珠峰是世界的第一高峰,又称世界第三极。关于珠峰高度的排序,还有两个不同的视角:① 按山体的总高度计算,夏威夷的莫纳克亚火山占第一位。莫纳克亚火山在水面上高 4170 米,山体在水面下有 6000 米,总高度 10170 米。② 按离地球中心距离计算,厄瓜多尔的钦博拉索山第一。地球是椭圆形的,赤道地球半径最长。钦博拉索山在赤道旁,高程 6310 米,加上当地的地球半径后,离地心的距离全球第一。

6.4　处理地名争议两原则

地名是有价值的资源。在市场经济环境下,围绕地名的争议时有发生,有些地名引发国际争议。处理地名争议有两条原则:一是求是原则,尊重事实;二是双赢原则,在实事求是的前提下照顾双方利益,尽可能达到双赢。

6.4.1　桃花源的原址在哪里?

《桃花源记》描写的原址在什么地方? 这是我国文学史上一个疑案。

陶渊明上承诗骚,下启李杜,是我国划时代的文学大师。《桃花源记》是陶渊明的代表作。《桃花源记》描绘了和谐安宁的社会,"土地平旷,屋舍俨然,有良田美池桑竹之属;阡陌交通,鸡犬相闻……怡然自乐。"人们在这里平等劳作,没有剥削,"日入从所憩""秋熟糜王税"。《桃花源记》把春秋战国时期的大同社会梦想形象化,反映了人民用劳动创造幸福生活的愿望。

桃花深受人们喜爱与吉祥文化有关,桃寓意长寿。西游记中大闹天宫描述孙悟空偷吃有长寿功能的蟠桃,扰乱蟠桃宴。桃花艳丽妩媚,盛开时一片粉红,扣人心弦。民间把桃花寓为美女,桃花运寓意"艳福"。

---

① 林超(1909—1991),广东揭阳人,英国利物浦大学地理学博士,曾任中山大学理学院代院长、中国地理研究所所长、清华大学和北京大学教授,是我国著名的地理学家。
② 钦天监,清政府机构,管理天文、历法、测绘等事项。
③ 林超.珠穆朗玛的发现与名称.北京大学学报,1958,(4):144—163.

桃花源原址要符合《桃花源记》中描绘的景观。一是桃花盛开的地方。桃在分类上是蔷薇科（Rosaceae）桃属（Prunus）。桃字由木和兆两部分构成，兆意远，说明桃是从远方传入中原的品种。目前桃树在我国华北、西北、华东、辽宁广泛分布，全国栽种面积1069万亩，占全世界47%。我国最大的桃园在山东省蒙阴县，有50万亩。二是指小溪渔舟，良田桑竹，山水怡然的农耕景观，既不是一望无边的平原，也不是威严峻峭的高山。符合这一条件的是长江以南的丘陵地区。

南人不梦驼，北人不梦象。陶渊明一生活动的地域范围不大，二十九岁出仕，四十岁退隐，短短十一年间，担任过江州祭酒、参军等职。江州的驻地在今天的九江。最后，陶渊明担任彭泽县令八十余天，辞官返乡。《桃花源记》描述的景观，应该在他活动的地域左近。

全国有三十多个地方取桃花源地名。最著名的是湖南省桃源县。桃源县在北宋乾德元年（976年）建县。陶渊明（365—427年）生活在东晋末年，早于北宋五百余年。用桃源县名无法佐证桃花源的原址。

李白活跃诗坛时离陶渊明三百多年。他一生游历大江南北，在皖南和九江一带逗留时间最长，病逝在他叔父当涂令李阳冰寓所。李白《小桃源》一诗对考证有参考价值。

    黟县小桃源，烟霞百里间。
    地多灵草木，人尚古衣冠。

陶渊明的文风与当时的潮流不协调，不被世人重视。李白独具慧眼，敬仰陶渊明，同时认为黟县的景观与桃花源相似，值得赞赏。学术界有一个观点，认为黟县离陶渊明任职的江州不远，陶渊明可能游览黟县后写下《桃花源记》。①

《桃花源记》是我国古人对理想社会的文学描述，是虚拟的中国式的乌托邦。文学虚疑不一定要落实在一个具体的地点。

图 6-1　《桃花源记》图（杨晓东绘）

---

① 黟（yi）县，秦始皇二十六年（前221年）设县。黄山古名黟山。县在黄山西，因山得名。

6.4.2 大观园园址争议

《红楼梦》中的大观园园址是红学家考证的问题之一。园址究竟在什么地方？有南方说，代表性园林是南京随园。有北方说，代表性园林是北京恭王府。还有南北综合说。北京恭王府和南京随园的修建时间在《红楼梦》问世以后。根据历史顺序，可能是大观园的描绘对恭王府和随园的景观设计产生了影响。

通观书中的描写，南北综合说比较可信。《红楼梦》是文学作品，源于生活，高于生活，虚中有实，实中有虚。开篇第一句点出"因曾历过一番梦幻之后，故将真事隐去""用假语村言敷出一段故事来"。陈从周题大观园："红楼一梦真中假，大观园虚假幻真。"①讲的是这个道理。

第四十九回"琉璃世界白雪红梅"有一段描写："从玻璃窗内往外一看，原来不是日光，竟是一夜大雪，下将有一尺多厚，天上仍是搓棉扯絮一般。"描写的是北国冬雪。书中有个老妇人叫刘姥姥，姥姥是北方人的称呼。

第三十七回"秋爽斋偶结海棠社"，宝玉对起雅号有段高论："居士、主人到底不恰，且又累赘。这里梧桐芭蕉尽有，或指梧桐芭蕉起个倒好。"探春笑道："有了，我最喜芭蕉，就称蕉下客罢。"在北京这个地方，离开暖房是栽不活芭蕉的。南京亚热带气候适宜芭蕉生长。

曹雪芹出身江宁织造府，是温柔富贵之家，繁华锦簇之乡。曹雪芹 13 岁时，家道中落，迁居北京，与文人墨客过往甚密。他熟悉江南园林，深谙北京园林，构思时将南北园林融为一体符合文学创作规律。对园址争议有小诗一首：

    红楼一梦二百秋，大观园址费寻求。
    千古奇才妙构思，南北融贯梦中游。②

纪念曹雪芹《红楼梦》的最佳地点是香山正白旗 9 号宅院。1971 年 4 月 4 日，宅院主

图 6-2　北京香山曹雪芹纪念馆（杨晓东绘）

---

① 陈从周.中国园林.广州：广东旅游出版社，1996：234.
② 小诗前人多处刊载，此处略有修改。

人满族舒成勋修缮西屋时发现墙上有题壁诗。题壁诗内容与鄂比送曹雪芹的对联相符。2008年公安部对题壁诗作笔迹鉴定,与曹雪芹《南鹞北鸢教工志》自序的真迹一致。如今,宅院圈在香山北京植物园内,改建成曹雪芹纪念馆,游人如织。曹雪芹在这里度过最后岁月(1755—1763年)。"茅椽蓬牖,瓦灶绳床""举家食粥酒常赊。"①曹雪芹在清贫生活中,完成《红楼梦》鸿篇巨著,把我国古代小说推向顶峰。

6.4.3 关于南阳和赤壁的争论

诸葛亮《前出师表》提到的南阳原址争论一千年了。诸葛亮说:"臣本布衣,躬耕于南阳,苟全性命于乱世,不求闻达于诸侯,先帝不以臣卑鄙,猥自枉屈,三顾臣于草庐之中,谘臣以当世之事。"②南阳原址有湖北襄阳说和河南南阳说。史学界大都认定湖北襄阳,那里有古隆中,有三顾堂和躬耕田。河南力争在今南阳,那里有卧龙岗、武侯祠、诸葛庐。托诸葛亮的福,两地发展旅游都有收益,招商引资时,更感到诸葛亮名人效应的可贵。

清代襄阳人顾嘉蘅到河南南阳任知府。面对两难处境,顾嘉衡为河南南阳卧龙岗写了一副对联:

> 心在汉室,原无分先主后主;
> 名高天下,何必辨襄阳南阳。

这类争议暂时搁置,留下悬念,可能对双方更有利。

赤壁是三国时期(公元208年)孙刘联军战胜曹操的古战场。根据文献记载、考古发掘和水文地貌,确认古战场赤壁在湖北省嘉鱼西南蒲圻市。

南朝宋人盛弘之在《荆州记》:"蒲圻县沿江一百里南岸名赤壁,周瑜、黄盖乘大艘上破魏武兵于乌林。"乌林是江北地名。南朝宋离三国二百年,记述的可信度较高。1998年蒲圻市更名赤壁市,建赤壁大战陈列馆。③

宋人苏东坡1080年谪居黄州(今黄冈)四年,任挂名的团练副使,是地方兵事助理,不得签书公事。苏东坡多次游览长江边赤鼻矶,写下《赤壁怀古》:"大江东去,浪淘尽,千古风流人物,故垒西边,人道是,三国周郎赤壁。"④《赤壁怀古》俯仰古今,浮想联翩,有苍凉悲壮的意境,旷达乐观的胸怀,尊为天下第一词。随后苏东坡又写下《前赤壁赋》和《后赤壁赋》,叙事、写景、抒情、说理相结合,纵论人生哲理。

苏东坡没有确认黄州赤壁是三国战场。他在《与范子丰书》中说:"黄州少西,山麓斗入江中,石室如丹。传云曹公败所,所谓赤壁,或曰非也。"在《赤壁怀古》词中,苏东坡用了"人道是"三个字。"人道是"意指唐朝杜牧任黄州刺史时,认为这里是三国古战场。杜牧有《赤壁》绝句:"折戟沉沙铁未销,自将磨洗认前朝。东风不与周郎便,铜雀春深锁二乔。"苏东坡把确认赤壁一事推给前人杜牧。

---

① 敦诚.四松堂集·题曹雪芹画.
② 吴楚材选.古文观止.北京:中华书局,1959:277.
③ 徐兆奎,韩光辉.中国地名史话.北京:中国广播出版社,2016:48.
④ 苏轼(1037—1101年),号东坡居士,四川眉山人。

词有绝唱,诗有名句。后人把两个赤壁分别称文赤壁和武赤壁,文赤壁又称东坡赤壁。清人在黄州建筑上填有"东坡赤壁"四个大字。文武赤壁是对赤壁之争的圆满处理,达到双赢目的。

6.4.4 杏花村析疑

唐朝杜牧有一首写《清明》的诗入选中学教科书:

清明时节雨纷纷,路上行人欲断魂。
借问酒家何处有,牧童遥指杏花村。①

清明节在阳历 4 月 4 日到 6 日。《岁时百问》说:"万物生长此时,皆清洁而明净,故谓之清明。"农谚说:"清明前后,点瓜种豆。""植树造林,莫过清明。"我国清明节有追忆先人扫墓祭祖习俗。诗中借雨纷纷景象,衬托欲断魂意境,情境相溶。有关《清明》一诗争议已久。《清明》与高盈利产品酒挂钩,争议激化。

争议的焦点是杏花村在什么地方,哪里可以享用杏花村的品牌。全国有近 20 个地方介入。争夺最激烈的是山西汾阳杏花村和安徽贵池杏花村。山西汾阳曾请郭沫若前去考察,希望能将村名坐实。郭沫若留下"杏花村里酒如泉"的诗句。

杏花村在哪里的争议要区分两个概念。一个是泛指的杏花村,有杏花的地方,取个杏花村的地名。泛指的杏花村可以用植物地理的规律析疑。另一个是唐诗《清明》中所指的杏花村,可以用景观地理和历史考证的方法析疑。泛指的杏花村可以有多个,专指的杏花村只能有一个。

杏树(Prunus armeriaca L.)是原产我国的落叶乔木,有三千年以上的栽培史。杏树抗旱耐寒,分布范围广泛。西北干旱、半干旱区,东北高寒区,长江流域高温湿润区,都有杏树分布。东起山东半岛烟台,西到新疆喀什,南起浙江丽水,北到黑龙江佳木斯,都有杏花节民俗活动。② 北方山西、山东、河南、甘肃和黑龙江均有杏花村地名。南方安徽、江西、江苏、上海、四川和云南也有杏花村地名。杏树在我国文化中的地位特殊,杏坛是孔子向弟子传授学业的地方。

《清明》诗中的杏花村只有一个。《清明》诗虽然只有 28 个字,景观描述却是很到位的。"清明时节雨纷纷"是典型的气候景观。山西属夏雨区,夏雨区春雨贵如油,清明时节不可能出现雨纷纷天气,青草生长迟缓,清明时节难得有牧童牵牛景观。安徽贵池在春冬阴雨区,清明时节常见春雨纷纷,青草萌生,牧童牵牛。③ 按照景观特征,唐诗《清明》中的杏花村在贵池比较靠谱。

池州说还有史实佐证。杜牧唐会昌四年(844 年)担任池州刺史。杜牧并没有到过汾阳。清朝乾隆年间编《四库全书》,收录康熙年间贵池人郎遂撰写的《杏花村志》,共十二卷。《杏花村志》是四库全书中唯一的村志。

---

① 杜牧(803—852 年),字牧之,京兆万年(今西安)人,文宗大和时进士。
② 国光.果树词典.北京:中国农业出版社,2007:410.
③ 李磊田,等.根据 1961 年到 2016 年天气大数据分析.北京晚报,2017-04-03.

图 6-3　牧童遥指杏花村（杨晓东绘）

　　《清明》争议的核心是学术界对作者杜牧说有质疑。质疑的依据是杜牧外甥裴延翰编的杜牧文集《樊川文集》没有收录《清明》，北宋田概编《樊川别集》也没有《清明》，[①]《全唐诗》是清康熙年间编的，没有收录《清明》，1992年中华书局版《全唐诗补编》没有收录《清明》。根据考证，杜牧成为《清明》作者是被署名的。杜牧是晚唐著名诗人，写过不少有关江南的名诗。"商女不知亡国恨，隔江犹唱后庭花""停车坐爱枫林晚，霜叶红于二月花"是杜牧诗中流传千古的佳句。[②]《清明》诗最早出现在南宋孝宗时期的《锦绣万花谷》中，并没有署杜牧名。杜牧成为《清明》作者，是在《分门纂类唐宋时贤千家诗选》中，这是一本盗用文化名人的盗版书。

　　诗中的杏花村可能是文学的抽象，虚构的意境。然而，它描绘的景观是生动的、形象的，这类景观出现在长江中下游春雨区。

　　1957年山西汾阳杏花村汾酒酒厂注册"杏花村"商标。2000年安徽贵池杏花村文化旅游发展有限公司申请注册"杏花村"旅游服务类商标。对于贵池的申请，山西有异议。国家商标局2009年裁定核准安徽申请，山西不服，上诉到北京市中级人民法院和高级人民法院。2010年北京市中级人民法院和高级人民法院相继裁定维持国家商标局判决："酒在山西，游在安徽。"按照泛指的概念，山西汾阳打出杏花村酒的商标是合乎情理的。根据考古发掘，商周时期汾阳开始酿酒，北齐时，汾阳杏花村佳酿是宫廷御酒。法院裁定后，山西汾阳派出代表团赴安徽贵池，共商两地友好协作大计。

---

① 杜牧，号樊川居士。
② 分别出于杜牧《泊秦淮》《山行》。

6.5 地名资源开发

开发地名资源的核心是挖掘地名蕴含的历史文化价值。

6.5.1 更名、弃名和拓名

更名、弃名和拓名,可以实现地名的价值。更名、弃名和拓名应遵循命名四原则。

更名和弃名是放弃有损形象的名称。重庆在盆地釜底,群山环抱,风力微弱,热量不易散放,水汽容易凝聚,有长江流域三大火炉之一和雾都两个称号。火炉和雾反映生态环境上的缺陷。近年来,重庆加强生态环境建设,气候改善。重庆市希望今后在介绍重庆时,不用火炉和雾都称号。

拓名是开拓地名的内涵。将名人故居改成名人故里。故居和故里一字之差,有从点到面的效果。绍兴鲁迅故居的规划面积1平方千米;扩展到鲁迅故里,规划面积增加5倍,贡献扩大了。

6.5.2 借用洋名不可取

借用洋地名违背特色原则和简明原则。1996年民政部颁布《地名管理条例实施细则》规定:"不以外国人名、地名命名我国地名。"这一条规则没有很好落实。

图6-4 洋地名成灾

资料来源:王瑞锋文,CFP图,全国地名大清查,南方周末,2015年4月21日。

地名与人名有相似点,也有不同处。人可以迁移,华人到了境外,入乡随俗,取个洋名无可非议。地点不可以迁移,中国地名必须接中国地气。取洋地名的初衷是提高知名度,实际效果适得其反。洋地名念起来拗口,写起来费劲,不符合汉语表达习惯。洋地名中蕴含的自然和人文要素无法复制。离开了地名原有的自然和人文要素,地名成了失去灵魂的空壳。有些地方,借用洋地名引发国际纠纷。

四川成都天府新区初始有个维也纳森林公园。① 天府和维也纳串在一起是空间上的

---

① 国家发展和改革委员会.国家级新区发展报告·2015.北京:中国计划出版社,2015:146.

错乱。在 2015 年新编的《四川天府新区总体规划(2010—2030 年)》中,维也纳森林公园改成毛家湾森林公园,是接地气的转变。

房地产开发用洋地名的现象普遍。根据中国门户网站网易调查,我国 137 座城市 5.4 万个住宅楼盘中,出现频率最高的是巴黎、威尼斯和欧洲,随后是加州、罗马、香榭丽舍、维多利亚、托斯卡纳、海德公园和凡尔赛。这些洋地名后再跟上"花园""公馆""中心"等词汇,"中心"一词在 1000 个以上楼盘中出现。美国国家公共广播电台说:"想在一个下午逛遍巴黎和威尼斯吗?可以,如果你在中国。"这是对我国借用洋地名的中肯点评。杭州天都城项目为了衬托楼盘的品位,复制了一座巴黎埃菲尔铁塔,成为一大话柄。

天津武清有一个项目取名佛罗伦萨。佛罗伦萨建于公元前 2 世纪罗马帝国时期,是意大利文艺复兴的发源地,欧洲 15 世纪的工商业和金融中心。全市有 40 多座博物馆,60 多所宫殿,有 1339 年创建的世界第一所美术学院。西诺拉(Signora)广场有许多珍贵的雕塑,是艺术的橱窗。米开朗琪罗创作的大卫雕像矗立在米开朗琪罗广场上,成为自由精神的象征。① 天津佛罗伦萨建了一座小桥,意在复制佛罗伦萨的老桥。老桥是文艺复兴诗人但丁与恋人贝娅特丽齐相遇相爱的地方。② 佛罗伦萨有一个忘情艺术的美第奇家族。从 14 世纪到 17 世纪,美第奇家族在佛罗伦萨建立学校、图书馆和博物馆,培养艺术家。米开朗琪罗的才华是家族第三代成员洛伦佐发现的。佛罗伦萨的历史是无法复制的。

图 6-5　佛罗伦萨老桥(刘晓宇绘)

---

① 米开朗琪罗(1475—1564 年),文艺复兴美术三杰之一。
② 但丁(1265—1321 年),意大利诗人,文艺复兴开拓者。

第二次世界大战前上海法租界有两条主要街道,一条叫霞飞路,另一条叫贝当路。霞飞(Joseph Jacques Cesaire Joffre,1852—1931年)和贝当(Henri Philippe Petain,1856—1951年)是法国两位将军。这两条街名带殖民地色彩。1945年法租界回收,霞飞路更名为林森路,1950年5月又更名为淮海路,1943年10月贝当路更名为衡山路。

6.5.3 北京王府井地名渊源

北京王府井大街是我国开放后兴建的第一批步行街。步行街既是商业街,又是文化街。文化是王府井步行街的主要功能。北京是全国旅游中心,每年有2亿以上游客到北京,王府井是必到的景点。王府井地名植根在北京的大地上,既有自然环境的含意,又有历史文化的积淀。

"井"反映北京的自然环境。北京在半干旱地区,地表水流量少,变率大,城市饮水靠打井提取地下水。可饮用的甜水井是胡同的标准配置,清人朱一新编《京师坊巷志稿》记载近千个公共用的"官井"。在东城宽街草场胡同条中记:"有井,甘冽可用,不减十王府之井也。"王府代表北京的社会环境。封建社会时期,京城是帝王居住的地方,也是王府集中的城市。王府井地名源自明朝十王府。十王府在明永乐十五年六月动工,永乐十八年(1417—1420年)竣工,已有六百年历史。明《太宗实录》记载:"初营建北京……于皇城东南建皇太孙宫,东安门外建十王邸。"①《酌中志》中出现十王府街之井名称,清朝简称王府井。②《乾隆京城全图》标明这口井的位置。③ 光绪三十一年(1905年)清政府推行警政,正式定名王府井大街。

王府井大街的名称有两段插曲。1912年袁世凯恢复帝制,将大街改名为莫里循大街,在街南口立英文路牌 Morrison Street。莫里循是支持袁世凯称帝的英国人。"文化大革命"时期王府井大街改名为人民路。莫里循大街和人民路都不如"王府井"有地方特色。④

王府井步行街有成功的亮点。东堂子教堂的修缮和广场拓建是王府井的一个亮点。教堂原名圣若瑟教堂,清顺治十二年(1655年)建,是南怀仁、罗士培等传教士活动的地方,对东西方文化交流做出重要贡献。东堂子项目保护了文化资源,新添了一个与教堂协调的广场,可供游人休闲驻足。北京青年喜欢到那里拍摄结婚照留作纪念。

1998年市政改造施工,在王府井大街西侧便道上发现这口古井。井壁由小青砖砌成。修建王府井步行街时,用青铜围龙浮雕作井盖,高度与便道取平。井盖高度过低,游客经过不容易发现,有心人发现了也很难摄影留念。多数步行街进口处有建筑小品,可以摄影留念。王府井步行街进口行驶无轨电车,不能设建筑小品。王府井三个字的紫铜

---

① 《太宗实录》是明朝早期的一部编年史书。
② 《酌中志》为刘若愚编,记明朝晚年的宫闱之事,共24卷。
③ 《乾隆京城全图》根据大规模实测绘制,乾隆十五年(1750年)完成。
④ 王之鸿,姚德仁.王府井.北京:北京出版社,2005:2—8.

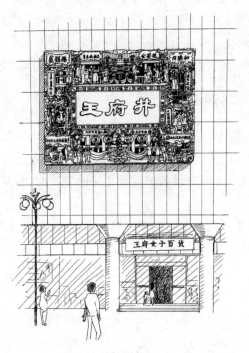

图 6-6　王府井匾（杨凌绘）

浮雕匾镶嵌在西侧高墙上，人们无法靠近摄影。我国传统井台有 50 厘米高度。如果王府古井按照传统格式修个井台，再加标牌说明，是一个不错的摄影景点。

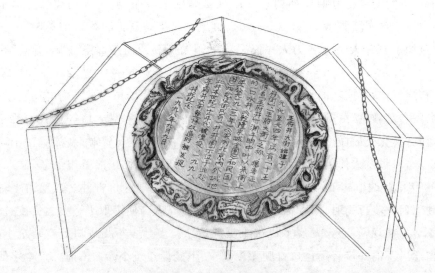

图 6-7　王府古井（董英伟绘）

中　篇

地理环境的影响

第 7 讲 东亚大国

地理环境是我国社会赖以发展的舞台。我国的历史、文化、经济都有地理环境的烙印。

7.1 东亚大国区位

我国位于东亚的中纬度地段,北起黑龙江漠河北极村,北纬53°33′,南到曾母暗沙,北纬3°58′;南北跨度5500千米,98%陆域在北纬20°~50°间。我国陆地45.6%是温带,26.1%是亚热带。我国东界在黑龙江黑瞎子岛,东经135°2′,西界在乌孜别里山口,东经73°40′;东西跨度5200千米。全国陆地面积960万平方千米,在俄罗斯和加拿大之后,排在世界第三位。

我国陆地边界全长2.28万千米。沿边界的邻国是朝鲜、俄罗斯、蒙古、哈萨克斯坦、吉尔吉斯斯坦、塔吉克斯坦、阿富汗、巴基斯坦、印度、尼泊尔、不丹、缅甸、老挝和越南,共14个。我国海岸线长度3.2万千米,其中,大陆海岸线1.84万千米,岛屿海岸线1.42万千米。

中国、欧洲和美国是世界上三个重要的地域单元。三个地域单元的区位有共性,也有个性。

7.1.1 与欧洲区位比较

中国和欧洲都在欧亚大陆上,中国在东,欧洲在西。欧亚大陆东部孕育着以小农经济为基础的东方文明。欧亚大陆西部孕育着以希腊、罗马文化为基础的西方文明。欧洲有良好的气候条件。南有地中海气候,冬半年受西风带控制,湿润多雨;夏半年受东北信风控制,比较干旱。中部是典型的温带气候,强大的墨西哥湾暖流和盛行的西风,带来温和湿润的气候。

中国和欧洲的面积接近,中国陆域面积960万平方千米,欧洲陆域面积1020万平方千米。欧洲有47个国家,欧洲政治地图破碎化有两个自然环境的背景。

1. 陆地轮廓破碎,岸线曲折

半岛和岛屿分别占欧洲陆地面积的1/5与5%。地中海、爱琴海、亚得里亚海、黑海、波罗的海嵌入陆域,分隔出巴尔干半岛、亚平宁半岛、伊比利亚半岛、斯堪的纳维亚半岛和日德兰半岛。欧洲民族、语言和政治地理复杂与陆地轮廓破碎有关。南欧意大利、西班牙和葡萄牙,北欧瑞典、挪威和丹麦都在半岛上。1990年巴尔干半岛上有南斯拉夫等6个国家。1992年南斯拉夫彻底解体,出现克罗地亚、斯洛文尼亚、马其顿、波黑、黑山五国,南斯拉夫更名为塞尔维亚。

我国山东半岛、辽东半岛和雷州半岛三大半岛占国土面积1%左右,岛屿的比例更小。我国海岸线长度只有欧洲的36%。希腊和英国万平方千米海岸线长度等于我国31倍和14倍。希腊和英国的总面积只有我国的4%,两国的海岸线长度等于我国海岸线长度的78%。

表 7-1 中国与欧洲海岸线比较

区　域	中国	欧洲	希腊	英国
陆地面积/万平方千米	960	1020	13.2	24.4
海岸线/千米	32000	87297	13575	11450
万平方千米面积海岸线/千米	33.3	85.6	1028.4	469.3

图 7-1 巴尔干半岛政区简图

2. 阿尔卑斯山横贯欧洲大陆中央

欧洲大陆中部的河流从阿尔卑斯山出发，流向四方，分别汇入黑海、地中海、北海和波罗的海。欧洲大陆中部受山脉阻隔缺乏相互贯通的航道。

我国位于亚洲大陆东南隅，北、西和西南有高山围绕，大漠阻隔，形成完整的地域单元。黄河、长江、珠江自西流向东，到了中下游可以修运河贯通，加强内部的完整性。通州到杭州的南北大运河把海河、黄河、淮河、长江和钱塘江联成一体。秦朝修建的广西灵渠，贯通长江支流湘江和西江支流漓江。完整的地域单元是五千年华夏文明的自然舞台。

7.1.2 与美国区位比较

欧亚大陆的面积等于北美大陆三倍左右。美国和我国面积相当，放在欧亚大陆上和北美洲大陆上，效果是不一样的。

美国东西部面临大洋，东有大西洋，西有太平洋，经济上形成东西俱盛的态势。美国西部是四季如春的西风带和地中海气候带，有低平的河谷、平原，有比较丰富的淡水资源,有便于发展对外贸易的良港。美国西部加利福尼亚、俄勒冈和华盛顿三州,2016年人口占全美15.7%,GDP占全美18.1%,人均GDP比美国平均值高15%。加州是美国人口和经济第一大州,2016年GDP占全美14.2%,经济规模超过法国,在世界上排序第六。加州硅谷是世界信息技术产业高地,集中了1000位以上院士、30位诺贝尔奖得主。硅谷人口占全美1%,贡献全国5% GDP。苹果是计算机产业第一品牌。谷歌是全球最大的搜索中心。洛杉矶好莱坞是全球最有影响的音乐电影产业中心、全球时尚发源地。华盛顿州西雅图是波音公司的生产基地。波音是世界最大的商用飞机生产企业,世界第二大的武器生产企业。西雅图有计算机软件制造企业微软和网络电子商务公司亚马逊。微软和亚马逊分别占全球同行的第一位和第二位。

我国东面临海,西部是高峻的群山、干旱的大漠。在辽阔的欧亚大陆上,我国位于其东部。从欧亚大陆整体分析,我国西部相当于美国落基山地区。美国横跨整个大陆,美国的西部相当于欧亚大陆上的西欧。

区位上的差异决定了中国西部不能简单搬抄美国西部的开发模式。第二次世界大战后美国西部发展较快,有赶上和超过东部的趋势。在讨论中美对比时,有一个观点认为我国西部应该建成中国的加利福尼亚。这一观点忽视了中美两国的环境差异。中国西部开放要打通陆上通道,要翻越高山和大漠,要穿越不同的政治和文化实体,比美国西部开发艰辛得多。

在历史文化区位方面,我国位于欧亚非大陆的一隅,人种的流动、文化的传播,都比位于美洲的美国便捷,文化兴起早,立国悠久。美国现代文明传入较晚。然而,一旦传入,蓬勃兴旺,成为科技和文明的中心。美国有两大优势:第一,四周无强敌,北方的加拿大、南方的墨西哥都不是美国对手。加勒比海上的细小岛国,更不构成威胁。第二,美国几乎是在一片空白的园地上栽植资本主义体制,没有旧体制的残留与约束,资本主义的优势可以发挥到极致。

我国历史上北方多战事。修建长城动用巨大人力物力,是无奈之举。近代东方多次遭到入侵,屡战屡败,丧权辱国。与美国比较,我国欠缺一个安宁的环境,魔剑高悬,催人猛醒。

7.1.3 区位的负面影响

我国位于环太平洋地震带,地震多发是我国区位的负面影响之一。地震是地球内部积聚的能量超过岩层承受限度,突然破裂、错动引起地动。一个8.5级地震释放的能量比一颗氢弹爆炸的威力还大,相当于百万千瓦发电站十年的发电量。全世界地震释放的能量80%在环太平洋地震带,15%在地中海喜马拉雅地震带。我国处在两大地震带的交汇点,是地震多发国家。我国46%的城市处在地震灾害威胁地区。20世纪全球地震死亡人数最多的10次地震,有两次发生在我国,分别占地震死亡人数的第二位和第三位。

1556年陕西地震死亡83万人,是全世界有记录以来死亡人数最多的地震。地震发生在黄土高原上,窑洞坍塌是灾情严重的原因之一。1920年12月16日宁夏海原发生8.5级地震,时值夜晚,窑洞坍塌,造成23万余人死亡。其中,海原县死亡7万余人,占全县人口一半。1976年7月28日凌晨3时42分,河北唐山发生7.8级地震,震源深11千米,全市93%民用住宅和78%厂房倒塌,公路路面开裂,铁轨变形,通信中断,供水和供电系统损毁。2008年5月12日四川汶川地震,死亡和失踪9万余人,是我国21世纪伤亡人数较多的一次地震。

7.2 大国优势

大国有正效应,也有负效应。过去对大国的负效应关注多些。从历史的长河考察,大国的正效应大于负效应。

7.2.1 大陆是人类演化的主要基地

地球上陆地分布有两个特点:① 北半球陆地面积大,占全球陆地67.5%,南半球占全球陆地面积32.5%;② 东半球陆地面积比西半球大。亚洲和非洲是陆地面积最大的两个洲,加上欧洲,共有8446万平方千米,占全球大陆面积57.3%。南美洲和北美洲陆地面积4219万平方千米,相当于欧亚非面积的一半。陆地是灵长目动物衍化的主要舞台,是人类进化的基地。东半球陆地面积大,覆盖不同地带,有利于物种进化。西半球的印第安人在4万年到5万年前,由亚洲经阿拉斯加迁入美洲。印第安人在人种上与亚洲蒙古人接近。在美洲旅行时,看到印第安人的招贴画,人物形象似曾相识,与中国人十分相像。中国、印度、巴比伦、埃及四大文明古国分布在东半球北部。西半球的现代文明在15世纪地理大发现后由东半球输入。

关于东西两个半球的差别,恩格斯说过:"东大陆,即所谓旧大陆,差不多有着一切适于驯养的动物和除一种以外一切适于种植的谷物;而西大陆,即美洲,在一切适于驯养的哺乳动物中,只有驼羊一种,并且只是在南部某些地方才有,在一切可种植谷物中,也只有一种,即玉蜀黍(玉米)。由于自然条件的这种差异,两个半球上的居民,从此以后,便各自循着自己独特的道路发展。"[①]恩格斯从物种资源视角分析东半球和西半球的差异,物种资源的丰富度与陆体规模是成正比的。

7.2.2 赢者无界——大国的政治经济优势

大国政治经济优势的主要表现有规模效益和互补效益两方面。

1. 规模效益

国家规模大、市场大,可以充分发挥企业集聚效应,扩大生产规模,提高劳动生产率。大国的国防费用、外交费用、司法费用,按人均分担相对较低。大国的产品种类较丰富,大部分产品国内可以生产,降低了商品价格,提高了生产水平。一个小国,大部分产品要进口,生活质量受到影响。在相同的名义收入下,大国的实际生活水平较高,企业的生产成本相对较低。

世界银行组织全球科学家研究工业化以来世界经济发展规律,提出"赢者无界"

---

① 恩格斯.家庭、私有制和国家的起源.摘自马克思恩格斯选集(第四卷).北京:人民出版社,1972:19.

(Winners without borders)概念。这一概念认为去边界化是发展经济的重要途径。[1] 赢者无界,去边界化的积极效应是节约通过边界线产生的边界成本。国际贸易成本由运输成本、边界成本、零售和批发成本三部分组成。通过边界产生的费用包含通关、税收、货币兑换、贸易壁垒、法制协调等。国际贸易总费用中,运输占20%,商业流通占45%,边界成本占35%。去边界化可以节约庞大的边界成本。贸易壁垒有两部分:一部分是关税;另一部分是非关税壁垒,如配额、补贴、反倾销税、特许、各种规章制度等。发达国家更多地用非关税壁垒管理对外贸易。

国力是经济、政治、军事和文化的综合实力。国家规模大,综合实力就大。规模大,军事上有防御纵深。抗战14年,战略大后方稳如泰山,日军无法进入。大国采用举国体制时,可以兴办需要巨大投入的事业。我国在经济实力还不够强盛时,就举全国之力,完成了"两弹一星"(原子弹、氢弹、人造卫星)的研制。

2. 互补效益

大国的互补效益表现在贫富互济、优势互补、统一规划等方面。大国有较大的财力,通过二次分配、财政转移、公共服务均质化、基础设施一体化,可以加速贫困地区发展,加速经济发展平衡化。在大国内部,各地区经济起飞的时间不同,"东方不亮西方亮",在不同的发展阶段,都有高速增长区域。与领域狭小的国家比较,我国产业地域转移有"天高地迥,觉宇宙之无穷"的态势。[2] 交通、水利等开发项目涉及广阔的地域范围,涉及整个流域,甚至跨越不同流域。大国管辖的地域范围广阔,可以制定和实施统一的开发方案。如果开发项目跨越国家,复杂的利害关系往往使项目久拖不决。

大国抗灾能力较强。灾害袭来,大国有受灾区,也有丰收区,灾害损失占大国GDP总量一般较小。1998年我国长江流域和松花江流域同时发生特大水灾,事后估算对全国GDP的影响不超过0.5%。在中央政府和友邻地方支援下,灾后恢复较快。2008年5月12日,四川发生8级地震,近9万人遇难,受灾面积达10万平方千米。中央政府发动21个省、市对口支援。三年后震区焕然一新,基础设施和经济都有明显改善。小国遭遇重大自然灾害时恢复缓慢。1972年尼加拉瓜地震,损失相当于国内生产总值40%。1986年萨尔瓦多地震,损失相当于国内生产总值30%。国际经济动荡时,巨大的内需市场可以保障经济平稳过渡。1997年亚洲金融危机,我国扩大内需,减缓了危机冲击,1998和1999两年GDP保持7.8%和7.6%的增幅。[3]

赢者无界,大国优势,是驱动区域经济一体化的内因。关贸总协定等经济协定和不同类型的区域经济一体化组织,是区域经济一体化的重要内涵。

关贸总协定1974年成立,有23个发起国。到1994年底参加关贸总协定国家达124个。关贸总协定进行8次谈判,不断降低关税,平均关税从初期的40%,降低到1994年的6%。1994年成立世界贸易组织,取代关贸总协定。世界贸易组织有两大原则:一是

---

[1] The World Bank. "Winners Without Borders", Reshaping Economic Geography. World development report, 2009:260.
[2] 王勃. 滕王阁序.
[3] 国家统计局国民经济综合统计司. 中国统计年鉴·2010. 北京:中国统计出版社,2010:41.

最惠国原则,两个成员国间达成的贸易让步协议,适用于其他成员国,所有成员国都可以享受协议中的同等待遇;二是国民待遇原则,进口产品享受当地产品同等待遇。

目前,全球有120个以上不同类的区域经济一体化组织,按照一体化程度大体可以分成四类:① 自由贸易区,取消成员国间的贸易限制;② 关税同盟,对非成员国制定共同的贸易政策;③ 共同市场,成员间生产要素自由流通;④ 经济同盟,制定超国家的共同经济政策,包括发行共同使用的货币。

表7-2 区域经济一体化组织主要类型

类 型	取消成员国贸易限制	对非成员国共同贸易政策	成员国生产要素自由流动	超国家的经济政策
自由贸易	√			
关税同盟	√	√		
共同市场	√	√	√	
经济同盟	√	√	√	√

区域经济一体化组织中影响最大的是欧盟(European Union)。欧盟前期是1952年成立的欧洲煤钢联盟,由西德、法国、意大利、比利时、荷兰、卢森堡六国组成。1955年更名欧洲共同市场。1965年更名欧洲共同体。1993年正式更名欧洲联盟(简称欧盟),欧盟成员国增加到28个,使用24种语言,共有人口5亿人,面积432万平方千米。欧盟的发展过程是欧盟成员国间边界弱化的过程。

2009年经济危机给欧盟带来巨大的冲击,原因是一体化程度不够。1999年欧盟推行欧元,统一货币可以降低各国间的交易成本。可是,欧盟没有统一的财政政策约束。欧盟规定,成员国预算赤字不能超过GDP的3%。不少国家为了支撑高福利,预算赤字远远超过GDP 3%,甚至超过GDP 10%,形成巨额债务。欧盟在克服困难的过程中逐步提高一体化水平。2016年欧盟出现新的危机。英国通过公投脱离欧盟。欧盟的曲折道路说明不同的国家的联合多么艰难,说明我国作为统一大国的优势多么宝贵。

7.3 大国的维护和担当

大国一般有比较复杂的民族和宗教结构,有多元的文化,有曲折的历史进程。大国统一需要协调,需要维护,需要付出统一成本。维护大国统一是大国子民神圣的职责。与小国比较,大国肩负更重要的国际担当。

7.3.1 统一稳定是大国优势的基础

国泰民安,国家像泰山那样坚如磐石,老百姓才能过上好日子。老子说:"治大国,若烹小鲜。"[①]治理大国要稳定,不宜折腾,像煎小鱼一样,多翻几次,鱼的肉都掉了,只剩下鱼的骨架。太平盛世出现在国家统一时期,汉朝文景之治、唐朝贞观之治,国泰民安,是

---

① 《老子》,六十章。

我国历史上两次人口超过 5000 万人的高峰时期,也是文化繁荣时期。

图 7-2　治大国,若烹小鲜(蔡志忠绘)

资料来源:蔡志忠.老子说.北京:三联书店,1989:79.

强有力的中央政府是国家稳定统一的保障。强有力的中央政府如群龙之首,可以协调各部门各地区间的矛盾,防止出现一盘散沙的状况,提高国家运行的效率。强有力的中央政府可以协调当前和长远的关系,制定执行体现人民最大利益的长远规划,"领导人民追求民族的伟大复兴"。

2013 年 11 月,伦敦市长约翰逊考察中国高速铁路后,深有感触地说:"这条从北京到上海全长 813 英里(1300 千米)的高速铁路,沿途经过多个新建的漂亮的大理石车站,宽敞的大厅一尘不染。整个项目历时多久?两年!朋友们,是两年!这是我们空谈高铁 2 号项目的时间。两年间我们花费数亿英镑进行设计、协商、规划,却到现在还没有铺设铁路。"①

西方学者用威权主义(Authoritarianism)和极权主义(Totalitarianism)描述强大的中央政府,带有批判的成分。正是在特定环境下诞生的强大的中央政府,维持我国历史上的稳定性,保障我国实现惊天赶超,实现中国梦。

7.3.2　文化维系统一

文化是中华民族的凝聚力,文化维系中华稳定统一。

一分为二、合二为一是事物发展的普遍规律。西方文化比较重视一分为二,重视分析。中国传统文化比较重视合二为一,重视综合和谐,简称和合文化。汉语用和字组成的词是正面的,和平、和睦、和谐是美好的词汇。和衷共济表现是同心协力,克服困难。

---

① 库恩对冷溶的访问.载于中国 30 年:人类社会的一次伟大变迁.上海:上海人民出版社,2008:434.

家和万事兴是治家格言,一家人相互谦让尊重,什么困难都可以克服。

和合文化的理论核心是"中庸"思想。"中庸"的本质是事物在一定时间和空间范围内保持和谐统一,平衡协调。按照中庸原则办事要恰如其分,不走极端。违反中庸,过犹不及,做过了头和做得不够同样是违反"中庸"的。和合文化崇尚集体利益。我国社会结构的细胞是家庭。汉学家费正清说:"中国是家庭制度的坚强堡垒。"①重视家,推而广之,重视国,"家国同构",家和国是不可分的。"修身、齐家、治国、平天下"是我国知识分子立身处世的纲领。

书同文和行同伦是海内一统的催化剂。秦始皇"罢其不与秦文合者",将小篆作为全国规范文字。②林语堂说:"历史上遗传下来一种宝贵的普遍方式——文字,它用至为简单的方法,解决了中国语言统一上之困难。"③欧盟开会用24种语言,翻译队伍达2700人,场面十分壮观,每年翻译支出10亿欧元以上,是统一的障碍。

和合文化在政治思想上的表现是海内统一观。九州是中国的代名词。九州概念的出现是海内统一观的升华。九州在《禹贡》一书中提出。④《禹贡》是战国时代作品。战国时代诸侯割据,学界梦想九州大一统局面。九州的中心是豫州,西有雍、梁、南有荆、杨、东有青、徐、北有冀、兖。任继愈说:"只要细看诸子百家共同关心的问题,不难发现,他们争论的都是如何建立大一统的国家,建成后如何管理。孔、孟、荀、墨、韩非都提出了他们统一的方案。貌似超脱的老子、庄子也设计了他们治理天下的蓝图,并不是不要统一。""老子讲小国寡民,是指基层乡村组织要小,至于管理天下,还得要无为而治的圣人、圣王。"⑤

和合文化是维系汉民族的纽带。汉民族是世界人口最多的民族。从人种分析,汉民族内部的差异巨大。北方汉族与邻近的朝鲜族、蒙古族、满族比较接近。南方的汉族与邻近的苗族、瑶族比较接近。南方汉族说粤语、闽语和北方汉族说北方方言,无法相互沟通。形成汉族的决定因素是文化。司马迁在《史记》中说:"昔唐人都河东,殷人都河内,周人都河南,夫三河在天下之中。"唐人指唐尧统领的部落。三河包括河东、河南和河内,指汾河、伊河、洛河、沁河下游,是我国夏、商、西周(公元前21世纪到公元前771年)核心地域。华夏文化在三河发端。三河以外是蛮、夷、狄、戎等民族居住的地方,后来逐渐归认华夏文化,归认汉族。文化外传,民族兼融,是汉民族的形成过程。

7.3.3 大国的负担与担当

为了维护国家的稳定统一,我国封建社会"实行高度中央集权的封建君主专制制度。从秦始皇建立中央集权的封建帝国开始,历朝统治者不断加强皇权,以统制人民,并加紧对地方官员的控制和监督"。"中国封建社会的经济、政治、文化、社会结构,一方面巩固

---

① 〔美〕费正清著. 美国与中国. 孙瑞芹译. 北京:商务印书馆,1917:29.
② 史记·秦始皇本纪.
③ 林语堂. 吾国与吾民. 北京:华龄出版社,1995:19.
④ 《禹贡》,尚书中的一篇,是第一部我国地理论著,全书1193字,春秋时期成书.
⑤ 任继愈. 汉学的生命力. 东西方文化交流. 澳门:澳门基金会出版,1994:18.

和维系了中国封建社会的稳定和延续,另一方面也使其前进缓慢甚至迟滞,并造成不可克服的周期性的政治经济危机。"①

中国封建社会的特征之一是有强烈的等级观,在建筑、服饰等各个方面都有表现。《大清会典事例》规定:亲王府"正门广五间,启门三""均红青油饰,每门金钉六十有三";郡王府、世子府"正门金钉减亲王之二";贝勒府"正门三间,启门一""门柱青红油饰";贝子府"启门一";公侯以下官民房屋"柱用素油,门用墨饰"。② 走在北京胡同中,从大门式样、屋瓦、脊饰、影壁,可以看出主人身份。攀亲有门当户对一说,"门"代表一家的等级地位。

市场经济是法治经济。我国缺乏法治传统是发展市场经济的障碍。长期以来,我国以人立言,以人代法,讲融通,讲情面,有法不依,执法不严。与人治伴生的是官本位。我国的许多职务都要横向比较,科级和尚、教授级工程师等称号在世界上独一无二。

英国历史学家阿克顿(Lord Acton)有句名言:"权力倾向于腐败,绝对权力导致绝对腐败。"③缺乏法治和制度约束是我国腐败的重要根源。

我国作为世界大国之一,在管治国内事务的同时,要积极参与国际事务。随着国力的增长,我国从国际秩序的执行者转化为全球治理的倡导者和引领者。我国提出全球命运共同体概念,融汇了我国传统文化的精华,顺应历史发展的规律,符合世界人民的根本利益。全球命运共同体涵盖发展共同体、利益共同体、安全共同体和责任共同体。全球命运共同体的重要内容是包容性发展,帮助发展中国家工业化、现代化,逐步消除贫困,铲除社会动荡的根源。

在经济上,我国推动全球贸易投资自由化和便利化,推进建立公正、合理、透明的国际经济贸易体系。我国是最大的发展中国家,支持发展中国家平等参与全球经济治理,促进国际金融改革。"一带一路"是我国倡导的建立国际经贸体系的战略方案,是当今规模最大的互利共赢合作计划。

在生态环境治理上,我国努力促进《巴黎协定》,认真兑现对《巴黎协定》的承诺,减少二氧化碳等有害气体排放。美国特朗普上台后,叫停《清洁电力计划》。环境学者指出,如果美国无法履行《巴黎协定》减缓全球变暖的承诺,"最终能否成功控制灾难性的全球变暖,将由北京决定,而不是华盛顿"。

7.3.4 苏联解体是悲剧

"苏联解体是20世纪地缘政治上的最大灾难,对俄罗斯人民来说,这是一个悲剧。"1991年12月25日,戈尔巴乔夫签署辞去苏联总统的命令,克里姆林宫屋顶上红色的镰刀锤子国旗悄然落下,标志苏联从世界政治地图上消失。同年12月26日俄罗斯联邦成立,保留苏联3/4国土面积和1/2人口。1991年苏联人口比美国多18%,解体后,俄罗斯人

---

① 王晓秋,等.中国近现代史纲要.北京:高等教育出版社,2015:8—9.
② 《大清会典事例》,顺治九年(1652年)。
③ 〔美〕罗斯金.国家的常识:28.

口等于美国人口 59%。由于俄罗斯出生率下降,公共医保滞后,人口出现负增长。2000 年后采取鼓励生育政策,加强公共医保事业,逐步扭转人口下降趋势。这期间,美国人口持续增长,俄美两国人口差距扩大。2016 年俄罗斯人口 1.44 亿人,相当于美国人口的 44.5%。

表 7-3 1991 年苏联解体时的基本数据①

国 名	人 口		面 积	
	/万人	/(%)	/万平方千米	/(%)
苏联	29 792	100.0	22 300	100.0
俄罗斯	14 800	49.7	17 100	76.7
乌克兰	5170	17.3	604	2.7
白俄罗斯	1030	3.4	207	0.9
摩尔多瓦	434	1.5	34	0.2
波罗的海三国	789	2.7	174	0.8
中亚五国	5951	20.0	3994	17.9
南高加索三国	1618	5.4	187	0.8

资料来源:中华人民共和国民政部.世界行政区划图册.北京:中国地图出版社,1993.

苏联解体后,经济衰退,物价飞涨,卢布贬值,百姓手中的储蓄成了一张废纸。1989 年苏联经济规模占世界第七位。1996 年俄罗斯经济跌到低谷,当年经济规模在世界上排第二十三位。苏联解体对经济的打击比卫国战争还大。卫国战争期间,苏联 GDP 下降 22%。1991 年到 1996 年俄罗斯 GDP 下降 61%。

表 7-4 俄罗斯经济规模(GDP)变化

年 份	俄罗斯 /10 亿美元	俄罗斯 (世界位次)	美国 /10 亿美元	俄罗斯/美国 (%)
1989(苏联)	771	7	5657	12.9
1991	509	9	6174	8.2
1996	196	23	9665	2.0
2008	1660	8	14720	11.2
2012	2017		16244	12.4
2016	1375	13	18559	7.4

资料来源:世界银行数据库。

从 1997 年起,俄罗斯经济逐步复苏,2000 年后,回升速度加快。从 1991 年到 2006 年俄罗斯经济经历大起大落后,人均 GDP 回升到解体时的水平。在这 15 年时间里美国经济规模增长 1.2 倍,中国经济规模增长 5 倍。俄罗斯人民为此付出了沉重的代价。

2008 年俄罗斯经济规模上升到世界第八位,外汇储备上升到世界第三位,俄罗斯与美国经济规模的对比关系接近 1989 年苏联时期水平。俄罗斯人口不到苏联一半,能够达到这样的状态,说明俄罗斯经济有较强的活力。

---

① 波罗的海三国:爱沙尼亚、拉脱维亚、立陶宛。中亚五国:哈萨克斯坦、吉尔吉斯斯坦、塔吉克斯坦、乌兹别克斯坦、土库曼斯坦。南高加索三国:格鲁吉亚、阿塞拜疆、亚美尼亚。

2008年后,俄罗斯经济又出现起伏。经济起伏的外部原因是世界经济危机、石油和天然气价格下跌、经济制裁;内部原因是经济结构失调、过度依赖石油和天然气。石油和天然气占俄罗斯出口70%,占GDP总额30%。油价下跌,冲击卢布汇率。2014年6月30日到2015年9月30日,卢布对美元汇率贬值48.5%。2016年俄罗斯经济规模退居世界第十三位。俄罗斯经济的潜力是巨大的。俄罗斯自然资源十分丰富,国土占世界陆地面积的11.4%,天然气探明储量占全球1/3,森林蓄积量和煤储量占世界第一。西伯利亚东部珀匹盖(Popiga)陨石坑的钻石储量占世界90%。俄罗斯有良好的教育体制以及优势的人才资源。维持稳定统一政局,探索调整经济结构途径,俄罗斯经济前程光明灿烂。

7.4 小国的比较优势

大国有大国的比较优势,小国也有小国的比较优势。

7.4.1 岛国的海峡屏障

除印度尼西亚以外,岛国的规模一般较小。岛国的比较优势之一是海峡屏障。在科学技术不发达的古代,海峡起到天险功能。英国和日本是两个典型的岛国,这两个国家都得到海峡的恩惠。

罗斯金说:"敌人很难入侵英国。最近一次对英格兰的成功入侵是由诺曼人在1066年完成的。英吉利海峡这一障碍阻止了西班牙人、法国人和日耳曼人对英国的入侵和征服。在政治上,这意味着英格兰能够在不受外国干预的情况下自行发展自己的制度。这是大多数欧洲大陆国家所不享有的一种奢侈。""在军事上,这还意味着英格兰几乎不需要拥有一支庞大的军队,这在17世纪非常重要。当时英国国王不能驯服议会的原因就是国王军队的规模很小。"[①]

在19世纪初拿破仑征战欧洲大陆的时候,英国利用岛国相对安全的条件完成海上霸业。英国相继占领了锡兰(斯里兰卡),从荷兰那里夺得了马六甲,从法国手中抢占到毛里求斯,1824年占领新加坡。两次世界大战的战火都在欧洲大陆上蔓延,英国避免陷入主战场。

日本依靠海峡阻隔保持长期安定的局面。历史上只有13世纪蒙古人企图两次越海东征,结果蒙古战船在对马海峡相继覆灭。直到1854年,美国船队才敲开日本通商的大门。

7.4.2 小国的发展战略

人口在100万人以下的经济体称微型经济体。2015年有4个微型经济体进入世界人均GDP前十位的行列。卢森堡高居首位,卡塔尔、冰岛、圣马力诺分居第三位、第九位和第十位。微型经济体有独特的区位优势和天然资源优势。卢森堡位于西欧的心脏。

---

① 〔印〕潘尼迦著.印度和印度洋——略论海权对印度历史的影响.德隆等译.北京:世界知识出版社,1965:68.

卡塔尔的天然资源居世界前列。

小国的发展战略之一是建立离岸金融中心。在离岸金融中心，企业和个人可以在本国以外的司法管辖区进行金融融通活动，不受本国司法的管束。离岸金融中心采取优惠的税收政策和金融政策吸收境外资金。

著名的避税天堂有加勒比海的英属开曼群岛、英属维尔京群岛和百慕大群岛等。英属开曼群岛面积264平方千米，人口6万人（2016年），是全球第四大离岸金融中心，美国国债第三大海外持有地，2016年持有美国国债2650亿美元。全球60%对冲基金在开曼群岛注册。开曼群岛免扣法人税，不必公开业务内容，没有外汇管制，适合秘密操控资金。英属维尔京群岛面积154平方千米，人口3.1万人（2016年），有70多万家注册公司，是全球单位面积拥有公司最多的地区。

有些沿海小国通过低廉的注册费吸引国际轮船公司前来注册，称船旗国。船旗国国旗又称方便旗，可以避免本国法律管辖，可以招收国外廉价海员，还可以压缩注册费和税负。巴拿马、洪都拉斯、利比里亚是传统的船旗国。美国航行在国际航线的船队大都挂船旗国国旗。

第8讲　季风气候和多山地貌

在自然环境中,气候和地貌是主导因素。季风气候和多山地貌是对我国影响最大的自然因素。在季风和多山的影响下,我国气候有明显的纬向差异、经向差异和垂直差异。

8.1　季风气候

大陆和海洋间的环流是形成季风的主要原因。水的比热是干燥土壤的2倍,是岩石的7倍。1立方厘米海水受热1卡(1Cal=4.184J),升温1℃。1立方厘米土壤受热1卡可升温2~2.5℃。水是透明体,太阳辐射可以穿透几米海水,海水增温后会产生垂直运动。水体可以贮存巨大的热量,可以连续蒸发,减少表面热量。太阳照射时,大陆增温快,海洋增温慢。太阳停止照射时,海洋降温慢,大陆降温快。大陆和海洋温度的差异促成大气环流。一年周期大气环流形成的海陆风叫季风。季风是大陆盛行风向随季节变化的现象,夏季大陆气温升高,形成低压,风由海洋吹向大陆;冬季相反。

亚洲是全球季风最明显、范围最大的区域。亚洲季风由两部分组成:一是印度洋季风区,又称南亚季风区;二是东亚季风区,包括中国东部,朝鲜半岛和日本,在20°~45°N和110°~140°E间。东亚季风区的主体在我国,以东南季风为主。我国西南一带是受印度季风影响,以西南季风为主。[①]

雨热同季,夏热冬寒,大陆性强,气象灾害较多是我国气候的主要特征。

8.1.1　雨热同季

雨热同季是我国气候的第一特征。分析北京和郑州两地的温度和雨量的月变化,可以看到7月和8月是温度最高的时节,也是降雨量最充沛的时节,雨热高度一致。

地球上北纬15°到30°大都是干旱和半干旱区,分布茫茫沙海又称"回归沙漠"(南北回归线附近的沙漠)。受到季风的恩惠,我国在同一纬度线上有万木争荣、郁郁葱葱的森林,有碧波荡漾、波光摇曳的水乡,是农耕文化的摇篮。雨热同季是我国最重要的自然资源。

我国夏季风进退的特点是北上较慢,途中有相对静止的阶段;南撤较快,没有相对静止的阶段。5月中旬到6月上旬,夏季风在华南一带活动。6月中旬到7月上旬到达长江、淮河。7月中旬到8月上旬北上华北,最北可以到中蒙边界和甘肃乌鞘岭。夏季风北上,在华南、长江中下游和华北出现三个相对静止期。5月华南出现春汛。6月中长江中下游出现梅雨,又称黄梅雨,正是江南梅子黄熟时节。梅雨季节湿度接近饱和,食物容易

[①]　丁一汇,等.中国气候.北京:科学出版社,2013:139.

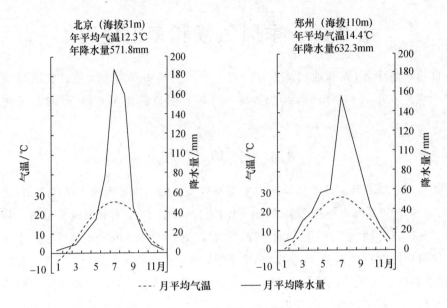

图 8-1　北京和郑州降水和气温月变化图

资料来源：郑度.中国自然地理总论.北京：科学出版社，2018：401.

发霉变质。7月中旬，在华北出现静止期。"七下八上"是说7月下旬8月上旬是华北主要雨季。"六月连阴吃饱饭"是指阴历六月正值华北雨季，华北人民盼望夏季风带来丰沛的雨水。

季风南撤比北上快些。9月上旬，夏季风退到华南沿海，到10月完全消失。9月和10月，来自西北的冷空气控制东部大地，天高云淡，风和日丽，五谷丰登，是华北一年中最值得留恋的时节，人称"金九银十"。许多重要节日，包括国庆佳节，都在这段时间。月到中秋分外明，中秋赏月、九九登高是全国性的民俗活动。秋天，冷空气南下，一场秋雨一场寒，三场白露两场霜，寒意渐浓，很快进入冬季。"秋风清，秋月明。"[①]华北的秋季是美好的，华北的秋季也是短暂的。

8.1.2　夏热冬寒

我国季风气候的第二个特征是夏热冬寒，四季分明。夏季我国南北普遍高温。7月内蒙古呼伦贝尔盟额尔古纳市的平均温度是18.4°，海南岛三亚市的平均温度是28.5°。南北相差10.1°。夏季普遍高温，又有雨量相助，是我国农业的福音。我国各类作物的分布北界比世界其他地区靠北，最北端的漠河可以种水稻，棉花可以在长城一线栽种。长城一线以南，作物一年可以两熟，甚至三熟。

我国冬季季风和西风带的信风结合，威力比夏季季风强。在冬季季风影响下，南北温差大。额尔古纳1月平均温度−27.9℃，三亚1月平均温度20.9℃，南北相差48.8℃。

---

① ［唐］李白《秋风词》。

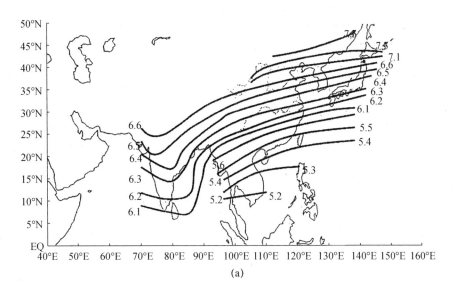

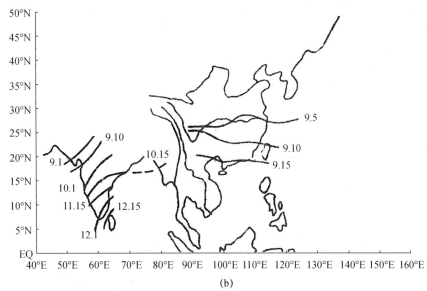

图 8-2 亚洲夏季风北进南撤示意图

(a) 北进,数字代表月和候;(b) 南撤,数字代表月和日

资料来源:丁一汇.中国气候.北京:科学出版社,2013:41.

1月差幅接近7月差幅的五倍。我国南北冬季景观反差巨大,北方冬季银装素裹,而到了华南冬季鲜花盛开。

表 8-1　中国与世界同纬度地区气温比较[1][2]

纬　度	地　点	气温比较/℃		
		1月	7月	年较差
北纬 50°	满洲里	−25.7	20.9	46.6
	全球平均	−7.2	17.9	25.1
北纬 45°	哈尔滨	−19.4	22.8	42.2
	全球平均	−0.8	20.9	21.7
北纬 40°	北京	−4.8	26.1	30.9
	全球平均	5.5	24.0	18.5
北纬 30°	汉口	3.7	28.8	25.1
	全球平均	14.7	27.3	12.6
北纬 25°	桂林	7.9	28.3	20.4
	全球平均	18.3	27.7	9.4

在季风的影响下，我国东部地区夏季比世界同纬度地区热，冬季比同纬度地区冷。强烈的冬季风使得冬季温度显著低于世界同纬度地区。从北纬 25°桂林到北纬 50°满洲里，7月分别比世界同纬度地区高 0.6°~3°，1月却比世界同纬度地区低 10.4~18.9℃。世界北纬 25°地区 1月平均温度 18.3℃，大部分地区没有冬季。我国桂林 1月还会出现 −4℃的雪灾，在常绿阔叶树林上，挂满白雪，是世界其他地方难得见到的景观。严寒是我国百姓难熬的季节。"寒"字成为汉语谦卑的同义词，寒士、寒门、寒舍都有自谦的意思。"十年寒窗"形容长期刻苦攻读。

夏热冬冷，年温度差就比较大。我国季风区温度的年较差比世界同纬度地区高 11℃到 22℃。纬度越高，受冬季风影响越大，温度的年较差也越大。

8.1.3　大陆性较强

大陆性强是我国气候的第三个特征。

干旱区和半干旱区占我国面积一半。我国是世界上温带沙漠主要分布区。新疆塔克拉玛干沙漠面积 36.5 万平方千米，是世界上最大的温带沙漠。沙漠和戈壁合计占我国土地面积 1/7。

表 8-2　我国沙漠和戈壁分布

地　区	面积/万平方千米	
	沙　漠	戈　壁
新疆	43.8	29.3
内蒙古	22.7	18.8
甘肃	3.1	4.9

---

[1]　林之光.关注气候——中国气候及其文化影响.北京:中国国际广播出版社,2013:16.
[2]　李涛.中国地理.长春:东北师范大学出版社,1991.

(续表)

地区	面积/万平方千米	
	沙漠	戈壁
青海	1.9	3.7
陕西	1.2	
吉林	1.1	
宁夏	0.8	0.3
黑龙江	0.6	
辽宁	0.1	
合计	75.3	57.0

资料来源：尤联元，杨景春.中国地貌.北京：科学出版社，2018：190；刘明光.中国自然地理图集.北京：中国地图出版社，2010：14.

在季风影响下，我国北纬40°一线自东向西年降水量递减明显。辽宁丹东年降水量1000毫米，北京年降水量627.6毫米，呼和浩特418.8毫米。到银川以西，进入干旱区，年降水量在100毫米以下，在河流和泉水滋润的绿洲才有聚落和农耕。"羌笛何须怨杨柳，春风不度玉门关。"[①]来自东南方向的春风最远到乌鞘岭，到不了玉门关。人们不必用羌笛吹奏《折杨柳》曲子发泄心中的积怨，玉门关西除了河流沿岸柳树是难得发芽的。

表8-3　我国北纬40°附近城市降水量变化

城市	北纬	东经	海拔/m	年降水量/mm
丹东	40°03′	124°20′	15.1	1028.4
北京	39°48′	116°28′	31.5	627.6
呼和浩特	40°49′	111°41′	1063.0	418.8
银川	38°29′	106°16′	1111.5	197.0
安西	40°32′	95°46′	1170.8	47.4
喀什	39°28′	75°59′	1288.7	62.3

资料来源：中华人民共和国建设部.建筑气候区划标准(GB50178-93).

中国夏季温度最高的地区并不在华南热带和南亚热带，而在干旱地区。新疆吐鲁番全年高于35℃的天数98天，高于40℃天数38天，最高温度达到49.7℃。吐鲁番盆地底部海拔－150米，是产生极端最高温度原因之一。干旱地区温度的日差较大。夜晚温度下降很快，吐鲁番夏季凌晨温度可以下降到4℃。

大陆性气候温差大、温度低，给人们的感受不如海洋性气候舒适。对于多数农作物来说，大陆性气候却是利好的环境。"早穿皮袄午穿纱，抱着火炉吃西瓜"，白天阳光充足，光合作用强，晚上温度下降，可以保存积蓄的养分，提高果实的产量和质量。小麦的蛋白质含量与气候大陆性正相关，大陆性越强，小麦蛋白质含量越高，品质越佳。只要有水配合，大陆性强烈的地区农业可以创造奇迹。新疆出产的葡萄、香梨、大枣、哈密瓜质

---

① 《凉州词》，作者王之涣(688—742年)，唐，山西太原人。凉州今武威，玉门关是唐朝重要边疆关寨。

量上乘;棉花产量占全国40%,占全世界10%。新疆生产的优质长绒棉是纺织工业宝贵的原料。新疆番茄产量占全国40%,占欧洲进口量70%;啤酒花产量占全国60%。秋收季节,红色的番茄、黄色的瓜、白色的棉花、绿色的梨,把新疆大地点缀成色彩绚丽的画卷。

丰富的太阳能资源和风能资源是干旱地区的自然禀赋。我国干旱区是建设太阳能电站和风力电站的宝地。

8.1.4 气象灾害较多

季风气候的主要缺点是变率较大,气象灾害较多。人民祈求风调雨顺,风调才能雨顺,雨顺才能民安。季风到达早晚,进退缓急,停滞时间长短,都会造成灾害。及时雨是对人物品德的褒奖。《水浒》中有一百零八个好汉,领头的宋江,人称"及时雨宋江"。公元前206年到1949年的2155年间,我国发生较大的水灾1092次,较大的旱灾1056次,平均每年有一次。我国史书上有许多水旱灾害描述:"赤地千里""易子相食""饿殍遍野"。

旱灾是我国最严重的气象灾害,发生频率高,范围广,持续时间长。旱灾占我国气象灾害损失总量一半左右。我国季风区降水变率由东南向华北逐渐增大。旱灾的频率由东南向华北增大。华北的年降水变率30%,其中,夏季变率40%~50%。河北省中部衡水一带是年降水变率最高的地区。华北、西北"十年九春旱",季风姗姗来迟,春旱频率较高。

我国夏季季风由南向北阶段性推进。每个阶段静止时间过长,降水过于集中,容易形成洪涝灾害。6月下旬到7月上旬夏季季风在长江中下游停滞,形成梅雨。"黄梅时节家家雨,青草池塘处处蛙。"①梅雨持续时间过短,称"缺梅",持续时间过长,引发洪灾;梅雨到得过早,影响小麦收晒。1937年梅雨期长,长江中下游一片汪洋,因灾死亡数十万人。1954年到1972年上海梅雨平均持续20天,带来198毫米降水量。1954年梅雨持续63天,降水515毫米。1958年梅雨只有3天,降水70.3毫米。1999年长江中下游梅雨在6月23日到7月2日9天时间内集中下大暴雨,黄山最大降水量达859.6毫米,形成大面积外洪内涝,受灾人口近6000万人。

台风是我国灾害性天气之一。台风发源地在低纬度西太平洋和南海,每年平均20个台风在我国广东、福建、浙江、台湾登陆。台风带来狂风暴雨和巨浪,一次台风产生的降水量可以超过1000毫米。夏季我国东南一带在副热带高压控制下,热浪滚滚,酷暑难熬。台风带来降水可以解除旱情,缓解高温。东南各省人民对台风既盼又怕,心情复杂。

高纬度地区冷空气南下造成剧烈降温。48小时内降温越过10℃、地面温度降到4℃以下称寒潮。48小时内降温超过14℃称强寒潮。寒潮主要发生在秋末和早春,伴有5级以上大风。寒潮发生次数从北向南递减。新疆北部、内蒙古中东部、黑龙江、吉林和辽宁北部,是寒潮多发区,每年平均发生6次以上。北方大部分地区每年平均发生3次以上,南方每年平均发生3次以下。云南西南部和海南岛南部不受寒潮影响。

---

① [宋]赵师秀,《约客》。

寒潮到来,大雪覆盖牧区草场,牧畜大批冻饿死亡,称白灾。寒潮使华北和长江中下游越冬作物受冻减产。强寒潮到达华南,热带经济作物遭冻减产。寒潮也有积极一面。寒潮带来雨雪可以缓解干旱,降温可以杀死虫害和病菌。

8.1.5 彩云之南和华西秋雨

我国用自然取地名大都随山川,云南取名随气候,是个特例。两千多年前汉武帝时已经发现这一气候特征,在祥云和弥渡一带设置云南县。

我国西南受印度洋季风影响,冬半年是旱季,大陆气团在滇黔边界与来自北方的冷气团相遇,形成著名的昆明静止锋。锋线的位置在昭通—威宁—兴义一带。静止锋以东,冬季阴雨连绵,多马尾松和黄壤。锋面以西,冬季温暖晴朗,多云南松和红壤。由贵阳乘火车、汽车向昆明进发,进入云南境界,就可以感受到景观的明显变化。贵阳和昆明两座城市的名称富有气候色彩:贵阳描述阳光稀缺珍贵,昆明形容阳光充裕明媚。

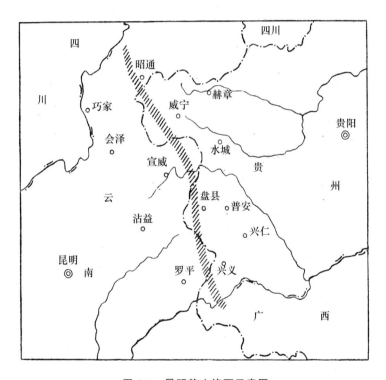

图 8-3 昆明静止锋面示意图

资料来源:任美锷.中国自然地理纲要.北京:商务印书馆,1979:269.

昆明又称春城,冬季多晴天,日照充足,容易升温,1月平均温度 7.8℃,没有寒冷感。昆明海拔 1891 米,夏季凉爽,7月平均温度 19.9℃,没有气候意义上的夏季。昆明春连着秋,春秋长 300 天。云南十八怪中"姑娘四季把花戴""常年都产好瓜菜""四季服装同穿戴"都是四季如春的写照。到了滇南思茅、临沧一带,没有气候意义上的冬季,一年 365 天都是春秋天气。

"华西秋雨",是说东部季风区秋高气爽时节,华西却是绵绵秋雨。9月到10月,印度洋暖湿气流沿青藏高原南缘向东北方向流动,与北下冷空气相遇,在华西形成雨季。"雅安漏雨"是说四川盆地西部9、10两月,雨日在35~40天间。秋雨阻挡阳光,伴有低温,不利于农作物收获和播种。棉花现蕾和吐絮期如遇到秋雨,容易倒伏霉烂。华西常有春旱。秋天利用雨季在水田蓄水,供来春旱季播种,称冬水田。冬水田是调节降水季节不匀的措施,形成华西特有的景观。秋雨期间,土壤蓄水保墒,减轻次年春旱威胁。农谚说:"你有万担粮,我有秋里墒。"

8.2 多山的地貌

多山是我国地貌的主要特征。山地、丘陵和高原占全国土地总面积69%。我国陆地平均海拔1000米,比世界陆地平均海拔高125米。

我国地势的基本态势是西高东低,自西向东分成三个阶梯:第一阶梯,青藏高原,面积230万平方千米,平均海拔4000米以上;第二阶梯,青藏高原和大兴安岭、太行山、雪峰山间,海拔1000~2000米;第三阶梯,大兴安岭、太行山、雪峰山以东,除个别山峰,海拔在1000米以下。

8.2.1 山地环境复杂

山地的自然环境比平原复杂。温度和气压与海拔相关。海拔上升,温度和气压下降。炎夏季节,到了黄山、庐山顶部,成了凉爽的天气。

来自海洋的潮湿气流越过山脊,到背风面高度下降,绝热增温,湿度降低,出现雨影区。欧洲阿尔卑斯山区背风面增温显著,形成焚风。焚风盛行时,谷物、水果早熟,山顶冰雪融化,干枝枯草焚烧。海南岛五指山东麓与五指山西麓降水量差别较大:东麓迎风面年降水量3000毫米;西麓背风面年降水量只有800毫米,出现仙人掌等干旱环境的植物。

人们缺乏气候垂直差异知识,常常发生攀爬山地伤亡事故。2012年11月18日7位北京市民攀登延庆和怀柔交界的黑坨山长城九眼楼风景区。九眼楼号称万里长城第一楼,海拔1100多米,按正常温度垂直递减率,比平原低6℃以上,加上城市热岛效应,山顶风急,感觉温度的差别更大。深夜气温下降,下起了雪,7人在山上迷路。消防队员和民警在村民协助下上山营救,凌晨5时找到遇险游客,两位体质较弱的中老年游客不幸身亡。①

山脊是自然区划的重要分界线。山脉对冷空气有阻挡作用。冷空气越过山脉后,顺山坡而下,气温升高。北半球山脉的南坡气温明显比北坡高。

燕山、秦岭、南岭是我国自然地理上的重要界线。燕山是中温带和暖温带的分界线。秦岭是暖温带和亚热带的分界线,北方干旱、半湿润气候和南方湿润气候的分界线。秦岭横亘在我国中部,南迎风雨,北抵寒流,成为我国南方和北方的地理界线。南岭是中亚热带和南亚热带的分界线。南岭一山之隔,山南曲江1月份平均气温10.7℃,山北坪石1月平均气温7.5℃。大兴安岭东麓沿扎兰屯一线有个暖脊,受山岭和海拔的影响,扎兰屯

---

① 前程.登残长城两人因冻身亡.北京晚报,2012-11-19.

1月份平均气温比博克图高4.4℃。[①]

南亚热带北界在闽江三角洲北缘。位于中亚热带的浙江南端苍南县有座900米高的鹤顶山,阻挡北来寒流。鹤顶山南形成南亚热带气候的小环境,可以种植荔枝、橄榄等典型的南亚热带作物。

四川盆地面积24.5万平方千米,其中,盆地底部16.4万平方千米。四川盆地"不是江南,胜似江南",得益于秦岭和大巴山的阻隔。岭两座,隔三秋,盆地有亚热带气候。川北达县和西安直线距离350千米,西安1月平均温度-0.9℃,达县1月平均温度6℃。内江一带可以栽种甘蔗,泸州1月气温与广东阳江一带相当,可以栽种荔枝和龙眼。史料记载,唐朝杨贵妃爱吃荔枝,由川南快马运到西安。盆地雨量较多,水系径流充沛。秦朝在岷江修建都江堰水利工程,引水灌溉,建成800万亩旱涝保收、一年三熟的高产田。

四川盆地大面积紫红色砂页岩是另一个自然禀赋。紫红色砂页岩结构松脆,容易风化,矿物质含量丰富,含磷0.15%,钾2%,风化后形成肥沃土壤。[②] 当地农民有一种施肥方法叫抓龙骨石,春季挖紫红色砂页岩堆在田地上,让它风化成肥料。紫红色砂页岩中有恐龙化石,农民称龙骨石。

青藏高原是中国三大自然区域之一,与东部季风区域、西北干旱区域组成我国自然环境面貌的基本框架。青藏高原塑造世界第三极的奇特自然景观,高山、蓝天、清澈的湖泊,大江的源头,广阔的人迹罕至区域。青藏高原塑造奇特的宗教、艺术、建筑等文化景观。青藏高原隆起改变周边地区的自然环境。来自北方的寒流,到不了南亚,印度半岛旱季雨季分明,旱季十分炎热。青藏高原迫使南下寒流,顺高原东缘长驱直入,加剧了我国东部冬季的严寒。

8.2.2 山区社会经济滞后性

山区对社会发展最显著的影响是交通。"蜀道之难,难于上青天!……黄鹤之飞尚不得过,猿猱欲度愁攀援。"李白在四川绵州彰明县(今江油市)长大,25岁时"仗剑去国,辞亲远游",对出川道路的艰险,有切身感受。蜀道中的险要地段修有栈道,在悬崖绝壁上凿孔,支架木柱,铺上木板,建成窄路。"明修栈道,暗度陈仓""萧何月下追韩信""诸葛亮六出祁山"等典故都发生在这里。

表8-4 地形对交通建设造价的影响(以平原为1)

地 形	铁 路	公 路
	准轨3级	路宽7米
平原	1	1
丘陵	1.69	1.33
山岳	2.15	1.92
困难地区	3.54	2.81

资料来源:陈航等.中国交通运输地理.北京:科学出版社1993年版。

[①] 林之光.关注气候——中国气候及其文化影响.北京:中国国际广播出版社,2013:52.
[②] 任美锷.中国自然地理纲要.北京:商务印书馆,1979:219.

山区修建铁路平均每千米造价等于平原地区三倍。个别艰险地段,投入更大。湖北宜昌到重庆万州的宜万铁路又称桥隧博物馆,线路长 377 千米,有桥梁 253 座,隧道 159 座,桥梁和隧道长度占线路 74%。在宜昌伍家岗 2 平方千米土地上,建了 8 座大桥,互相重叠,形成三层立交,成为世界铁路立交之最。桥梁和隧道建在喀斯特地貌发育区,要克服岩溶、突水、突泥、断层等险情,难度极大。[①] 成昆铁路盘山修建,线路重叠,如面条状,有的车站部分线路建在桥梁上。

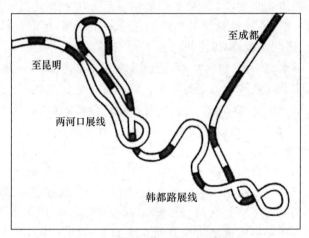

图 8-4　成昆铁路局部线路示意图

山区铁路修成后,运营和保养费用也比平原地区高。在水平路面上能拉 5000 吨的机车,爬 0.5% 坡时只能拉 1400 吨。有一段时间,进入西南的列车要在柳州解体,重新编组,减少重量,才能继续行驶。到了雨季,山区铁路受洪水威胁,经常停运。

山岭高,山路长,样样东西用肩扛,半生光阴山路上。我国 14 个连片贫困区中有 13 片在山区。7 个连片贫困区在西部:四省藏区、六盘山区、秦巴山区、乌蒙山区、滇西边境山区、滇黔石漠化区、西藏自治区;4 个连片贫困区在中西部接合带:武陵山区、晋西陕北、燕山太行山区、大兴安岭南麓山区;2 个连片贫困区在中东部接合带:大别山区、罗霄山区;1 个连片贫困区在南疆,位于塔里木盆地边缘。

山区交通不便是一个可变因素。随着筑路工程的发展,隧桥建设的普及,山区交通不便可以向交通畅达转化。

8.2.3　生态景观建设主体区

山区是全国生态建设主体区,也是全国景观开发的重点区。如果没有山区的生态保障,水不可能是清澈的水,大地不可能是锦绣的大地,人也难成为健康长寿的人。

"一山有四季,十里不同天""山高一丈,大不一样"。在西伯利亚大平原和美国西部大平原驾车旅游,景观变化缓慢。到了山区,瞬息万变。公元 817 年 4 月 28 日(唐元和十

[①] 赵妮娜.宜万铁路.中国国家地理,2009,(6):108—121.

二年农历四月九日),白居易游庐山大林寺赋诗一首,并附小记。[①]"山高地深,节气绝晚,于时孟夏,如正二月天。梨桃始华,涧草犹短,人物风候与平地聚落不同,初到恍然若达别世界者。"因成绝句云:"人间四月芳菲尽,山寺桃花始盛开。长恨春归无觅处,不知转入此中来。"短短四句,说明山区可以利用物候差延长旅游季节的优势。

佛光、旗云是山区特有的景色。佛光是高山雾介质衍射阳光形成的光学现象。阳光照在人体上,将人影投射在前面的云雾"屏幕"上,影随人去,如光环罩身。旗云是山顶与冷空气相遇的雾,被风吹向背风一边,形成旗状。高山观日出,足下云海如波涛,是绝妙景象。

高度1000米左右的山地,适宜疗养居住,是长寿老人较多的地方。高加索山区和安第斯山区是著名的长寿区。高度1000米左右山地宜居的主要原因:一是林木茂盛,空气新鲜,大气中负氧离子浓度较高,阳光中紫外线较强,有消毒作用;二是温度和气压适中,少酷暑严寒,心脏病发病率较低;三是出门爬坡,强健心脏,锻炼身体。

山水文化是我国传统文化的重要部分。先辈与山水朝夕相处,时刻感受它的灵气。我国的哲学、宗教、书法、绘画、园林都有山水文化的烙印。外国友人游览花岗岩体组成的黄山,见到"如笔、如矢、如笋、如林"的峰林,才感悟到中国绘画的美妙。

图 8-5　黄山蓬莱三岛(谢凝高绘)

资料来源:谢凝高. 名山·风景·遗产——谢疑高文集. 北京:中华书局,2011:181.

[①] 大林寺在大林峰下,建于4世纪,与东林寺、西林寺称庐山三大寺。1923年与1924年大林寺两次召开世界佛教大会。根据竺可桢研究,大林寺物候条件与北京平原地区相似。1961年兴修水利,大林寺被淹。

佛寺道观增添我国山水文化内涵。"深山藏古寺""禅房花木深"。[①] 佛寺大都在名山落脚。道教讲修身羽仙，寻求洞天福地，与佛教徒争上名山。"天下名山僧占多，也该留一二奇峰，栖吾道友。"[②]唐朝司马承祯综览道观十大洞天，三十六小洞天，七十二福地，都在名山中。湖北武当山"五里一庵十里宫，丹墙翠瓦望玲珑；楼台隐映金银气，林岫回环画镜中"[③]。武当山以金顶殿为核心，盘回曲折的神道为纽带，把八宫、二观、三十六庵堂连成一体，成为自然和文化景观相互衬托的名山。

图 8-6　武当山南宫（谢凝高绘）

资料来源：谢凝高.名山·风景·遗产——谢疑高文集.北京：中华书局，2011：135.

---

① [唐] 常建，题破石寺后禅院。
② [宋] 苏轼，吉水龙济寺联。
③ [唐] 李渔，庐山简寂观联。

8.3 大江大河

气候和地貌制约大江大河的个性。大江大河孕育灿烂文明。

8.3.1 大江东去

"问君能有几多愁,恰似一江春水向东流。"一江春水向东流,是我国河流的特点。我国流入大洋的径流量中,86.5%流入太平洋,13%流入印度洋,0.5%流入北冰洋。[①] 长江、黄河、黑龙江、珠江、淮河、海河都自西向东流入太平洋。如果一条河流从东流向西,成了另类,常常取名倒淌河。

千百年来,文人雅士称颂大江东去的壮丽景色。东汉古诗用它劝谕青年:

> 百川东到海,何时复西归。
> 少壮不努力,老大徒伤悲。

"大江东去,浪淘尽,千古风流人物。"是苏东坡力作《念奴娇·赤壁怀古》起首第一句。

一江春水向东流,给我国东部带来丰沛的淡水、肥沃的沉积物,形成富饶的冲积平原和三角洲。长江三角洲和珠江三角洲是我国精华所在。

表 8-5 中国主要河流输沙量[②]

河 流	流域面积/平方千米	年均径流/亿立方米	年均输沙量/亿吨
黄河	752443	688	16.00
长江	1808500	9600	5.24
海河	319029	292	1.75
珠江	450000	3458	0.86
淮河	237447	766	0.13

长江三角洲顶端在扬州、镇江,到河口 312 千米。自然地理上的长江三角洲包括太湖流域和杭嘉湖一带,面积约 5 万平方千米。三角洲地势平坦低洼,海拔在 10 米以下,湖泊众多,水网密集。太湖面积 2420 平方千米,是我国五大淡水湖之一。吴江县有千亩以上水荡 50 余个,水面占全县面积 38%。[③] 阳澄湖的大闸蟹全国闻名。湖州丝绸泽被天下。

珠江三角洲在沉降海岸带,面积 11 000 平方千米。珠江三角洲特点是五江汇流,八口入海,岛屿星罗棋布,丘陵随处可见。五江是西江、北江、东江、流溪河和潭江,八口是虎门、蕉门、横门、磨刀门、鸡啼门、虎跳门、崖门和洪奇沥。香港、澳门、蛇口、横琴是点缀在珠江口的明珠。[④] 珠江泥沙淤出肥沃田地。当地农民创造综合利用农田的桑基鱼塘,

---

[①] 刘明光.中国自然地理图集.北京:中国地图出版社,2011:57.
[②] 潘懋,李铁峰.灾害地质学.北京:北京大学出版社,2002:215.
[③] 郑度.中国自然地理总论.北京:科学出版社,2018:458.
[④] 尤联元,杨景春.中国地貌.北京:科学出版社,2016:494—495.

挖洼地筑塘养鱼,挖出的土堆成土植桑喂蚕,蚕粪喂鱼,塘泥肥地。根据航空照片测算,共有桑基鱼塘 1172 平方千米。① 改革开放后,桑基鱼塘向高附加值农业转型,养殖虾、蟹、甲鱼等水产,栽种瓜果、花卉和蔬菜。

受到降水变率影响,我国河川径流变率较大。我国主要河流自西流向东,与雨带走向趋同。雨带停滞时,河流上游、中游和下游同时接受降水,各个河段间无法调节,水量一起陡增,形成强大洪峰,加剧灾害程度。我国主要河流的最大洪峰径流量比常年平均记录可以高出十余倍。1975 年 8 月 5 日到 7 日,河南淮河上游暴雨,方城 8 月 7 日一天降雨 1054.7 毫米,淮河流域多座水库垮塌,死亡 8 万余人。

根据 2005 年复查,我国水能资源理论蕴藏量 6.94 亿千瓦(不包括港澳台),经济可开发装机容量 4.02 亿千瓦,相应年发电量 17 534 亿千瓦时,都占世界第一位。按使用 100 年重复计算,水能资源占探明常规能源资源 40%。② 2015 年我国水力发电 11 264 亿千瓦时,占全国发电总量 19.4%。我国水力发电有巨大潜力。

四川、西藏和云南分别占我国水能资源前三位,占全国可开发装机容量 22%、20% 和 19%。按江河流域排列长江占 48%,雅鲁藏布江占 12.6%,居前两位。

我国水能富集地区大都经济滞后。开发水能资源可以提高当地的基础设施水平,促进经济发展。我国水能资源的分布态势决定我国要建设长距离输电线路,西电东输。

西部是生态敏感区。水电枢纽淹没丰饶的盆地河谷,带来大批移民安置。水电开发可能诱发地震、滑坡、崩塌等地质灾害,导致生态环境失衡。

8.3.2　共饮一江水

我国多国际性河流,不少地区与周边国家共饮一江水。我国国际性河流大都从我国发源,邻国入海。水往低处流,高原是河流的主要发源地。我国大陆深深嵌入亚洲陆体的心脏,拥有世界屋脊青藏高原,成为多条河流的源头。有些河流成为我国与邻国的界河。国际河流和界河都需要全流域协作管治,共同开发。

红河发源地在我国云南境内称元江,在越南海防流入北部湾。

湄公河发源地在我国青海唐古拉山南麓,在我国境内称澜沧江,经缅甸、老挝、泰国、柬埔寨,在越南汇入南海。

萨尔温江全长 3350 千米,在我国境内叫怒江,长 2229 千米,发源地在青海三江源国家生态保护综合试验区唐古拉山北坡,在缅甸毛淡棉入海。

伊洛瓦底江是缅甸中部的主要河流,上游恩梅开江的发源地在西藏察隅。恒河和印度河是南亚两条主要河流,发源地都在我国西藏。恒河干流发源地在西藏阿里地区冈仁波齐峰下,称马甲藏布。恒河最大支流布拉马普特河上游是西藏雅鲁藏布江。雅鲁藏布江在我国境内长 2057 千米,年径流量 1661 亿立方米,居我国河流第三位。雅鲁藏布江在墨脱形成马蹄形大拐弯,有世界上最深的大峡谷,平均深度达 5000 米,长 504 千米,最

---

① 任美锷.中国自然地理纲要.北京:商务印书馆,1979:256.
② 谷树忠,成升魁.中国资源报告:新时期中国资源安全透视.北京:商务印书馆,2010:157.

窄处只有37米。峡谷流量每秒4425立方米,天然水能蕴藏量达6880万千瓦,相当于长江三峡三倍,是世界上水能最密集的地方。雅鲁藏布江流入印度后称布拉马普特河,在孟加拉国汇入恒河,注入孟加拉湾。印度河是巴基斯坦的主要河流,上游狮泉河(森格藏布)发源地在阿里地区冈底斯山南北两侧。

伊犁河在我国境内长442千米,年径流量158.7亿立方米,是西北流量最丰沛的河流。伊犁河流域水草丰满,农牧业繁荣。伊犁河是内陆河,汇入哈萨克斯坦巴尔喀什湖。哈萨克斯坦最大的城市阿拉木图在伊犁河流域。

额尔齐斯河上游在新疆阿尔泰山区,在我国境内长633千米。额尔齐斯河流经哈萨克斯坦,汇入西伯利亚鄂毕河,最后注入北冰洋,是我国唯一流向北冰洋的河流。在我国境内额尔齐斯年径流100亿立方米,是西北第二大河,可以为准噶尔盆地南缘克拉玛依和乌鲁木齐补充宝贵的淡水资源。

黑龙江全长4489千米,流域面积184.3万平方千米,88.3万平方千米在我国境内。黑龙江南支额尔古纳河发源在我国内蒙古自治区大兴安岭西坡。黑龙江是我国与俄罗斯的界河。界河长2854千米,是世界上最长的国际界河。在黑瞎子岛黑龙江汇合乌苏里江流入俄罗斯境内,在尼古拉耶夫斯克(庙街)注入鄂霍次克海。

我国与朝鲜的国界主要由图们江和鸭绿江组成。图们江长525千米,其中510千米是国界。图们江入海末端15千米河段成为俄罗斯与朝鲜的界河。站在我国防川,可以清晰看到俄朝铁路大桥,可以遥望图们江汇入日本海的江口。

我国与邻国人民共饮一江水,增添了人民间的情谊,肩负着共治一江水的担当。澜沧江湄公河全长4880千米,流域面积81万平方千米。在我国境内长2161千米,流域面积16万平方千米。"澜沧"一词源于老挝历史上第一个统一的澜沧王朝,原意是"百万大象"。"湄公"源于高棉语或泰语,原意是"母亲河"。澜沧江、湄公河是与欧洲多瑙河、莱茵河齐名的重要国际河流。2015年正式成立澜湄合作机制,探讨政治安全、经济发展和社会人文合作事项。2016年湄公河流域大旱,我国景洪水电站从3月15日到4月10日打开大坝,向下游紧急供水,缓解旱情。澜湄合作机制提升全流域的整体开发水平,推进全流域的一体化进程。

8.3.3 跨流域调水

我国水资源分布的特征是南方多,北方少。南方水系,包括长江在内,流域面积占全国国土面积36.5%,人口占全国55%,水资源占全国81%。长江以北水系流域面积占全国国土面积63.5%,人口占全国35.3%,水资源只占全国19%。其中,西北内陆水系面积占全国35.3%,水资源只占全国4.6%。按人均水资源量计算,我国北方仅750立方米,相当于南方的1/5。黄淮海地区人均水资源不足500立方米,是极度缺水区。[①]

跨流域调水是缓解我国水资源分布不均衡困境的重要途径。南水北调是我国最宏伟的跨流域调水工程。南水北调分东、中、西三线。东线和中线2002年开工,2014年全

---

① 谷树忠,成升魁.中国资源报告:新时期中国资源安全透视.北京:商务印书馆,2010:76—77.

线贯通。

南水北调东线长 1467 千米,从扬州附近引水,沿大运河北上,进入东平湖后分两路:一路在位山穿隧洞,过黄河,流向天津北大港水库;一路向东,顺引黄济青渠道,到胶东烟台、威海。东线可以为沿线供水 148 亿立方米,缓解 700 万人口饮用高氟水和苦咸水的状况。

南水北调中线从汉江丹江口水库引水,经河南唐白河,越方城垭口到淮河流域。在郑州西穿过黄河,顺太行山山前的平原,通向北京和天津。工程总长 1432 千米,年平均可输水 130 亿立方米。远景可以从长江三峡引水,补充丹江口水库水源。从 2014 年底通水,到 2017 年 5 月,累计有 22.8 亿立方米水进京,其中 15.8 亿水流入各大水厂。目前,北京城区自来水中南水超过七成。北京南城一带用本地水时,水的硬度每升 350~380 毫克,水碱现象严重。用南水后,硬度降到每升 120~130 毫克,得到明显改善。

南水北调西线从长江上游通天河、雅砻江、大渡河筑坝建库,开凿穿山隧洞,调入黄河上游。西线工程艰巨,目前处于研究规划中。

表 8-6 我国主要调水工程

名称	起终点	调水量/(亿立方米/年)	通水时间
南水北调东线	扬州,烟台、威海	148	2013
南水北调中线	丹江口水库,北京	130	2014
南水北调西线	通天河、雅砻江、黄河上游	170	计划中
引大入湟	大通河石头峡水库,宝库河	7.5	
引大入秦	大通河,兰州北秦王川盆地	4.4	1995
引黄入晋	万家寨水库,太原、大同	12	2003
引黄入卫	位山,沧州、衡水	21.9	2008
引滦入津	潘家口水库,天津	10	1983
引汉入渭	汉江,渭河、关中	154	2020

8.4 黄土高原和黄淮海平原

黄土高原和黄淮海平原是我国重要的自然地理区,是华夏文化的发源地。这两个区域的地理环境互相关联。

8.4.1 黄土高原

黄土是风力搬运的黄色粉沙质沉积物。黄土由钙质胶结,层理不明,有垂直方向的节理,遇水后容易溶蚀塌落。黄土高原是世界上最大的黄土沉积区,北起长城,南到秦岭,东至太行山,西抵日月山,面积 42 万平方千米。240 万年前更新世时,青藏高原隆起,西风环流加上强劲的季风,把西北沙漠和戈壁中的粉尘吹扬到这里沉积。黄土沉积的厚度可达 100~200 米,最厚处达 439 米。[1]

---

[1] 尤联元,杨景春.中国地貌.北京:科学出版社,2018:399.

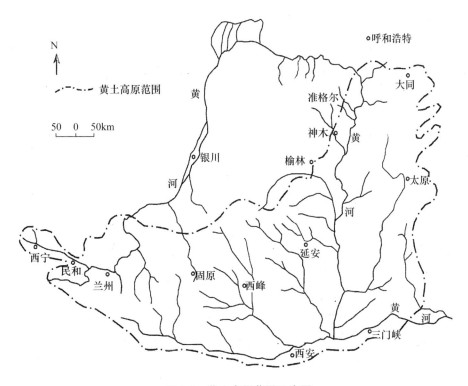

图 8-7 黄土高原范围示意图
资料来源:尤联元,杨景春.中国地貌.北京:科学出版社,2018:406.

　　破碎化是黄土高原地貌的主要特征。黄土高原地区降水年变率大,70%降水集中在夏季,一次暴雨降水量可以超过年降水量一半。在暴雨冲刷下,黄土高原成为全世界土壤侵蚀强度最高的地方。高原核心区 16.6 万平方千米地域内每平方千米土壤侵蚀超过 5000 吨。暴雨来临时,河水含沙量大,灌溉水渠闸门紧闭,否则渠道很快被泥沙淤塞。

　　塬、梁、峁和沟谷是黄土高原地貌的组成单元。塬是黄土高原的初始地貌,是大面积的黄土平台。一般塬的面积在 200~300 平方千米。最大的董志塬面积 960 平方千米。塬是黄土高原上的宝地。在暴雨冲刷下,黄土高原上出现土崖直立的沟谷。沟谷崖边陡峭,下切深度 50~100 米。黄土高原上有长度 150 米以上的沟谷 300 万条。沟谷密集的地区,30%~50%面积被沟谷占据。沟谷在黄土高原上纵横切割,把塬切割成梁和峁。梁是长条形的黄土山岭。峁是孤立的黄土小丘。沟谷和梁峁组成破碎的景观。[①]

　　黄土高原有纵横沟壑,也有良田千顷。谷地沉积肥沃的黄土,适宜耕作。汾河谷地是夏朝活动的主要地域。八百里秦川渭河谷地是秦统一六国的根据地,千年古都西安所在。由于地貌破碎,植被破坏,水土流失,黄土高原上农作物产量不高。六盘山区、吕梁山区和燕山太行山区都是连片贫困区。进入 21 世纪以来,植树造林,配合沟谷造坝,黄土高原水土流失得到初步控制,出现郁郁葱葱丛林覆盖的景观。

---

① 尤联元,杨景春.中国地貌.北京:科学出版社,2018:416.

8.4.2 黄河与黄淮海平原

黄淮海平原又称华北平原,是我国第二大平原。黄淮海平原西起太行山和伏牛山,东抵大海,北到燕山,南达桐柏山和大别山。大约 1.3 亿年前,华北平原是个大海湾,海岸线在太行山麓。黄土高原的泥沙堆积是形成黄淮海平原的主力。黄河径流平均每立方米含沙 37.7 千克,是世界上输沙量最大的河流。黄河三门峡年输沙量曾高达 16.2 亿吨。1958 年窟野河温家川水文站测得最高含沙量每立方米 1700 千克。①

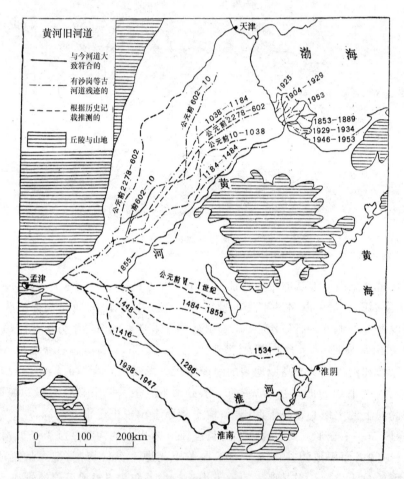

图 8-8　黄河下游河道变迁图
资料来源:任美锷.中国自然地理纲要.北京:商务印书馆,1979:157.

黄河出三门峡后,每年有 4 亿吨泥沙沉积在中下游河床上,使得河床高出两岸地面,个别地段高出 10 米,成了地上悬河。地上悬河是平原上的分水岭,黄河以北属海河水系,黄河以南属淮河水系。洪水季节,黄河经常破堤泛滥,淹地毁屋。公元前 620 年到

---

① 郑度.中国自然地理总论.北京:科学出版社,2018:430.

1949年的2500年间,黄河决堤1590次,重大改道26次。黄河改道形成的入海口,北起天津,南夺淮河,在1000千米范围内摆动。

黄河是塑造黄淮海平原的主力。全新世黄河三角洲北起天津,南到淮河,面积25万平方千米,是世界上最大的三角洲。美国密西西比河全新世三角洲面积5万平方千米,是黄河三角洲1/5。黄河流域面积75万平方千米,加上全新世三角洲共有面积100万平方千米。[①]

黄河害,决堤泛滥,千里水淹。黄河富,是养育华夏文明的母亲河。黄河清,是中华民族千百年来的梦想。

经过几代人的努力,黄土高原的水土保持工作取得重大成果。2000年到2015年黄河潼关水文站实测年平均输沙量2.64亿吨。与历史上年平均输沙16.2亿吨比较,减少了83.8%。黄河清的梦想已经初步实现。黄河水土保持取得的成绩得益于综合治理。在体制上国家大力投入与农民小流域治相结合,调动广大农民的积极性。在措施上,退耕造林、植被复苏等措施与堤坝工程措施相结合。黄河年均2.64亿吨输沙量在世界上仍居前列,黄河流域的生态治理工作任重道远。

---

① 任美锷.黄河与人生.载谢觉民.人文地理笔谈——自然·文化·人地关系.北京:科学出版社,1999:48.

第9讲 古代农耕区的扩展

我国有五千年的历史。五千年历史进程中积淀的文化是我国区域发展的积极因素。

9.1 我国地区开发概况

古代农业生产发展表现在单产提高与耕地面积扩展两个方面。

9.1.1 提高单产

单产提高决定于耕作方式与农业技术。在中国数千年的农业发展进程中,农耕技艺代有更易,新出现的技术多表现在耕作的精细程度上。靠这一点并不会引起农作物产量大幅度提高。以黄河中下游地区粮食单产为例,汉代时期这里的旱地作物粟的亩产量约为 3 石,合今制为 120 斤。[①] 隋唐时期粮食亩产一般为 2 石左右,[②]唐代容器量制比汉代大,这一产量合今制约为 140 斤。北宋时期这里的亩产为 1~2 石,宋代的容量又比唐代略大,每亩产量合今制约为 117~155 斤。[③] 明清时期粟类粮食亩产又略有增加,据研究认为中上田可在 150~200 斤。[④] 数千年间,以粟为代表的旱地作物增产幅度并不大。玉米大量推广后,亩产才有了较明显提高,一般可达 280~300 斤。[⑤] 南方的稻米,以农业集约程度最高的江南地区为例,南宋时期每亩产量为 1.3 石,元代为 1.8 石,明代为 2.1 石。[⑥] 江南以外的南方其他地区,稻米亩产的基本水平与提高幅度达不到这一水平。总的来看,粮食亩产的变化相对于千年历史,相对于几千年之内人口数额的增长,显得滞缓而微弱。

面对粮食产量的缓慢变化,人口却以较大比率增加。葛剑雄认为,秦始皇统一六国之前,公元前 3 世纪时,全国约有人口 2000 万人。西汉后期汉平帝元始二年(公元 2 年),全国人口已增至 6000 万人。西汉以后到隋唐之前的数百年内,由于灾疫、战乱,人口的发展处于低值期。唐代后,随着社会的安定,人口逐渐恢复,天宝年间文献记载户口为 5200 万人。考虑各种隐漏及未载入户籍的少数民族,这时全国人口至少在 8000 万人上下。明清两代是中国人口大幅度增殖时期:明代中后期全国人口已近 2 亿人;清代人口增殖尤其显著,清朝末年全国超过 4 亿人口。[⑦]

除了战乱、灾疫,中国历史上所实行的赋税制度对人口增殖有很大的束缚力。从汉代开始,实行地税、口税并行制度。地税取于田;口税系于人,人一生从七八岁到六十岁左右,有向国家缴纳口税的义务。口税重于地税,沉重的口税造成户口大量隐漏,限制了

[①] 周国林.关于汉代亩产的估计.中国农史,1987,(3).
[②] 王双怀.试论开元时期农业的发展.中国历史地理论丛,1995,(4).
[③] 吴承洛.中国度量衡史.北京:商务印书馆,1937.
[④] 李令福.清代山东省粮食亩产研究.中国历史地理论丛,1993,(2).
[⑤] 吴慧.中国历代粮食亩产研究.北京:农业出版社,1985.
[⑥] 李伯重.宋末到明初江南农民经营方式的变化.中国农史,1998,(3).
[⑦] 葛剑雄.中国人口发展史.福州:福建人民出版社,1991.

人口增殖。清雍正年间实行"摊丁入亩"制度。这一重大改革,使相沿实行了一千多年的"人头税"正式取消,起了促进生育作用。清初簿册人口数额不足 1 亿人,排除各种隐漏也不过 1 亿多人口。二百多年后,清代末年全国人口已超过 4 亿人。

9.1.2 扩展耕地面积

民以食为天,人口不断增殖,要求农业生产有同步发展。在中国农业与现代科技接轨之前,靠传统生产方式带来的单位土地面积上的增产、增值,不能满足人口与社会发展的需求。为了生存,人们将眼光投向山林边荒。耕地的扩展成为中国农业发展的主流。

耕地的扩展受社会经济与地理环境控制。人口增殖是推动耕地扩展的动力,新开垦的土地选在什么地方,受自然条件与生产力发展水平制约。中国虽是一个幅员辽阔的大国,但是适宜发展农耕生产的只是其中的一部分地域。依中国科学院地理研究所所作《中国综合自然区划》,在三大自然区之中,青藏高原与蒙新内陆区高寒、干旱,是进行农业生产的障碍。

东部季风区水热适宜,利于发展农耕业。自然条件的差异决定了农耕区的扩展主要在东部季风区。东部季风区占我国总面积的 46%,达 400 多万平方千米。区域内不但汇集了黄河、长江、珠江、黑龙江等巨川,而且还有平原、盆地、丘陵、高原等多种地貌形态。从中国农耕区扩展情况来看,黄河中下游的开垦历史最久,早在数千年前这里就成为稳定的农耕区。农耕区以黄河中下游为中心从北至南,从平原至山区,从中原腹地到周边地区逐步扩展,扩展到长江流域、珠江流域和塞外草原。

9.2 黄河流域的兴衰

黄河流域的农耕业,最初分布在沿河两岸的冲积沃土上。这里地势平坦,气候温和,黄土冲积层疏松易耕,适宜经营农业。从仰韶文化、龙山文化等史前社会开始,这里就出现了原始农业。这时人口稀少,生产工具原始落后,农业作为渔猎、采集的附属部分存在,被开垦出来的土地分布在聚落周围,在莽原中形成小片点状区域。

9.2.1 先秦时期

夏、商、周是中国历史上最早的三个朝代,农耕区主要分布在汾河、伊河、洛河、沁河下游一带。古书中将黄河支流汇入干流的三角地带称为"汭","洛汭"就是伊河、洛河与黄河相汇的地带,汾河、渭河与黄河相汇之处也同样会形成"汭"。这些三角地带既有肥腴的冲积沃土、便利的交通,又可依凭地形之势,形成相对封闭的独立小区域,成为早期农业的首选之地。司马迁在《史记》中论及天下经济称:"昔唐人都河东,殷人都河内,周人都河南,夫三河在天下之中。"所说的唐人指唐尧统领的部落。唐人、殷人、周人所都的三河地带,就是大河干支流相汇的诸"汭"。这里是中国历史上开发最早的农耕区。三河的范围不大。由于人口稀少,劳动力不足,农田主要分布在这一地带的城邑附近,远离城邑的地方有些是游牧民族活动区域,有些保持自然界的原始面貌。《左传》中有这样一个故事,春秋时期晋献公的儿子重耳和夷吾的封地分别在蒲与屈(蒲在今山西隰县西北,屈在今山西吉县东北)。由于权位之争,这两位公子为父所迫,都打算离开封地逃到白狄那里,后来重耳还是去了。那些以游牧生产方式为主的狄人就活动在蒲与屈附近。大军远道入境,若不是巧遇弦高,竟无人所知。可见这时远离都邑的地方还是草莽荒原,农牧混杂,华夷混居。河洛以外的地方是大片荒野。由于农耕区还没有连成片,常常出现敌国军队深入国境很远,还没有被国人发现的情况。

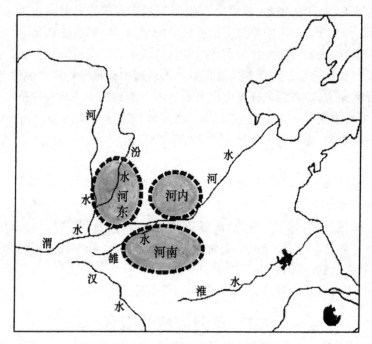

图 9-1　三河位置示意图(韩茂莉绘)

春秋时期齐、鲁、宋、郑、秦、晋等国及战国七雄中的魏、齐、秦相继强大起来。这些国家大多在奖励军功的同时,积极鼓励人口增殖,发展农业生产,促进黄河中下游地区经济发展。随着人口的增殖,岛状农耕区逐渐消失,许多未被人类扰动的地区、游牧民族出没的区域,相继开发成农田。诸侯国都形成区域性的经济中心。秦都咸阳为中心的关中地区、齐都临淄为中心的山东中部、魏都大梁为中心的豫中平原,都以发达的经济著称。特别应该提的是关中地区,战国初年商鞅在秦变法,富国强兵,崇本抑末,把一切非农耕人口尽数转入农业。秦在诸侯国中本是一个偏居戎狄之中的弱国,商鞅变法后,国力逐渐增强。关中的农业开发可追溯至周人先祖,关中的强大在秦时。司马迁称秦地"膏壤沃野千里",秦人"好稼穑,殖五谷"。战国末期,秦依靠关中平原的农业发展,统一了比自己国土面积大得多的山东六国。

9.2.2　秦汉魏晋时期

公元前 221 年,秦始皇统一六国。汉继秦祚,开疆拓土,奠定了中国疆域的基本轮廓。

幅员辽阔、疆域广大的帝国对经济发展起了很大的推动作用。黄河流域在昔日繁盛的基础上继续发展,成为全国的政治中心,也是经济最发达的地区。司马迁在《史记·货殖列传》中曾将天下分为山西、山东、江南及龙门、碣石以北四个经济区。在这四个经济区中龙门、碣石以北基本为畜牧业生产区。江南一带处于开发的初期阶段,人口与经济实力都不能与位于黄河流域的山西、山东抗衡。山西、山东开发历史悠久,人口众多,物产丰富,是天下财富聚集地。黄河两岸的沃土哺育了华夏芸芸众生,造就了文化赫赫精英。

山东、山西在全国领先的经济地位,与这里发达的农业生产有直接关系。黄河两岸的沃土是发展农业的基础。《尚书·禹贡》记载了古人对土地形状的辨识。《禹贡》将天下分为九州(图9-2)。土壤被列为上上的为雍州,即今关中平原一带;列为上中、上下的是青州、徐州,两州的范围相当于今山东省中部、南部及江苏省北部;九州中属于中上的是豫州,范围在河南省中部;再下是为冀、兖、梁、荆、扬诸州。土壤是农作物赖以生存的基础。《禹贡》中被列为上三等的三州,位于黄河中下游地区,这里有适宜发展农业生产的自然条件,是全国开发程度最高的核心农业区。

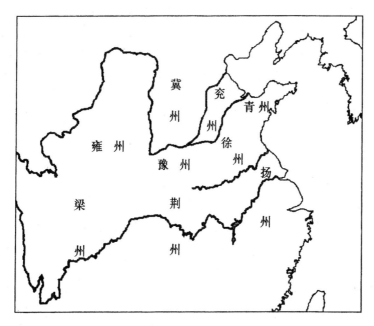

图 9-2 《禹贡》九州分布图(韩茂莉绘)

秦汉时期黄河流域冶铁业兴起,铁制农具逐渐替代木石农具和青铜农具,在生产中占主导地位。对于铁制农具与农业生产的关系,《盐铁论》是这样讲的:"农,天下之大业也。铁器,民之大用也。器用便利,则用力少而得作多,农夫乐事劝功;用不具,则田畴芜,谷不殖。"①汉代的铁制工具除耕犁外,还有各种辅助工具。同时,耕作技术有了很大提高,关中农业耕作由漫田法,提升为代田法和区田法。漫田法不作垄沟,采取漫撒式播种,是一种落后的耕作方式。代田法则在垄作的基础上圳垄年年互易,土地自然进行轮

---

① 《盐铁论》系桓宽根据公元前1世纪汉昭帝召开的盐铁会议(相当于现代的经济论坛)会议记录整理而成的著作。

换,每年都得到一次休耕机会,地力得到恢复。区田法是在小块土地上采取密植、深耕、集中利用水肥等精耕细作手段的一种耕作方法。这些精耕细作的方式,在不太长的时间内得到推广。黄河中下游地区都先后采取代田法。

传说中的"大禹治水",战国诸雄"通沟渠以兴水利",都是以水利佐农业。秦汉时期的水利事业,无论工程数量,还是收益面积都有提高。冀朝鼎利用地方志统计了各地兴修水利工程次数。在他的统计中,汉代兴修水利最多的是河南、陕西两省,论工程规模、收益范围,以关中地区称著。秦时著名的郑国渠,汉武帝时的白渠、六辅渠等,灌溉面积可达数万顷,从汉至宋,连续使用千余年。

人口与社会财富是衡量一个地区经济发展水平的标志。司马迁在《史记》中讲道:"关中之地,于天下十之一,而人众不过十三,然量其富,十居其六。""齐带山海,膏壤千里,宜桑麻。"关中一地的物产即可当天下的 6/10,加上河洛、齐鲁等富庶地区,黄河流域在天下财富的总量中占据的比重更大。

《汉书·地理志》记载,汉平帝元始二年(公元 2 年)全国有人口 5700 万,实际人口可能比这一记载还要多。依据当时的人口分布,以秦岭、淮河为南北界线,北方人口占全国总人口的 4/5,南方占 1/5。在传统生产方式下,人口数量决定着农业生产规模。《汉书·地理志》记载,公元 2 年全国垦田已达 800 多万顷,若人口数额与垦田成正比的话,那么此时以黄河中下游为中心的北方地区垦田可达 640 多万顷,是全国分布最集中的农耕区。社会财富、人口、耕地所显示出的优势使黄河中下游地区成为当之无愧的全国经济重心。

秦汉以来黄河中下游一带是全国的政治与军事中心。国家政权对政治中心所在地经济发展有积极作用,也会带来巨大的破坏。国都既是政治集团权利之争的核心地带,也是外族入侵的主要攻击目标。当政治冲突发展到军事行动时,无论是武力讨伐,还是全国性的战乱,这里都是受害最重的地方。黄河流域的农业生产在战火中经历了大起大落,大沉大浮。

东汉末年黄巾起义到公元 4 世纪北魏统一北方,中国历史进入了分裂、动荡时期。汉末军阀混战、三国争雄、西晋永嘉之乱、十六国政权更迭,民族仇杀,战祸相寻,几无中辍。频繁的战乱发生在黄河流域。后汉中平六年(公元 189 年)董卓拥兵入洛阳,翌年挟汉献帝西迁长安,洛阳付之一炬。据《后汉书》所载,人口死难,"二百里内无复孑遗。"[①]此后不久,从洛阳至彭城的黄淮海平原,经曹操与陶谦的争战,"凡杀男女数十万,鸡犬无余,泗水为之不流。"[②]汉灵帝时爆发黄巾起义(公元 184 年)到曹丕称帝(公元 220 年),30 余年间"人众之损,万有一存。"[③]西晋永嘉之乱后,原居于中原王朝周边的羌、氐、羯、匈奴、鲜卑等民族纷纷入主中原,在黄河流域相继建立 16 个政权。频繁的政权更迭与民族仇杀,使黄河流域陷入悲惨的境地。据《晋书》载,永嘉之际,关中"流尸满河,白骨蔽野,

---

① 《后汉书》卷七二,《董卓传》。
② 《后汉书》卷七三,《陶谦传》。
③ 《后汉书》卷一九,《郡国志》,刘昭注引《帝王世纪》。

百无一存。"①在长达3个世纪内,政局动荡与人民流移,对农业生产造成空前破坏,土地荒芜,生产凋敝,黄河流域经济受到致命打击。

9.2.3 隋唐时期

黄河流域的第二次振兴在隋唐时期。隋文帝于公元589年统一全国。隋祚虽短,但为唐朝发展奠定了基础。唐天宝年间全国有人口5200万人,秦岭、淮河以北占3/5。河北、河南两道,相当于今冀、鲁、豫三省,又占北方人口的2/3,形成全国人口最稠密的地区。虽然在过去几个世纪黄河流域饱经战乱,一经恢复,这里再度兴盛起来。

汉唐两代定都长安。西汉时全国经济发达区只限于黄河流域,支持以长安为中心的国家机器运转,主要靠函谷关以东地区的漕粟。隋唐时期经济发达区已不限于黄河流域。东汉末年以来,数百年内几次大规模移民,江南一带摆脱了落后面貌,成为重要经济区。关中政治中心所仰仗的不仅有关东漕粟,而且远及东南。正如《新唐书·食货志》所云:"唐都长安,而关中号称沃野,然其土地狭,所出不足以给京师,备水旱,故常漕东南之粟。"②

公元755年,"安史之乱"爆发,叛军以幽州为中心,南下经洛阳入关中,主战场在黄河中下游。中原地区经济土地荒芜,人口南迁。对于这次人口南迁,著名诗人李白是这样描述的:"天下衣冠士庶,避地东吴,永嘉南迁,未盛于此。"③大规模人口南迁,为江南增加了劳动力,推动了南方农业发展。黄河流域渐渐失去往日的地位,经济重心逐渐向江南移动。

经济重心向江南地区转移过程,在北宋末年最后完成。北宋末年女真人南下,黄河流域出现了第三次人口南迁浪潮。这次南下人口无论数量还是规模都超过以往两次,不但有一般百姓,还囊括了朝野精英。人口南迁的同时,赵宋王朝的政权,亦移向江南。

9.3 长江流域和珠江流域开发

黄河流域成为秦汉帝国经济中心的时候,南方还处于"筚路蓝缕,以启山林"的开发初期,大部分地区保持自然界原始面貌。长江中游的江汉平原布满湖泊、沼泽,是古"云梦泽"的一部分。长江下游太湖平原一带地势低洼,河湖密布,饱受水患。暖湿的气候,茂密的亚热带植被,密布的河湖水系,成为当时开发利用的障碍。《禹贡》论及天下土壤性状时,将荆州即长江中游地区列为下中,处于长江下游的扬州则为下下。司马迁在《史记》中载道:"江南卑湿,丈夫早夭""楚越之地,地广人稀"。这里人口稀少,开发落后,称"卑湿贫国"。汉景帝之子刘发因其母位卑无宠,没有资格跻身中原诸王,被封为长沙王。④从《汉书·地理志》所载元始二年全国人口统计来看,这时秦岭、淮河一线以南人口仅占全国总人口的1/5。

---

① 《晋书》卷二六,《食货志》。
② 《新唐书》卷五三,《食货志》三。
③ 《全唐文》卷三四八,李白《为宋中丞请都金陵表》。
④ 《汉书》卷五三,《景十三王传》。

9.3.1 人口和经济重心南移

开发长江流域,解决劳动力不足是关键。西汉末年王莽之乱以及随后的农民起义,迫使中原人士向南方迁徙。《续汉书·郡国志》所载,永和五年(公元140年)全国有人口4700万,秦岭、淮河以北人口占3/5,以南占2/5,南北之间人口分布不协调现象已经有所缓解。东汉末年,我国陷入了长期分裂与战乱,黄河流域历经兵燹,人民纷纷南下。当时南下移民路线基本为三路:关中一带的人民翻越秦巴山地,进入成都平原;豫中、南阳一带的人民南下进入荆襄;河淮之间的人民大多渡江而东。三条南下路线中,东路最便捷,南下的人口最多。后来在东吴政权中任职的重要官员,如鲁肃、诸葛瑾、吕蒙、张昭、周瑜、程普等都是北方南迁的士族。人口大量南迁,江南劳动力得到补充,开始向精耕农业转变。

公元4世纪初西晋永嘉之乱,中原人民又一次大规模南迁。据有关学者研究,到刘宋为止,即公元420年前后南渡人口共约90万。当时刘宋全境人口共500多万,南下的北方移民占1/6。沈约在《宋书》中有感而论:江南地区"自晋氏迁流,迄于太元之世,百许年中,无风尘之警。"于是"地广野丰,民勤本业",太湖平原一带良田数十万顷,其中"膏腴之地,亩值一金",地价之高,连当年富夸一世的汉代关中鄠、杜一带也无法相比。①

永嘉以后,出现过两次北方人口大规模南迁:一次在唐中期"安史之乱",另一次在北宋末期。这两次移民活动都为南方经济发展提供了新的契机。

汉唐两代定都关中,每年还需从关东地区调运大量粮食。《汉书·食货志》记载,西汉初年漕粮数额为几十万石。汉武帝时期由于对外用兵的需要,漕粮数额增至400万石。数额巨大的漕粮主要来自黄河下游地区,范围西起今河南荥阳,东至海滨,北起今山东北部,南边近淮河之滨。这里与国家政治中心所在关中连为一体,是全国经济最发达的地区。经过数百年的分裂割据,隋唐时期再次实现了全国统一,国都再次定在关中。关中地狭,漕粮仍需由其他地方转运。

《新唐书·食货志》记载,唐中期漕粮最高额达400万石,数额与西汉相仿,粮食取给地发生变化。隋至唐初今河南东部和中部、山东西南隅、安徽西北部及江苏北部为长江以北主要产粮区。"安史之乱"后,江南一带成为北方漕粮的主要供给地。

唐人李吉甫所撰《元和郡县图志》记载唐中期开元年间与唐后期元和年间两个人口数据,两相比较,北方各州人口锐减。长安所在京兆府,开元时共有户36万余户,元和时已降至24万户,减少了1/3。洛阳所在的河南府,开元时有12万余户,元和时只有1.8万余户,减少了6/7。受战乱影响,长江流域各州固然也有人口减少的现象,但人口增长的州府也不在少数:襄州增加120%,鄂州增加100%,苏州增加30%。从黄河、长江两大流域人口总的变化来看,自东汉末年以后,黄河流域人口在全国所占比例呈递减趋势,长江流域明显上升。"安史之乱"后,原已颇具规模的江南成为全国的经济重心。韩愈指

---

① 《宋书》卷五四,《孔季恭、羊玄保、沈昙庆传》,史臣论。

出:"当今赋出天下而江南居十九。"①杜牧说:"今天下以江淮为国命。"②唐后期中原地区藩镇林立,不再听命于朝廷,国家依赖江南漕粮得以存在。

北宋末年由"靖康之难"造成的第三次北方人口大量南迁,促使江南成为全国经济重心,养活全国总人口22%的人民,负担了国家大量粮赋。据《宋史·食货志》所载,太平兴国六年(公元981年)朝廷规定由江淮运往京师的粮食为400万石。以后随着东南经济的不断发展,至道元年(公元995年)增为580万石。大中祥符初年(公元1008年)朝廷又将江淮漕粮增至700万石,占输往京师总漕粮的82%。包拯说:"东南上游,财富攸出,乃国家仰足之源,而调度之所也。"③在运往京师的巨额漕粮中,"江南所出过半。"④宋人说:"苏常湖秀膏腴千里,国之仓廪也。"⑤太湖平原还是东南地区的主要粮食供给地,杭州城、宁绍平原、温台沿海平原、福建、淮南都需要从太湖平原漕运粮食。"苏湖熟,天下足"⑥,名副其实。

长江流域各地段开发进程并不一致。长江下游的太湖平原自东晋南朝后逐渐上升为全国的经济重心。位于长江上游的成都平原则早在战国时期已进入与中原地区同样步伐的开发进程。江汉平原开发时期要晚于其他地区。江汉平原与荆襄相连,正当北方人南下的交通要冲。早期,这里一直处于湖沼状态,先秦文献中称"云梦泽"。湖沼水体在很长的历史时期是开发利用的障碍。江汉平原的全面开发从南宋后期开始,经元代至明清时期达到鼎盛。在江汉平原的开发历程中,来自江西、湖南以及北方的移民做出重大贡献。在二百余年时间里,江汉平原"百里荒"变成重要的粮食产地。

明清时期太湖平原一带的农业生产结构发生了转变。这里以具有资本主义萌芽性质的工商业为依托,发展经济作物棉花和蚕桑,粮食作物退居到次要地位。太湖平原所需粮食往往不能自给,由粮食输出地变为粮食输入地。随着太湖平原农业生产结构的转变,代之而起的是江汉平原。明清时期江汉平原已经成为全国重要的粮食输出地,接受这里粮食的包括南北十余省。民间俗称"湖广熟,天下足"。当时为了调剂沿江各地的粮食运输,设立了多处米市。汉口、芜湖、安庆、苏州是著名的四大米市。汉口米市规模最大,主要接纳江汉平原及湖南境内所产粮食,运到下游各地。苏州米市是太湖平原上的粮食集散中心,来自大江中游的米谷汇集到这里。明清时期长江中游农业繁盛,下游平原地带大面积专业化经济作物种植区的出现,使长江流域的开发进入了一个新阶段。

9.3.2 珠江流域开发

在东部农耕区的扩展过程中,除东北地区,珠江流域的开发最晚。宋以前这里除广州、桂林等少数城市人口较多外,大部分地区保持着原始的自然状态,林木郁闭,气候湿热,人称烟瘴之地。唐宋时期是贬官与触犯朝廷的文人流放的地方。历史上数次人口南

---

① 《全唐文》卷五五五,韩愈《送陆歙州诗序》。
② 《全唐文》卷七五三,杜牧《上宰相求杭州启》。
③ 《包拯集》卷四,《请令江淮发运使满任》。
④ 《宋史》卷二八八,《任中正传》。
⑤ [宋]范仲淹,《范文正公全集》卷九,《上吕相并至中丞咨目》。
⑥ [宋]高斯得,《耻堂存稿》卷五,《宁国府劝农文》。

迁过程中，虽然每次都有人翻越南岭进入珠江流域，但是人数有限。南宋后期珠江流域才真正进入开发阶段。唐天宝年间，广东一带只有人口 100 多万人，北宋中期增至 300 余万人。"靖康之难"后，随着中原人大量南渡，有一部分人口辗转进入岭南。他们筑堤围垦，大力经营，迅速将这里开辟成重要的农业区。

9.4　丘陵山地开发

中国是一个多山的国家。中国山区同样有悠久的开发史，早在史前时期就出现了人类活动的足迹，创造着远古的文明。随着历史的推移，山区环境障碍的作用越来越突出，制约经济发展与社会进步。平原地区社会状况安定与否，影响山区。战乱爆发后，突发性的灾难降临，打破一切常规，无地可种的农民在失去平原立足地，只能投向尚未开发的山区。

山区开发史可分为三个阶段：东晋南朝时期、隋唐两宋时期和明清时期。每一个阶段都有大量移民涌入山区，促使人口增殖。

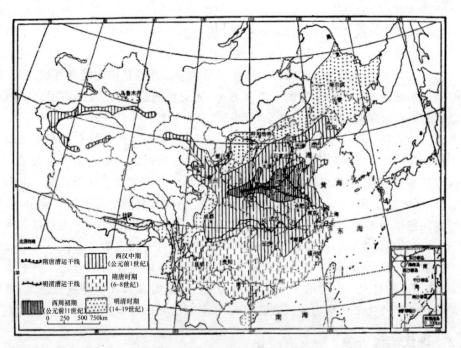

图 9-3　我国农耕区扩展示意图

资料来源：陆大道，中国区域发展的理论与实践，北京：科学出版社 2003 年版，第 80 页。

9.4.1　东晋南朝时期

东晋南朝时期，北方的战乱为江南带来了大量的人口。这些南迁的人口在获取耕地的过程中，首先遇到和土著人口用地之争，其次有豪强与庶族、皇族与平民用地之争。一部分人在复杂的政治背景与经济利益的争斗中获得了土地；也有一部分人，特别是平民百姓在竞争中失败。这时丘陵、山区成为人们寻觅土地的去处。封山掠湖和开垦山林是东晋南朝时期文献中屡见的现象。谢灵运在《山居赋》中说："田连阿而盈畴，岭枕水而通阡……北山二园,南山三苑,百果备列,乍近乍远,罗行布株,迎早候晚。"①别业内山泽俱全,地连阡陌。南齐时封占山林最典型的是陵王萧子良,"时司徒竟陵王于宣城、临成、定陵三县界立屯,封山固泽数百里。"②在东晋南朝封山固泽的浪潮中,东南丘陵山区进入了开发初期。

尽管这一时期江南人口增加了许多,土地开发远没有达到饱和状态。皇室、贵族虽然到处封山固泽,他们关注更多的是占有,开发强度并不大。

9.4.2 隋唐两宋时期

隋唐两宋是东南丘陵的重要开发时期。唐至两宋时期东南人口激增。以严州、歙州、台州为例,说明两晋至宋代东南丘陵山区人口增长情况。

严州位于浙闽丘陵北部,今浙江省淳安、建德、桐庐一带。据《严州图经》及《景定严州续志》记载,晋武帝时严州有5560户,刘宋孝武帝时增至10 253户,隋文帝时由于战争影响降到7343户,唐高祖时回升到12 064户,唐玄宗时激增到54 961户,唐穆宗时稍减为54 710户,北宋元丰年间76 301户,南宋绍兴九年(公元1139年)有72 256户,淳熙十三年(公元1186年)为88 867户,至景定四年(公元1263年)达到119 267户。前后一千年内严州出现了两次人口增长高峰:一次在唐玄宗时期,户额较唐初高祖时期增加了4万多,这一次人口大幅度增加与"安史之乱"北方人口大量流入南方有密切关系;第二次人口增长高峰从北宋中期一直持续到南宋。这一时期正是南方经济兴盛时期。

歙州地处皖南丘陵南部,今安徽省黟县、歙县、休宁、绩溪一带。据《新安志》记载,晋置新安郡时只有5000户,刘宋时增为12 058户,隋代为6154户,唐天宝年间增为38 320户,北宋元丰年间达106 584户,南宋乾道年间又较北宋增加了近2万户。

台州位于浙闽丘陵的东部,东面濒海,今浙江省天台、临海、仙居、黄岩一带。《嘉定赤城志》载台州"晋时不满两万户,至唐武德始及八万三千八百六十","宋兴天下平……户口津衍",自大观三年(公元1109年)迄嘉定十五年(公元1222年)户额由24.3万户增至26.6万户。从东晋至宋代九百多年内人口增加了24万多户。

宋代东南丘陵山区人口增长率不仅超过了以往任何时期,也超过同时期邻近的平原州郡。斯波义信先生曾对唐中期至北宋中期这段时间内,中国各地的人口变化情况进行了统计。根据他的统计,东南地区人口增长率达到1000%的有泉、漳、汀、建四州;400%~999%的有吉、袁、福三州;300%~399%的有洪、江、衢、信、饶、婺、黄、蕲、苏九州和南康军;200%~299%的有虔、庐、楚、濠、泗、滁六州;100%~199%的有歙、温、处、光、明、台六州。这些人口增长率超过100%的州郡中,80%以上处于丘陵山区。与此形成鲜明对比的是,在太湖平原上除了苏州外,其他州的人口增长率都低于100%。可见相对于平原地区,丘陵山区出现人口高增长趋势。宋代是东南丘陵山区农业的全面开发时期。

在丘陵山区的开发史上,梯田具有重要意义。北宋中后期是梯田肇始时期。南宋梯

---

① 《宋书》卷六七,《谢灵运传》。
② 《梁书》卷五二,《顾宪之传》。

田在南方各地推行。在一家一户为生产单位的自然经济状态下，无力修建水平面积较大的梯田。元代梯田"指十数级不能为一亩"，以致耕作的农民"不可展足，播殖之际，人则伛偻蚁沿而上，耨土而种，蹑坎而耘"。由于田面狭小，"快牛刹耜不得旋其间"①，耕作主要靠人力。梯田可以保持地力，蓄截水分，缓解坡地水土流失。梯田的出现使山区开发进入一个新阶段。

北方黄土丘陵地带是农耕民族与游牧民族武力争雄与文化交融的地带。隋唐以前游牧民族在这里占主导地位，农耕民族的势力较弱，农业垦殖范围也有限。隋唐以后，活动在这里的游牧民族接受农耕文明的影响，一部分人弃牧从农。

北宋时期，黄土丘陵地带进入较大规模的农业垦殖阶段。历史上中原王朝的西北军事防线大多设在阴山一线。北宋王朝与前代不同，朝廷推行的"重内轻外"政策，避免了武夫擅权的弊端，却导致对外战争连连失利。西北防线一反旧例，从阴山一线南移至陇山-横山-无定河一线，黄土丘陵地区的河谷成为党项铁骑南下的通道，大量北宋军队屯驻在这里。时至今日在黄土丘陵上可以见到当年屯兵堡寨遗迹。根据文献记载，宋代屯驻在陕北、陇东一带的军队达30万人，堡寨200多个。大量军队屯驻在边地，粮食供给成了一件大事。宋初守边部队的粮食主要由内地输送。宋中期军队数额不断增加，靠内地辇运供不应求，屯田自给成了军队获得给养的主要途径。边地军士为了能够获得粮食，纷纷在堡寨附近进行屯垦，黄土丘陵地区的农业垦殖空前活跃。

9.4.3 明清时期

明清时期全国人口普遍增长，平原地区大部分开发完毕，失去土地的农民为谋求生计奔向人口相对稀少的山区。

明清时期由平原向山区的移民是多方向、多路径的，对于山区开发造成较大影响的主要有这样几支：宣德至成化年间，从北直隶、山东、河南、山西、陕西各省逃亡的农民，迁徙至豫、鄂交界的荆襄地区，约有一二百万人，以后又向秦岭、大巴山迁徙；东南地区的无田农民多向闽浙皖南山区进发，地区构成以棚户为主要劳动力的农业开发；"江西填湖广、湖广填四川"是这一时期长江中游地区的主要移民方向，来自江西、湖南农民一部分进入湘西山区，另一部分经由江汉平原辗转入川；闽粤流民大多迁往荒岭僻壤的赣南山区，形成棚户。在各路移民的作用下，这一时期大部分山区得到开发。

9.5 边疆开发

东部季风区与周边地区在自然条件上的差异，导致了农业民族与游牧民族在生产方式、生活习俗、文明进程上具有不同的特征。历史时期农牧交错地带是不同生产方式民族武力争战与文化交融的场所。

《史记》记载，秦汉时期农耕区的北界基本保持在龙门碣石一线，以后随着农业生产

---

① ［元］王祯(1271—1368年)，《农书·农器图谱》。《农书》完成于1313年，共37集，分农桑通诀、百谷谱和农器图谱三部分。

的发展,农耕区不断向北移动,长城一线构成了农耕区的北界。这一界线与东部季风区吻合。

中国历史上曾有过多次疆域变动。国力强盛时期,开疆拓土,国家领土伸向大漠草原。国势衰微时,领土回缩,农牧分界地带就成为国家守边布防的前线。农牧分界地带不是国家的边疆,却是疆域伸缩的起点。中国边疆开发主要有移民实边和屯田戍边两种方式。

9.5.1 移民实边

移民实边的开垦者是列入政府编户的普通百姓。参与屯田的是军队的士兵和具有一定编制的田卒。

秦始皇统一六国后,为了防止匈奴侵扰,公元前215年蒙恬率兵30万人,开辟阴山以南土地。次年又将大批罪人徙居这里,设置了34个县。公元前211年向这一带迁民户3万户。秦代的移民实边措施,巩固了北部边疆,促进了这一地区农业开发。汉代继承秦的作法,把移民实边当作开发边地的重要手段。汉武帝时以河套为根据地,军事占领后,大规模垦荒。随着几次移民,垦荒范围不断向北、向西扩展,河套与河西农业区正式与中原地区连为一体。移民实边是秦汉以后历代王朝奉行的政策。

9.5.2 屯田戍边

以屯田形式开发边疆,可以追溯到汉武帝时期。这一时期移民与屯田并行。主要屯田区在河套、河西一带。汉以后各代采取屯田戍边政策。唐代的主要屯田地点在河西、陇右等地,宋代主要在陇东、陕北一带。北宋时期是我国历史上边衅不断的年代。宋夏之间相峙在陇山、无定河一线,屯驻了大量军队。

元朝灭亡后,蒙古残部退向蒙古草原。为了防止蒙古骑兵的骚扰,明朝政府在长城沿线设置了辽东、宣府、蓟州、大同、太原、延绥、宁夏、固原、甘肃九个边防重镇。每边都有数以万计的兵马驻守,九边共驻扎80万边军,形成庞大的军事消费区。为了保证军粮供给,规定兵士"七分屯种,三分城操"。同时在边地推行了商屯、民屯。

国力强盛的王朝移民和屯田与开疆拓土相伴而行。汉武帝时移民至河套、河西,在西域进行了大规模屯田。西域屯田地点选在土地肥沃、灌溉便利、有战略意义的冲要。轮台、渠犁(今新疆库尔勒一带)、车师(今新疆吐鲁番)、伊吾(今新疆哈密)是主要屯田区。汉王朝在西域的屯田,加深了中原王朝与西域各族在经济、文化、心理上的联系,为西域各族融入中华民族大家庭作了准备。唐王朝也曾将屯田垦殖活动扩展到西域和辽东一带。

明初将内地农民迁入西南屯戍,建立卫所。"汉人多江南迁徙者",当地"言音绝似金陵"。[①]

在历代王朝中,对边疆开发贡献最大的是清代。在人口、灾疫各方面因素的影响下,清代内地人口出关垦荒成为一种普遍现象。河北、山东人为主的"闯关东",山西、陕西人为主的"走西口",甘肃、陕西、河南人移民新疆,对农耕区的扩展起了推动作用。

---

① [明]谢肇淛,《滇略》卷四,俗略,文渊阁《四库全书》。

下 篇

专题探索

第10讲 赶超的历程

中国的赶超是一个文明古国历经沉沦后复兴为世界强国的过程。中国赶超的"每一阶段都是艰难的拼搏,有成功,有失败,但它们加到一起,对中国重现青春活力做出了贡献"[①]。

10.1 积贫积弱的起点

鸦片战争以后,我国经济江河日下,凋敝残败。1820年到1950年的130年间,我国GDP处在零增长和负增长状态。

从鸦片战争起,帝国主义八次侵略中国,清政府被迫割地赔款。1900年清政府与联军签订《辛丑条约》,赔款白银4.5亿两,加上利息,相当于一年财政收入的12倍。赔款分39年还清,也就是到1940年还清。巨额赔款迫使清政府向列强举债度日。外债总额等于年财政收入的50倍。当时国人最关切的话题是"救亡图存"。

表10-1 1900年清政府向联军各国赔款数额[②]

国　别	赔款数额/两	占总数/(%)
俄国	130 371 120	29.00
德国	90 070 515	20.00
法国	70 878 240	15.75
英国	50 620 545	11.25
日本	34 793 100	7.70
美国	32 939 055	7.30
意大利	26 617 005	5.90
比利时	8 484 345	1.90
奥地利	4 003 920	0.90
其他	1 222 155	0.30
合　计	450 000 000	100.00

朱自清散文中有这样一段:"我亲眼看见的一条最贱的生命,是七毛钱买来的!这是一个五岁的孩子。""孩子端端正正地坐在条凳上;面孔黄黑色,但还丰润;衣帽也还整洁可看。我看了几眼,觉得和我们的孩子也没有什么差异。""妻告诉我这孩子没有父母。她哥嫂将她卖给房东家姑爷开的银匠店里的伙计。""温州不算十分穷苦的地方,也没有碰着大荒年,干什么得了七毛钱,就心甘情愿地将自己的小妹子捧给人家呢?"朱自清仰天长叹:"生命真太贱了!生命真太贱了! 这是谁之罪呢? 这是谁之责呢!"[③]朱自清记录的是一个世纪前发生在我国东部沿海城市中的悲剧,是当时中国积贫积弱的真实

[①] 徐中约.中国近代史(1600—2000):中国的奋斗.北京:世界图书出版公司,2013:20.
[②] 同上,第298页.
[③] 朱自清.温州的踪迹.1924-04-09.载于朱自清散文精选.北京:中国华侨出版社,2015:14—15.

写照。

赛珍珠和福尔曼是两位美国人,分别留下对中国贫民的文字描述和摄影记录。赛珍珠是获得诺贝尔文学奖的作家,在中国江苏长大。她描绘的中国人有衣衫褴褛的乞丐,瘦骨嶙峋的病人,有野狗撕扯抛弃在山坡上的死童。当时,我国人口的平均寿命只有35岁,被称为"东亚病夫"。福尔曼的照片是抗战时期河南灾民剥树皮充饥的实景。

图 10-1　抗战时期河南灾民剥树皮充饥(1942—1943年)[①]

1949年中华人民共和国成立时,我国人均国民生产总值不到印度一半,全国国民生产总值比1936年下降24.6%,全国有80%的人不识字。

1950年我国人均GDP只有美国的5%,在141个经济体中,排在第131位,只有10个国家比我国低。其中,非洲8个国家:博茨瓦纳、布隆迪、埃塞俄比亚、几内亚、几内亚比绍、莱索托、马拉维和坦桑尼亚;亚洲两个国家:缅甸和蒙古。

积贫积弱的基础是认识中国的前提,也是研究中国赶超的起点。

10.2　改革开放前的探索

1949年中华人民共和国成立到1978年改革开放,我国实行计划经济,在计划经济体制下进行工业化的探索。千里之行,始于足下,曲折的探索经历为日后改革开放,向市场经济转型作了充分的准备。

10.2.1　计划经济体制

改革开放前,我国实行严格的计划经济体制,又称中央计划经济体制,经济活动的各

---

① 〔美〕福尔曼,威斯康星大学密尔沃基分校图书馆馆藏。

个方面,从生产、分配到流通,由中央政府调控,由中央制定的计划指标制约。在计划经济体制下,大规模经济建设在全国范围内进行生产布局,建立了一大批新兴工业城市,中部和西部的工业和基础设施建设取得初步成果。在严格的计划经济体制下,市场调节能力缺失,出现一些违背客观规律的现象。这表现在以下方面:

在工业结构上过于依仗重工业。轻工业带动重工业是多数国家工业化走过的道路。轻工业可以改善人民生活,可以为重工业积累资金、培养人才。轻工业对重工业提出装备上的需求,可以促进重工业发展。过分依仗重工业制约了轻工业的发展,也拖了整个工业和社会发展的后腿。

在技术路线上,过分强调两条腿走路,强调小土群、五小工业。一大批技术水平不高的企业增加了消耗,降低了效益,瓜分了大工业的资源。

在布局上,过分强调平衡化。我国发展工业条件较好的东部地区处在国防前线。为了布局平衡化,大量资金投向中部和西部。到1978年,东部地区在全国的比重仍在提高,如果给东部地区多一点投资,我国经济发展的状况肯定要好些。

10.2.2 以重工业为中心

我国第一个五年计划提出"以发展重工业为大规模经济建设的重点"[①]。这一方针贯穿整个计划经济时期。

苏联援助的156项是第一个五年计划建设的重心。从第一个五年计划开始,我国集中主要力量建设苏联帮助设计的156项。苏联援建的156项建设单位跨越几个五年计划才完成,它的后续影响深远。在156项中,实际开工的是150项,东北地区占56项,占投资总额44.3%;其次在西北和华北地区。

表10-2 苏联援建150个建设项目分布

地　　区	项目数	在总项目中占比/(%)
东北区	56	37.3
西北区	33	22.0
华北区	27	18.0
中南区	18	12.0
西南区	11	7.3
华东区	5	3.4

1. 第一个五年计划的主要贡献

第一个五年计划的主要贡献是初步建立了我国工业化基础。

(1) 建成东北工业基地,围绕鞍山钢铁公司建成长春汽车厂、沈阳飞机厂、富拉尔基重型机械厂等一批骨干企业。

(2) 建设包头、武汉和太原三个新钢铁厂(当时简称包武太),在我国中部形成新兴工

---

① 1952年12月22日,中共中央《关于编制1953年计划和五年建设计划纲要的指示》。

业枢纽。

(3) 在成都、重庆和西安建成一批以国防工业为主的现代企业,成为西部开发的前哨。

苏联援建的156项中,24个项目在陕西,仅次于黑龙江,与辽宁并列第二。西安一带建成国防工业和民用机械工业体系,包括航空工业、电子工业和兵器工业。西安和咸阳的纺织工业规模全国第二。同时新建和扩建17所高等学校,西安成为仅次于北京和上海的全国高等教育中心。

2. 第一个五年计划的主要失误

第一个五年计划主要失误是轻重工业比例失调。轻重工业在"一五"期间的投资比例是11.2%:88.8%。苏联援建的156项中,轻工业只有3项。轻工业投资不足影响资金积累,影响人民生活改善。东南沿海一带轻工业基础较好,由于投资不足,经济潜力未能充分发挥。"一五"期间上海得到的国家投资12.28亿元占全国同期基本建设投资2.08%,比同期上海上缴国家的固定资产折旧费还少。[1]

联合国公布的《所有经济活动国际分类》(ISIC)2012年版取消轻工业和重工业概念,将工业划分为采矿业、制造业、电力燃气及水生产和供应三个门类。2013年我国国家统计局不再用轻工业和重工业分类,与联合国分类统一。轻工业和重工业概念之所以淡出,主要有两个原因。

(1) 轻工业和重工业分类的依据是生活资料和生产资料分类,适应当年优先发展生产资料生产的方针。

(2) 工业结构从单一向复杂转化,生活资料和生产资料界线模糊化。在计划经济时期,汽车制造业主要生产卡车,是生产资料。现在,汽车制造业主要生产轿车,是生活资料。通信设备制造业产品属于生产资料,随着手机兴起,生活资料比重上升。许多工业部门无法用轻工业和重工业来区分。[2]

10.2.3 "大跃进"

1958年开始的"大跃进"是我国实行计划经济时期的特殊阶段。如果说我国计划经济时期成绩是主要的,"大跃进"三年错误就比较突出。"大跃进"的本意是突破苏联模式的束缚,闯出自己的道路,获取更高的发展速度。"大跃进"夸大主观能动作用,违反经济规律,欲速则不达。

1. 在农业领域,"大跃进"时期盲目追求高产量,放高产"卫星"

当时的口号是"人有多大胆,地有多大产",每亩地粮食产量动不动要上万斤。1958年8月13日和9月18日发布湖北省麻城县麻溪河乡、福建省南安县胜利乡早稻和花生亩产分别达到36 900斤和10 000斤,广西环江县红旗人民公社中稻亩产13万斤。虚假

---

[1] 彭敏.当代中国的基本建设(上).北京:中国社会科学出版社,1989:70.
[2] 许宪春.经济分析与统计解读.北京:北京大学出版社,2014:92.

报道对"大跃进"浮夸风起了推波助澜的作用。① 实际上"大跃进"期间全国粮食产量不升反降,1960年全国粮食产量倒退到1951年的水平。人均粮食产量下降幅度更大。粮食减产波及家畜饲养。1961年底全国存栏猪只有827万头,不到正常年份十分之一。全国人民的生活水平急剧下降,许多省份出现严重缺粮现象。

表10-3　1960年我国粮食产量②

年　份	人口/万人	粮食产量/万吨	人均产量/(千克/人)
1949	54 167	11 318	209
1950	55 196	13 213	239
1951	56 300	14 369	255
1960	66 207	14 352	216

2．工业领域的失误

在工业领域,"大跃进"提出两条腿走路方针,"手工业和机器工业相结合,土法生产和洋法生产相结合。""充分利用土钢铁、土机床和其他各种土原料、土设备、土办法。"③各地办起了一大批小铁矿、小高炉、小转炉、小煤窑、小化工、小水泥等"小土群",力图实现"公社工业化"。小土群和社队工业化投入的资金和劳动力从农业中抽调,技术和管理水平低下,产品质量低劣,造成资源的浪费。④

工业方面的第二个失误是过早提出建立大而全的工业体系,违背了生产区域分工的经济规律。陈云指出:"在一个省、自治区以内,企图建立完整无缺、样样都有、万事不求人的独立工业体系,是不切实际的。""勉强去办那些难以办到的事情,而不积极去办那些可以办到的和在全国范围内迫切需要办的事情,这在经济上是不合理的。"陈云还例举,生产大型火力发电设备需要在全国组织80多个大中型机械制造企业协作,在一个省、市、自治区内难以单独完成。⑤

由于粮食等食物短缺,"严重影响人民群众的健康,城乡普遍发生浮肿病,患肝炎和妇女病的人数较多,出现大量人口非正常死亡现象,人口呈现出低出生率、高死亡率态势。"⑥1961年全国人口比1959年减少1348万人。安徽省人口减员状况突出,1960年人口死亡率等于正常年份5.5倍,1961年全省人口比1959年减少1/8。

---

①　郑有贵.中华人民共和国经济史(1949—2012).北京:当代中国出版社,2016:154.
②　农业部计划局.农业经济资料手册.北京:农业出版社,1959.
③　中共中央文献研究室编.关于人民公社若干问题的决议.摘于建国以来重要文献选编.第11册:610.
④　高伯文.中国共产党区域经济思想研究.北京:中共党史出版社,2004:167.
⑤　陈云.当前基本建设工作中的几个重大问题.红旗,1959,(5).
⑥　郑有贵.中华人民共和国经济史(1949—2012).北京:当代中国出版社,2016:69.

表 10-4 1959—1962 年我国人口波动①

年 份		1959	1960	1961	1962
人口/万人	全国	67 207	66 207	65 859	67 295
	安徽	3427	3043	2988	3134
	贵州	1744	1642	1623	1664
	河南	4979	4818	4803	4940
	甘肃	1293	1244	1210	1240
自然死亡率/(‰)	全国	14.59	25.43	14.24	10.02
	安徽	12.36	68.58	8.11	8.11
	贵州	20.28	52.33	23.27	11.64
	河南	14.10	39.56	10.20	8.04
	甘肃	17.36	41.32	11.48	8.25

10.3 三线建设

三线建设是我国经济建设的重要历程。从1964年三线建设启动到1975年收缩,前后12年。三线建设的调整工作经历20年,到1995年最后完成。②

10.3.1 大三线和小三线

三线建设全称三线战略后方建设。三线建设的起因是对国际形势的估计,认为第三次世界大战不可避免,从战备需要,把全国建设分成一线、二线和三线。

一线以沿海地区为主,包括北京、天津、河北、辽宁、黑龙江、吉林、山东、江苏、上海、浙江、福建和广东。

三线是四川、贵州、云南、陕西、甘肃、宁夏、青海七省区,山西、河南、湖北、湖南、广西等省区靠内地的部分。

二线介于一线和三线间。京广铁路沿线是二线的主轴。

1969年中苏发生武装冲突,三北(东北、华北、西北)三线大幅度收缩,甘肃乌鞘岭以西、宁夏银川以北不再作为大三线。

按照省自为战的要求,一线和部分二线地区设小三线,生产步枪、手榴弹、迫击炮、机枪等小型常规武器。小三线所在地域如下:黑龙江在尚志;吉林在辉南;辽宁在朝阳、凌源;山西在长治;河北在太行山;山东在沂源;浙江在云和、龙泉;江苏在盱眙;河南在济源;湖北在襄阳;江西在万载、安福;广东在连县、连山、连南;新疆在和静;甘肃在平凉。上海和天津的小三线分别在皖南和河北邯郸。福建全省划成三线:一线是福州、厦门、宁德、泉州和漳州沿海地区;二线是建瓯、南平和龙岩一带;三线是鹰厦铁路以西,长汀、连

---

① 国家统计局国民经济综合统计司.新中国五十年统计资料汇编.北京:中国统计出版社,1999.
② 陈东林.三线建设——备战时期的西部开发.北京:中共中央党校出版社,2003.

城、清流、宁化、建宁、泰宁、光泽、顺昌、建阳、松溪、政和一带。

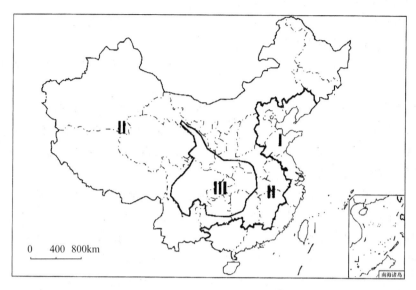

图 10-2　一、二、三线示意图①

三线建设主要用两个方式进行：一是沿海老企业向三线搬迁；二是在三线建新厂。两个方式都以沿海老企业对口支援为立足点。"好人好马上三线"是当时的动员口号。

10.3.2　三线建设的成果

1. 三线建设的主要成果

三线建设初步改变我国东西部经济布局不平衡的状况，初步建立西南和西北两个工业体系和国防战略后方。

(1) 建成以成昆、川黔、滇黔等铁路为骨架的西部铁路网络，初步改变西部交通闭塞的状况。

(2) 建成西部能源基地，包括六盘水、渭北等煤炭工业，四川、长庆等油气田，葛洲坝、刘家峡等水电站。

(3) 建成攀枝花、酒泉、长城(德阳)、水城等钢铁工业，金川、白银等有色金属企业。

(4) 建成德阳动力城、绵阳电子城、十堰汽车城等一系列机械工业基地。德阳有电机、汽轮机和锅炉厂，生产大型火电和水力发电设备。绵阳有银河电子计算机、大型风洞等设备，生产微波导航、雷达预警和电子指挥系统。

2. 三线国防工业建设的主要成果

(1) 在贵州、陕西、四川建成新的航空工业生产基地，航空、航天研究与试验基地。

(2) 甘肃酒泉和四川西昌建成两座发射站，形成我国导弹和运载工具的研究制造基地。

---

① 陆大道. 中国区域发展的理论与实践. 北京：科学出版社，2003：553.

(3) 在甘肃、陕西、四川等地建立核武器研制、试验基地,拥有从铀矿开采、冶炼、提取、元件制造到核动力、核武器制造的能力。

(4) 在四川、贵州、陕西建立军用电子工业基地,适应微波导航、低空警戒、雷达预警、电子指挥、导弹制导、卫星跟踪等现代战争的需要。

(5) 常规兵器建成以重庆为中心的生产基地以及豫西、湘西、鄂西三个小型生产基地。

同时,西部建立了一批科研和设计院所,西部的高等教育院校得到加强。

在三线建设中重庆、成都、西安、兰州等原有工业中心升级加强。攀枝花、绵阳、德阳、六盘水、都匀、凯里、金昌、白银、宝鸡、汉中、曲靖、格尔木等新兴工业城市相继涌现,带动西部经济和文化繁荣。

以四川德阳市为例,当今成为世界著名的重型装备制造业基地,三线建设打下的基础做出了决定性贡献。到2015年,德阳是世界最大的锻铸钢中心、发电设备制造中心。德阳大型装备占全国的比重如下:核电设备60%;大型轧钢设备50%;水电机组40%;火电机组30%;大型船用铸件20%。德阳和哈尔滨、上海组成全国三大动力设备基地。

三线建设动员了几百万工人、干部、知识分子、解放军,在"备战备荒为人民""好人好马上三线"的号召下,跋山涉水,来到西部深山峡谷,风餐露宿,用十几年时间的艰辛和汗水,建起西部上千个企业和科研单位、大专院所,写下了我国赶超史上光辉的一页。①

10.3.3 "靠山、分散、隐蔽"

1. 三线建设布局贯彻"靠山、分散、隐蔽"方针

国防企业选址,适当地"靠山、分散、隐蔽"是无可非议的。但是,忽视经济效果,过度强调"靠山、分散、隐蔽",事与愿违,既不利于经济发展,也不利于国防巩固。按照"靠山、分散、隐蔽"方针布局,既有成功的范例,也有失败的教训。

攀枝花钢铁工业基地选址时共有18个地点,最后筛选出乐山九里、西昌牛郎坝和攀枝花弄弄坪三处。乐山九里地势平坦,离工业城市近,离铁矿和煤矿远。西昌牛郎坝历史上发生过大地震,地质构造不稳。攀枝花蕴藏丰富铁矿,缺点是三面临水,只有2.5平方千米土地,在狭小的土地上建厂采取紧凑布局。攀枝花属于亚热带半干旱气候,木棉树漫山遍野,春天木棉花盛开一片火红。木棉花当地称攀枝花,这是村名和厂名的由来。1965年2月设立攀枝花特区,包括四川会理、盐边各一个区和云南永仁、华坪各一个区,取名渡口市。

与攀枝花钢铁基地配套的是贵州六盘水煤炭钢铁基地。六盘水煤炭储量丰富,煤质好、品种齐、埋藏浅、易开采。六盘水煤供应攀枝花,回程由攀枝花供应六盘水铁矿,建水城钢铁厂,可以充分利用运力。

---

① 高伯文.三线建设——备战时期的西部开发.北京:中共中央党校出版社,2003:396—407.

2. 对"靠山、分散、隐蔽"方针的片面理解违背经济效益原则

"靠山"的结果是"依山傍水扎大营",在山沟选址,远离城市,交通不便。"分散"的结果是同一个企业的车间散布在不同的地点,工序联系不便,增加基建投资和生产成本。群众称这类布局是"羊拉屎"和"瓜蔓式"。"隐蔽"的结果是企业"镶、嵌、埋、贴"在山里,有些企业的关键设备建在山洞里。1969年到1975年建成的十堰第二汽车厂,20多个工场分散在不同的山沟中,延展65千米。陕西汉中飞机制造基地分散在两个专区、7个县、3000平方千米范围内。这类企业,为了满足职工生活必需,自己办学校、医院、商店,形成小社会,负担沉重。

不少三线企业边勘察、边设计、边施工,又称"三边"。"三边"的结果是勘察不周,设计不全。天水锻压机床厂建在泥石流多发区。1990年8月11日突发泥石流,全厂60%被埋。幸亏当时大部分职工回宿舍抢救洪水灾害,留守厂内的7名职工遇难。[①]

军工企业是国防单位,要符合国防安全原则。军工企业也是经济单位,要符合经济规律,讲经济效果。企业过于分散,原材料和零部件供应不便,基建费用高,生产成本高,企业的竞争力下降。[②] 江西有个炮弹厂,弹体车间和弹壳车间相距150千米,生产工人超额1/3,生产成本超过国家定价64%。[③] 贵州新建飞机厂生产的歼击机受布局分散影响,成本比辽宁老厂高一大截。

3. 三线建设的重要历史背景

(1) 对国际形势的误判。三线建设的起因是认为第三次世界大战迫在眉睫。从国际形势分析,同时存在防止战争的可能。美苏两国多次陷入战争边缘,没有大动干戈,说明世界大战可以避免。

(2) "文化大革命"的干扰加剧了三线建设的负担。"文化大革命"期间派性对立,政局动荡,企业经常停工、停建。重庆、泸州、西安等地动用军工企业火炮、坦克参加武斗。泸州武斗死亡2000余人。部分内迁企业职工回上海"闹革命"。贵阳永阳电表厂一段时间只剩下厂长和党委书记两人留在厂中。1969年,在"四人帮"的主持下,提出大军工计划,把布局上的错误推到顶点。1969年到1971年,航空工业新开工的46个项目,没有资料和设计的项目有36个。[④]

从1984年起,对三线企业进行全面调整。调整采用"关、并、转、迁"四字方针。易地搬迁有四个原则:① 向企业所需要的原料产地搬迁;② 向产品的消费地和市场搬迁;③ 向有利于发挥技术优势和技术协作的地点搬迁;④ 向信息和技术密集的大中城市搬迁。不少三线企业在经济特区等沿海口岸建立窗口和协作关系。经过10年努力,三线调整工作告一段落。调整的本质是纠正违反经济规律的错误布局,回到符合经济规律的轨道。[⑤]

---

① 甘肃三线建设领导小组.甘肃三线建设.兰州:兰州大学出版社,1993:21—37.
② 高伯文.中国共产党区域经济思想研究.北京:中共党史出版社,2004:242.
③ 阎放鸣.三线建设评述.党史研究,1978,(4).
④ 高伯文.三线建设——备战时期的西部开发.北京:中共中央党校出版社,2003:226.
⑤ 同上书:366.

10.4 改革开放

开放是区域发展必由之路。无论哪一个地区,闭关自守,都不能把比较优势转化为现实优势,都要落后。从1950年到2000年半个世纪里,全世界商品产量增加6倍,商品贸易量增加20倍。商品贸易量超速增长,说明区域间分工协作加强,走向一体化。

开放和改革是紧密联系的整体,开放需要改革支持。

10.4.1 "摸着石头过河"

1949年到1952年我国处在恢复时期,恢复第二次世界大战以来遭受的创伤。1953年到1977年,我国GDP平均年增速4.3%,比世界经济平均增速快一点。真正意义上的赶超从1978年改革开放起步。

我国改革开放的形式是渐进式的。"摸着石头过河"是对我国改革开放的形象描述。与"摸着石头过河"呼应的是"不管黑猫白猫,捉着耗子就是好猫"。"摸着石头过河"的本质是实事求是,从中国实际出发,探寻中国社会发展的规律。

1. 我国渐进式改革开放的主要特征

一是一切通过试点。政策、方针、方案,在小范围内先行试点,成功后向全国推广。试点可以用较小的代价探索正确的方向,有了错误可以及时纠正,不会阴沟翻船,伤筋动骨,导致全局性错误。

二是尊重人民群众的创造性。改革开放是人民的事业,人民群众走在前面,有理想、敢探索。对人民群众的有益探索加以整理、提纯,可以少走很多弯路。

三是不拘一格,稳步推进。哪个地区条件好,哪个地区先改革。哪个部门条件成熟,哪个部门先改革。稳步前进改革可以保证经济的持续增长。

我国采取渐进式改革开放的主要原因是改革的复杂性。改革包括经济改革、社会改革和政治改革。这三方面改革互相交错,互相补充。经济改革创造财富,可以为社会改革、政治改革提供物资保障。社会改革的核心是分配,把做大的蛋糕分配均匀,让全社会共享发展成果。社会改革把一部分人创造的财富拿出来再分配,触及那部分人的利益,难度比经济改革大些。政治改革的核心是权力再分配。一个不作为、慢作为、乱作为的政府什么经济改革和社会改革都难以推进。政治改革要求一部分人让出权力,放弃权力比放弃财富难度更大。经济改革、社会改革、政治改革相互促进,相互交织,决定改革开放的渐进性。

根据我国国情,经济改革有三大亮点:① 所有制改革;② 管理体制改革,由计划经济向社会主义市场经济转化;③ 农村改革。

2. 经济改革的核心是所有制

打破公有制一统天下的局面,形成"公有制为主体,多种所有制共同发展的基本经济制度"。[①] 改革确认"个体经济、私营经济等非公有制经济是社会主义市场经济的重要组

---

① "中华人民共和国宪法"第六条.北京:中国法制出版社,2015.

成部分"。"国家保护个体经济、私营经济等非公有制经济的合法权利和利益。""允许外国的企业和其他经济组织或者个人依照中华人民共和国法律的规定在中国投资,同中国的企业或者其他经济组织进行各种形式的经济合作。"①民营企业和外资企业、合资企业蓬勃兴起推动我国经济发展。

在改革过程中,严格的中央计划经济逐步转化为社会主义市场经济。1988年通过的宪法中仍有很强的计划经济色彩:"国家在社会主义公有制基础上实行计划经济。国家通过经济计划的综合平衡和市场调节的辅助作用,保证国民经济按比例协调发展。"1993年宪法修改为:"国家实行社会主义市场经济。""国家加强经济立法,完善宏观调控。"②在社会主义市场经济中,国家通过经济立法和中长期规划、顶层设计对国民经济实行宏观调控,同时依靠市场的决定性机制推动国民经济有序发展。

中国革命从农村开始,中国改革也是从农村开始。1978年安徽凤阳小岗村18位农民的协议书揭开农村改革的序幕。协议书写道:"我们分田到户,每户户主签字盖章,如以后能干,每户保证完成每户全年上交和公粮,不在(再)向国家伸手要钱要粮;如不成,我们干部作(坐)牢杀头也干(甘)心,大家社员也保证把我们的小孩养活到18岁。"这份协议书渗透着农民对旧体制的不满和渴望改革的决心。

1981年全国大部分农村建立家庭联产承包责任制,中国农村生产关系发生剧变。1978年到1988年每个农村劳动力创造的产值增长1.8倍。农民生产效率提高后,富余劳动力从土地上解放出来,进入城市,为经济腾飞做出新贡献。

3. 我国采取渐进式改革有深刻的文化基础

我国意识文化的核心观念之一是中庸。中庸讲大局平衡,不偏不倚,把握分寸。中庸认为过犹不及,"一阴一阳之谓道",凡事做过了头,像做得不够一样。任何事物都处在阴阳消长过程中,存在对立面的转化,都需要和谐与平衡。

10.4.2 大步赶超

改革开放以来,我国经济大步赶超,上演了世界经济史上的华丽篇章。改革开放,改变了我国在国际舞台上的地位,改变了世界地缘关系的格局。关于我国的经济赶超,可以从经济规模赶超和增长速度赶超两方面分析。

1. 增长速度方面

1997年亚洲金融危机,2008年世界金融危机,我国都平安渡过。从1979年到2016年的38年期间,我国GDP平均年增速9.6%,按人口平均,年增速8.5%,38年走过的路,相当于按世界平均速度120年走过的历程。38年中,有14个年份增速达到两位数,增速最低的1990年也有3.9%的业绩,高于世界平均速度。③

2. 经济规模方面

1980年我国占世界GDP总额1.72%,排序第13位,2010年上升到第2位,平均3

---

① 邓小平.在军委扩大会议上的讲话.邓小平文选(第3卷).北京:人民出版社,1993:127.
② 中华人民共和国宪法.北京:中国法制出版社,2015:16、18.
③ 国家统计局国民经济综合统计司.中国统计摘要·2017.北京:中国统计出版社,2017:24.

年赶超一个国家。

在发展中国家中,1980年我国低于墨西哥、巴西、印度,占第4位。到1982年超越墨西哥;到1992年超越巴西;到1994年我国经济规模超过印度,成为最大的发展中国家。

与印度比较,1980年印度的经济规模略大于我国;2016年我国的经济规模等于印度4.8倍,上海、江苏和浙江两省一市的经济规模比整个印度还大。

表10-5 1980年与2016年世界GDP前20位国家

国　　家	1980年 GDP/10亿美元	国　　家	2016年 GDP/10亿美元
1. 美国	2863	1. 美国	18 959
2. 日本	1087	2. 中国	11 968
3. 苏联	941	3. 日本	4348
4. 联邦德国	920	4. 德国	3513
5. 法国	690	5. 英国	2981
6. 英国	542	6. 法国	2526
7. 意大利	460	7. 印度	2510
8. 加拿大	273	8. 巴西	1927
9. 巴西	235	9. 意大利	1880
10. 西班牙	226	10. 加拿大	1684
11. 墨西哥	194	11. 韩国	1509
12. 印度	190	12. 俄罗斯	1375
13. 中国	189	13. 墨西哥	1300
14. 荷兰	181	14. 澳大利亚	1281
15. 沙特	164	15. 西班牙	1259
16. 民主德国	164	16. 印尼	951
17. 澳大利亚	150	17. 土耳其	790
18. 瑞典	135	18. 荷兰	768
19. 比利时	125	19. 沙特	705
20. 瑞士	113	20. 瑞士	695

资料来源:国际货币基金组织(IMF)数据库。

1980年有9个发达国家的经济规模比我国大。在20世纪,我国的经济规模超越了3个发达国家。21世纪前10年,我国的经济规模又赶上5个发达国家。到2010年赶上日本,我国开始以世界第二经济规模的大国出现在世界上。其中:

赶超对象国	西班牙	俄罗斯	加拿大	意大利	英国	法国	德国	日本
年　代	1982年	1994年	1995年	2000年	2005年	2006年	2007年	2010年

与日本比较,1980年我国GDP规模等于日本的17.4%,2016年我国GDP规模等于

日本的 2.7 倍。

与美国比较,1980 年我国 GDP 规模等于美国的 6.6%,2016 年等于美国的 63%。根据预测,2017 年我国与美国差距进一步缩小到等于美国的 67.7%。[①]

在经济规模增长的同时,我国成为世界第一贸易大国、第一外汇储备国和开发性金融融资国。中国国家开发银行超过世界银行成为全球最大的国际融资机构。我国持有美国国债 1 万亿美元,与日本同为美国最大的债权国。

我国经济赶超证明路线和政策的重要性。我国的社会主义制度没有变,我国的政体没有变,采取改革开放的路线和政策,面貌焕然一新。我国经济大步赶超向世界宣告科学社会主义具有旺盛的生命力,是值得为之奋斗的宏伟目标。

10.4.3 我国仍是发展中国家

改革开放后,我国经济大步赶超。然而,从本质上讲,我国仍是发展中国家,具备发展中国家的特征。

联合国按人均 GDP 指标将各国分成四类:
(1) 高收入国家(人均 GDP 12275 美元以上);
(2) 中上等收入国家(人均 GDP 4125 美元到 12 274 美元);
(3) 中下等收入国家(人均 GDP 1045 美元到 4124 美元);
(4) 低收入国家(人均 GDP 1044 美元以下)。

改革开放以来,我国经济实现连续大跳跃。第一次跳跃,2002 年人均 GDP 1132 美元,完成从低收入国家走向中下等收入国家。第二次跳跃,2010 年人均 GDP 4395 美元,完成从中下等收入国家走向中上等收入国家。2010 以来,我国为第三次跳跃走向高收入国家积累力量。2016 年我国人均 GDP 比 2010 年增加一倍。

表 10-6　1980—2016 年我国人均 GDP 增长

年　份	GDP/10 亿美元	人口/百万人	人均 GDP/美元
1980	189	987	191
2002	1454	1285	1132
2010	5930	1341	4395
2016	11 968	1383	8655

资料来源:曼联吧,2017-09-21.

2016 年世界银行对全球 191 个国家和地区的经济发展水平排序。全球 191 个国家和地区好像一个庞大的马拉松赛队伍,我国正好处在中间方阵,居第 74 位。2016 年全球人口人均 GDP 10200 美元,我国人均 8655 美元,在平均线以下。我国经济赶超的道路仍很漫长。

发展中国家的特征是地区间经济发展不平衡。我国城乡间、地区间、行业间的不平

---

① 世界经济信息网,World Economy WWW.8pu.com.

衡状态突出,是属于发展中国家的表现。

10.5 中高速增长新常态

从 2015 年起,我国经济进入中高速增长新常态。中高速增长新常态的标志是 GDP 年增长率进入"6"时代。2015 年和 2016 年分别增长 6.9% 和 6.7%。

10.5.1 进入新常态的机制

我国经济进入新常态的机制是增长方式的转变,由追求数量向提高质量转变,由高消耗向高效益转变。转入新常态后,去产能、去库存,压低了增长速度,提高了发展的可持续性。

我国"大干快上",带来不少后遗症。最突出的后遗症是粗放式增长,高消耗、高污染工业膨胀。从 1978 年到 2016 年我国不少初级产品的产量成数十倍增长,有些产品占世界总产量一半左右。

表 10-7 1978—2016 年我国工业产品增长

产品	单位	1978	2016	2016/1978
水泥	万吨	6524	241 352	37
平板玻璃	万重量箱	1784	77 402	43
钢	万吨	3178	80 836	25
原铝	万吨	30	3187	106

资料来源:国家统计局国民经济综合统计司.中国统计摘要·2017.北京:国家统计出版社,2017:130—131.

粗放式增长的后果是:① 经济效益低,我国能源消耗居世界第一,远远超出经济在世界上的比重;② 污染量大,我国碳排放量世界第一;③ 资源对境外依赖率高,铜矿石、铁矿石、原油对外的依赖率分别是 80%、70% 和 60%;④ 产大于需,大批产品涌向国际市场,有些企业刚建成就列入去产能目录,造成社会财富浪费。

高消耗产业失控与我国一段时期追求 GDP 有关。2000 年到 2013 年固定资产投资对我国 GDP 的贡献率在 50% 以上,其中,2009 年高达 87%。不少地区,投资依赖土地出让金。按照我国城市规划的开发区面积计算,可以容纳 34 亿人口,土地资源浪费现象突出。

我国进入世界第二大经济体后,经济的盘子大了,增速进入"6"时代,增量依然可观。这两年我国经济每年的增量相当于增加一个荷兰这样重要的经济体,按照每年增量排序,可以在世界经济体队伍中排在 20 位以内。

10.5.2 跨越"中等收入陷阱"

我国经济达到中等收入水平后向高收入国家前进,要跨越"中等收入陷阱"。"中等收入陷阱"是一个经济体进入中等收入后,经济增长乏力,长期无法进入高收入行列。世界银行对"中等收入陷阱"的表述是一个经济体从中等收入阶段向高收入阶段迈进时期的经济增长问题,是发展中国家人均收入为什么不再向发达国家接近问题。

中等收入向高收入迈进,不单是量的变化,而是质的更新,是创造经济价值能力的更新。中等收入迈向高收入是低成本优势转向高附加价值增长方式的转变。突破"中等收入陷阱"依靠人才和技术,要创造有利于培养人才和技术的制度环境。

1. 落入"中等收入陷阱"的国家

落入"中等收入陷阱"的国家在东南亚有泰国、菲律宾等,在拉丁美洲有阿根廷、巴西、墨西哥等。这些国家自然资源比较丰富,以信息通信产业为代表的高新技术产业滞后,工业竞争力不强。以阿根廷为例,人少地多,土地肥沃,矿产丰富。20世纪初,阿根廷大量出口牛肉和粮食,是世界著名的肉库和粮仓。阿根廷工业效率不高,在国际市场上缺乏竞争力。1900年阿根廷人均GDP等于美国1/2,到2015年只有美国24%。2001年阿根廷成为世界上最大的债务违约国。阿根廷发展迟缓有政治、社会多方面原因,缺乏创新能力是重要的一条。

第二次世界大战后,韩国从低收入国家,进入中等收入国家,又从中等收入国家,跨越"中等收入陷阱",步入高收入国家,受到世界各国的关注。韩国受儒家文化影响很深,重视教育,是经济大步赶超的重要原因。

1962年韩国GDP总规模23亿美元,人均GDP只有87美元。第二次世界大战后,韩国首先普及小学教育,发展劳动密集型产业。20世纪70年代韩国强化职业技术教育,配合钢铁、造船、化工、汽车等资本密集型工业发展。进入新世纪,韩国信息通信产业崛起,努力发展高等教育,扩大研发投资。韩国与以色列是世界上研发投资占GDP比重最高的两个国家。2004年韩国GDP总规模居世界第15位,人均GDP 1.4万美元,进入高收入国家门槛。2016年韩国GDP总规模上升到世界第11位,人均GDP 2.9万美元,超过西班牙水平,成为发达国家之一。信息通信产业对韩国持续发展起到护航作用。国际电信联盟2015年发布ICT发展指数,韩国高居世界首位。[①]

2. 我国跨越中等收入门槛的内动力

2016年我国人均GDP 8655美元,离世界银行提出的高收入国家门槛人均12 275美元有相当大的差距。我国有继续前进的内动力,有条件跨越中等收入门槛。2017年摩根士丹利公布的报告认为我国能够在2027年前进入高收入国家行列。

首先,我国科学技术引领经济发展。我国信息通信行业发展势头良好。世界知识产权组织报告,2005年以来在3D打印机和机器人工程领域,来自中国的专利申请占全球1/4;在纳米技术领域,中国是第三大专利申请国,占全球申请量15%。

其次,我国第三产业发展潜力巨大。2016年我国第三产业在国民经济中的比重是51.6%,低于发达国家,也低于印度。生产性服务业和生活性服务业离满足社会需要都有差距。金融、物流、医保、教育、旅游等行业在我国都是蒸蒸日上的朝阳产业。

最后,我国基本建设拉动力强盛。2016年末我国城镇人口比重57.4%,处在城市化

---

① ICT发展指数(Information and Communication Technology Development Index)是国际电信联盟监测信息通信产业的综合指标,包括11个要素。

高潮。我国植树造林、改良沙漠、保护江河湖海等生态治理工程浩大。我国铁路、公路、港口、空运、电网、水利等建设规模空前,拉动经济持续发展。

10.5.3 扶贫

1. 我国贫困人口主要在农村,区域经济平衡发展的重点是农村扶贫

1993年世界银行根据12个最贫困国家购买力平价的中间值,将每人每天1.08美元作为国际通用的贫困标准。2015年世界银行将国际贫困线上调到每人每天1.9美元。我国确定的脱贫标准是"两不愁三保障":"两不愁"是指不愁吃和不愁穿,"三保障"是指义务教育、基本医疗和住房安全有保障。根据"两不愁三保障"标准,2015年我国采用的贫困线是每人每年收入3000元人民币。

根据世界银行测算,从1990年到2010年,世界贫困人口减少6.95亿人,其中,我国减少5.26亿人,占世界减贫总人数75.7%。我国正在对世界扶贫事业做出重大贡献。

2. 我国的精准扶贫

2016年我国剩余贫困人口5675万。剩余的这些贫困人口是难啃的硬骨头,需要花费更高的成本。总结前期扶贫经验,我国提出精准扶贫方针。精准扶贫要求措施精确到户,根据贫困地区和贫困户的实际,实施精确识别、精确帮扶、精确管理、精确安排项目。精准扶贫的目标是全民脱贫,不留锅底。

我国实施精准扶贫有强大的政治基础,有雄厚的经济实力。政治上,我国发挥社会主义制度优越性,以人为本,通过顶层设计、政策保障、组织安排,确保扶贫。经济上,我国可以承担扶贫巨额费用,推行全民共享的公共政策,建设海陆空一体的交通网络,建设现代化的水利设施、农村电网和通信网络。

精准扶贫大体有五方面内容:

(1)发展生产扶贫。发展生产是扶贫主渠道,产业扶贫要发挥比较优势,选准特色农业、乡村旅游、光伏发电等产业。

(2)生态保护扶贫。我国不少贫困区是生态重点保护区,生态修复、生态保护是脱贫的主要岗位。有些荒山、荒沟、荒丘、荒滩,在修复生态的同时,可以发展休闲农业。

(3)教育扶贫。普及教育,资助贫困地区子弟深造,使贫困地区子弟与全国其他地区处在同一个起跑线上,是脱贫的根本保障。

(4)易地扶贫。在"一方水土养不活一方人",缺乏生存条件的地区,搬迁到条件较好地区是脱贫的唯一选择。缺乏生存条件地区主要有四类:① 生态环境脆弱、水土资源匮乏,不宜开发地区;② 滑坡、崩塌、泥石流等地质灾害多发地区;③ 地方病发病率高,难以根治的地区;④ 远离城镇和交通干线,基础设施和公共服务延伸成本过高的地区。搬迁采取集中安置和分散插花相结合形式。集中安置点主要在城镇附近、交通道路沿线、新建产业园区。搬迁的方针是以产定迁,以岗定迁,做到搬得出,稳得住,能脱贫。第十三个五年计划我国易地扶贫的规模达1000万人。

(5)政策兜底。对于失去劳动能力的人群,通过社会政策低保覆盖兜底。这部分人群的规模大体与易地搬迁人数相当。

第11讲 分区述要

我国环境复杂,区域差异明显,东部、中部、西部和东北四区在发展水平和发展道路上,都有特色。

11.1 区域经济平衡化

区域经济平衡化是社会发展的客观规律,是工业化国家,特别是后工业化国家的普遍趋势。世界上区域经济严重不平衡的国家大都是发展中国家。我国是社会主义国家,提高人民福祉是建设的最高目标,我国的制度和政策推动区域经济平衡化。

11.1.1 漫长的平衡化历程

1. 全国经济布局出现平衡化趋势

改革开放以来,我国区域经济的发展态势分两个阶段,世纪之交是分水岭。改革开放初期,我国东部地区增长速度领先,优先融入世界一体化市场。进入21世纪,通过西部大开发、中部崛起、振兴东北等发展战略,全国经济布局出现平衡化趋势,经济发达地区和经济滞后地区的差距开始缩小。

以长江流域为例:上游云南省代表相对滞后地区,下游上海市代表相对发达地区。1978年上海和云南人均GDP的差距是11∶1。改革开放后,两地的差距收窄,2016年只有3.6∶1。上海和云南经济发展差距收窄是我国经济分布平衡化的标志。

表11-1 长江流域上、中、下游人均GDP比较(以云南为100)

地 区	1952	1978	1998	2016
上海	914	1105	648	363
江苏	187	190	230	305
湖北	128	147	144	176
云南	100	100	100	100

资料来源:国家统计局国民经济综合统计司,新中国五十年统计资料汇编,摘于中国统计摘要·2017,北京:国家统计出版社。

改革开放以来,我国地区间发展快慢的差异是相对的,发展是绝对的。全国各省、市、自治区都在高速发展中,犹如万马奔腾。2016年我国有9个省级行政区人均GDP超过10 000美元,包括北京、天津、上海三市,江苏、浙江、内蒙古、福建、广东和山东六省和自治区。省和自治区中人均GDP最高的江苏省是14 300美元,超过波兰和匈牙利等中东欧国家水准;人均GDP最低的甘肃省4135美元,达到中等收入国家水平。

2. 与美国比较,我国区域间经济发展差距仍有压缩的空间

美国50个州中,2015年经济最发达的三个州与经济滞后的三个州差幅是2∶1,比我国当前的差幅小。人均GDP最高的三个州是阿拉斯加、纽约和康涅狄格。阿拉斯加

州虽1/3在北极圈内,但因发现两座大油田,用高薪聘请职工,拉高了收入水准。纽约州和康涅狄格州的主体是纽约大都市圈。康涅狄格州是富人集聚的地方,有重要的兵工厂和著名的耶鲁大学。美国人均GDP最低的三州是密西西比、西弗吉尼亚和爱达荷。密西西比州是美国黑人比重最高的州,黑人占人口37.2%。西弗吉尼亚和爱达荷分别位于阿巴拉契亚山和落基山的深处。西弗吉尼亚州曾是美国第二大产煤区,经济受煤矿衰退拖累。

表11-2 美国分州人均GDP比较(2015年)

排序	州名	GDP/(美元/人)	以最低州为100
1	阿拉斯加	73 474	206
2	纽约	72 965	204
3	康涅狄格	72 311	202
48	爱达荷	39 398	110
49	西弗吉尼亚	38 567	108
50	密西西比	35 717	100

11.1.2 四大经济区发展态势

根据1952年到2016年大数据,我国四大经济区发展态势分三个类型。

1. 比较优势突出的东部地区

东部地区具有区位、地形、水文、文化等比较优势。半个多世纪以来,东部地区经济在全国的比重节节攀升。进入21世纪,东部地区的比较优势仍有强劲表现。东部地区面积占全国9.5%,2016年人口占全国38.4%,GDP占全国52.3%。东部地区以不到全国1/10的面积,创造了全国一半以上的财富。

2. 后发优势突出的西部地区

西部地区面积占全国71.4%。进入21世纪以来,西部地区在全国经济中的比重开始上升,是后发优势的表现。西部地区人口在全国的比重也在上升。西部人口上升有两个原因:一是政策,西部少数民族较多,控制人口增长的政策较宽松;二是迁移,东部和中部的劳动力和技术力量不断迁入西部地区。

3. 中部地区和东北地区,经济在全国的比重下降

中部山西、河南、安徽、湖北、湖南和江西是农业大省和人口大省。六省占全国面积1/9。农业在经济结构中的比重下降和农村人口城市化,决定中部各省在全国经济和人口中的比重双下降。

东北是我国第一个重工业基地,改革开放前在全国经济中的地位显赫,1978年东北占全国经济规模1/7。东北地位下降有合理性一面,反映全国普遍走上工业化道路。作为全国第一个重工业基地,东北旧体制包袱较重,影响改革步伐。东北在体制和观念改革方面任务沉重。

表 11-3　我国四大经济区概况

指标	年份	在全国占比/(%)			
		东部	中部	西部	东北
面积		9.5	10.8	71.4	8.3
人口	1952	36.1	30.4	25.9	7.6
	2016	38.4	26.6	27.1	7.9
GDP	1952	43.3	23.6	18.9	14.2
	1978	44.5	22.0	19.2	14.3
	1998	51.1	21.2	17.7	10.0
	2016	52.3	20.6	20.3	6.8

资料来源：国家统计局国民经济综合统计司.中国统计摘要·2017.摘于新中国五十年统计资料汇编.北京：中国统计出版社.

11.2　东部率先发展

京津冀、长江三角洲和珠江三角洲三大城市群是东部地区的核心。以三大城市群为基础，东部地区可以分成四大片。

（1）以北京为核心的京津冀，2016 年占全国生产总值近 1/10。

（2）以上海为核心的沪苏浙，2016 年占全国生产总值近 1/5。

（3）以广州、深圳为核心的粤琼闽，2016 年占全国生产总值 1/7。粤琼闽是改革开放后发展最快的所在。

（4）山东自成一片。

表 11-4　东部地区生产总值在全国占比　　　　　　　　（单位：%）

地区	1952	1978	1998	2016
1. 京津冀	10.4	11.0	9.1	9.6
北京	1.3	3.2	2.4	3.2
天津	2.2	2.4	1.6	2.3
河北	6.9	5.4	5.1	4.1
2. 苏浙沪	18.5	19.0	19.2	19.5
上海	6.2	8.0	4.5	3.6
江苏	8.2	7.3	8.7	9.9
浙江	4.1	3.7	6.0	6.0
3. 粤琼闽	7.1	7.9	14.1	14.5
广东	5.0	5.5	9.6	10.3
海南		0.5	0.5	0.5
福建	2.1	1.9	4.0	3.7
4. 山东	7.3	6.6	8.7	8.7
合计	43.3	44.5	51.1	52.3

资料来源：国家统计局国民经济综合统计司.中国统计摘要·2017.摘于新中国五十年统计资料汇编.北京：中国统计出版社.

11.2.1　上海崛起与转型

自然地理上的长江三角洲是由 6 个亚三角洲组成的联合体，典型的尖头形三角洲。

经济地理上的长江三角洲突破自然地理的范围。2016年《长江三角洲城市群发展规划》中的范围包括上海、江苏、浙江和安徽四省市,面积34万平方千米,人口2.2亿。长江三角洲有两大优势:一是腹地富庶。长江经济带2016年占全国人口42.7%,占全国国内生产总值43.1%,是我国经济最活跃的地带。2016年我国建筑工业总产值57.1%集中在这里。①② 二是有发达的城市群。上海是核心,苏州、无锡、南京、杭州、宁波等经济实力雄厚的城市环绕上海,还有一批中、小型明星城市烘托。像长三角这样发达的城市群,是世界首屈一指的。

1. 上海崛起的轨迹

上海崛起的轨迹是区位加开埠引领航运和贸易,带动制造业和金融业。上海是长江三角洲的核心。区位是上海崛起的自然基础。上海位于长江出海口,我国南北海岸线中端。长江流域物产丰富,航运便利。当时我国出口的主要物资,丝、茶、桐油等,大都来自长江流域。我国北洋航线和南洋航线以上海港为枢纽港。

开埠是上海崛起的社会条件。1842年8月29日签订中英《南京条约》规定:"广州、福州、厦门、宁波、上海等五处港口,贸易通商无碍。"1843年7月22日公布《议定广州、福州、厦门、宁波、上海五港通商章程》,简称《五口通商章程》。同年11月17日英国领事巴富尔到上海议定通商细则正式开埠。上海有全国面积最大的租界。上海租界又称世界冒险家的乐园,是无税口岸,免征财产税,只征房地产税。上海外侨最多时有15万人。"十月革命"后,数以万计的俄罗斯上层人士流落上海。第二次世界大战时,2万犹太人在上海避难。有12个国家在上海设领事馆。

在五口通商的排序中,广州居首,上海垫底。经过短短10年,到1853年,上海对外贸易超过广州,居全国第一。1868年上海在全国进出口贸易中的比重分别是71%与57%。1934年上海港进出口船舶吨位居世界第五,仅次于纽约、伦敦、神户和鹿特丹。上海市人口同步增长:1900年超过100万人;1915年超过200万人;1930年超过300万人,排在伦敦、纽约、东京和柏林后,是世界第五大都市。

表11-5 我国主要口岸进出口贸易

口岸	1868				1928			
	出口		进口		出口		进口	
	总值/百万海关两	占比/(%)	总值/百万海关两	占比/(%)	总值/百万海关两	占比/(%)	总值/百万海关两	占比/(%)
上海	39.2	57	50.5	71	362.2	37	548.6	45
广州	11.4	16	7.0	10	73.3	7	40.0	3
汉口	1.4	2	0.8	1	27.8	3	50.4	4
天津	0.8	1	1.2	2	82.0	8	112.6	9
大连					118.4	19	117.0	10
全国	69.1	100	71.2	100	991.4	100	1210.0	100

资料来源:吴松弟.中国近代经济地理(第一卷).上海:华东师范大学出版社,2015:84.

---

① 长江经济带包括上海、江苏、浙江、安徽、江西、湖北、湖南、四川、重庆、贵州和云南11个省市。
② 国家统计局国民经济综合统计司.中国统计摘要·2017.摘于新中国五十年统计资料.北京:国家统计出版社,2017:15.

表 11-6　1934 年世界十大港进口船只吨位

排　　序	港　　口	吨位/万吨
1	纽约	3495
2	伦敦	2937
3	神户	2683
4	鹿特丹	2096
5	上海	1994
6	香港	1861
7	汉堡	1843
8	大阪	1793
9	费城	1700
10	安特卫普	1684

资料来源：吴松弟.中国近代经济地理(第一卷).上海：华东师范大学出版社,2015:94.

上海开埠前,广州是唯一对外开放口岸,积累了一批对外贸易的人才和资金。上海崛起后,粤籍实业家大批迁居上海。永安集团中山郭氏为代表的粤商在上海工商界有重要地位。我国最大的民族工商业集团无锡荣氏茂福申新总部在上海,旗下 9 家申新纱厂,除三厂、四厂在无锡和汉口,其余 7 家都在上海。

第二次世界大战前,上海是远东最大的金融中心,有"东方纽约"美誉。上海有比较完整的金融体系,货币拆借和贴现市场、证券市场、外汇市场、黄金市场俱全。英、美、法、日、德、比利时等国在上海设有银行。我国中央、中国、交通、通商四大银行总部在上海。代表北方财团的盐业、金城、大陆、中南四行和代表南方财团的浙江实业、浙江兴业、上海商业储备银行总部也在上海。

2. 改革开放以来的华丽转身

改革开放以来,上海开始华丽转型。空间结构上,城市建成区向四围扩张,开发浦东,形成新兴的 CBD。黄浦江两岸出现国际大城市的壮美景观。上海港口从黄浦江岸向外高桥和洋山港转移,成为深水港,能够容纳世界超大型船舶。

经济结构上,上海由一般制造业中心向高新技术制造业和金融中心、物流中心转型。第二次世界大战前后,上海的轻工业已经有良好的基础。以纺织工业为例,1952 年上海布匹产量占全国 29%,是全国领先的轻纺工业中心。1978 年上海布匹产量仍占全国 1/7,到 2016 年上海的纺织工业已经全盘外迁。上海的机械制造业向高、精、尖攀升。在临港工业区出现全国最大的"引擎"集聚中心：生产民航发动机,为 C919 大型飞机配套；生产高 15 米船用柴油发动机,为 2 万标箱超大型集装箱船配套。

以长兴岛为主要生产基地的振华重工是世界上最大的重型装备制造厂,生产全世界 80%的岸桥设备,能够制造自重超过 50 吨、负荷 4000 吨级的吊钩。基地拥有 26 艘 6～

10万吨级整机运输船,将设备运到世界各地。①

1978年上海占全国国内生产总值8%,居全国首位。1998年上海在全国国内生产总值的比重下降到4.5%,被广东、江苏、山东、浙江、河北、河南、辽宁超过,退居第8位。2016年上海在全国国内生产总值中的比重是3.6%,被福建、湖北、四川、湖南超过,退居第11位。② 全国各地先后走上工业化轨道,先期工业地区的比重必然要下降。上海的空间有限,上海的大型工业企业在向周边地区扩散。如果将上海、江苏和浙江作为一个整体,在全国的比重不降反升。1978年苏浙沪占全国国内生产总值19%,2016年上升到19.5%。评价一座城市既要看它的量,更要看它的质。上海的金融业、高端制造、大规模物流节节上升,城市影响力不断加强。上海正在向国际大都市迈进。

11.2.2 浙江的活力

改革开放以来,浙江是经济最活跃的省份之一。民营经济是浙江经济活力的源泉。2016年浙江有企业100万家以上,按常住人口计算,每50个人拥有1家企业。

1. 浙江民营经济迅速成长与文化观念关系密切

浙江人文荟萃,名人辈出,土地占全国1.08%,2016年人口占全国4%;浙江籍中国科学院院士和中国工程院院士233人,占全国15%;浙江籍已故两院院士465人,占全国18%。③ 浙江山幽水美,启发灵感,陶冶人才,诗人、艺人、美术家都得到名山秀水的滋润。宁波商帮、温州模式、义乌小商品城、乌镇世界互联网大会,一脉相承。改革开放初期,温州闻风而动,冲破旧体制束缚。改革开放许多政策,温州人探索在前,政府政策确认在后。雇用工人,长途贩运,无一例外。第一批专业市场,第一份私人工商业执照,第一个股份合同制企业,第一座农民新城,都出现在温州。在浙江省,温州是交通相对不便的边缘地区。温州模式在边缘地区成长的原因是距离衰减规律的负面效应。因为边缘,旧体制的束缚相对较弱,市场经济因素得以成长。永嘉桥头镇纽扣市场成长是个典型案例。纽扣市场原在青田温溪镇,温溪是瓯江航运港口,青田的大门。"割资本主义尾巴"把纽扣市场赶到永嘉桥头,桥头在山旮里,政策相对宽松。如今桥头成了全球纽扣生产供销中心,周边有一百多家加工厂,五百多家销售点,通过网络,控制全球一半纽扣市场。④

2005年联合国和世界银行确认义乌是世界最大小商品市场。义乌小商品城是温州模式的延续。20世纪90年代,体制环境相对宽容,温州小商品的集散中心迁到交通方便的义乌。义乌小商品城兴起后,引领世界小商品生产。义乌周边出现一批专业化生产中心,如轻纺工业中心、袜业中心、领带中心、汽车配件中心等。义乌小商品指数是世界小商品生产的晴雨表。从义乌出发的小商品专列,通过新丝绸之路直达欧洲。义乌在海外

---

① 英国World Gargo News(世界货运新闻)发布:2015年6月到2016年6月,全世界启用271台港口用岸桥设备,222台由上海振华重工生产。
② 2016年上海地区生产总值超过辽宁省.见中国统计摘要•2017.北京:中国统计出版社,2017:33.
③ 刘晶.群星闪耀浙江.《中国国家地理》杂志社系列地图No.034—2.
④ 〔美〕塞斯•多恩.看看中国的纽扣之都.哥伦比亚广播公司网站,2015-10-8.

建立仓储,可以在海外直接配送商品。2015年义乌对外贸易出口308亿美元,超过新西兰的出口金额。

2014年世界互联网大会会址落户古镇乌镇。全球网络精英汇聚乌镇,共商网络经济发展。乌镇是江南六大名镇之一,历史上出过64位进士,是新中国第一任文化部部长茅盾的故乡。2013年乌镇开始举办戏剧节,戏剧节成为乌镇文化的新标签。古与今,文化与经济,传统民居与高新技术,在乌镇凝聚成一个整体。小小乌镇联系东方与世界,融汇古代、现代和未来。

2. 世纪之交,浙江经济出现两个重要趋势

(1) 大踏步走向世界。吉利控股集团兼并沃尔沃是典型案例。2010年3月28日,吉利控股集团在瑞典哥德堡收购福特汽车控股的沃尔沃轿车公司100%股权以及包括知识产权在内的相关资产。沃尔沃是世界品牌500强之一,核心价值是安全和环保。吉利获得沃尔沃的专利技术、知识产权和技术人才后,提出"生产世界上最环保、最安全轿车"。

(2) 信息经济迅速崛起。被称为中国新四大发明中的支付宝和网购诞生在浙江。1999年在杭州创立的阿里巴巴,到2016年成为世界最大的零售交易平台。

3. 浙江形成"一大两辅"三个产业带

"一大"是指杭州湾沿湾产业带,有杭州和宁波两个核心。"两辅"是金衢沿路产业带和温台沿海产业带。三个产业带犹如三条光彩夺目的项链,镶嵌着无数珍珠般的特色小镇。

11.2.3 共建大湾区

粤琼闽三省简称华南,是我国改革开放后经济发展最快的地区。我国先后成立的五个经济特区,深圳、珠海、汕头、厦门和海南都在这里。改革开放以来,这里在全国经济中的比重提高近一倍,从7.9%增加到2016年14.5%。三省经济比重增长的份额大体与东北在经济比重中下降的份额相同。在东北的比重大步下降的同时,华南大步上升,反映我国经济布局在地域上的大规模转移。

表11-7 华南和东北GDP占全国比重

地 区	GDP占全国比重/(%)			
	1952	1978	1998	2016
华南	7.1	7.9	14.1	14.5
东北	14.2	14.3	10.0	6.8
两区合计	21.3	22.2	24.1	21.3

1. 世界三大湾区简介

日本东京湾区、美国纽约湾区和旧金山湾区称世界三大湾区。湾区由多个行政区组成,在狭小的地域内构筑高效的基础设施网络,优美的宜居环境,必须克服行政隔阂,统一规划,统一建设,统一管理。东京湾区由东京都、神奈川县、埼玉县和千叶县组成,面积13 562平方千米,占全国3.5%,人口3800万,占全国30%,国内生产总值占全国1/3。

东京湾区规划在国家"全总"的调控下制定,称大东京规划。① 日本开发构想研究所等智库居中协调矛盾。纽约湾区由纽约州、新泽西州和康涅狄格州的31个县组成,人口4300万。纽约区域规划协会(RPA)于1929、1968、1996年分别发布纽约大都市区规划报告。1929年发布的《纽约及其周边地区区域规划》是世界上第一个大都市区的全面规划。旧金山湾区1961年成立湾区政府协会,9个县和101个市镇政府共同制定区域发展规划,协调土地使用、环境保护、防震和经济发展。

三大湾区的共同特点是拥有繁荣的国际金融中心、发达的服务业、良好的交通网络、顶尖大学和科技创新中心。

2. 珠三角大湾区的构成和优势

粤港澳大湾区又称珠三角大湾区是华南的核心,堪称世界大湾区之一。粤港澳大湾区包括广东省的广州、深圳、东莞、惠州、珠海、佛山、中山、江门和肇庆九市,香港特别行政区、澳门特别行政区,面积5.6万平方千米,2016年人口近6795万,GDP 1.4万亿美元,与居世界经济体第11位的韩国相当。

深圳有庞大的制造业。华为和腾讯是世界具有创新活力的跨国企业之一。苹果公司等外国科技巨头在这里建研发中心。广州是我国制造业和服务业中心之一。以广深高速公路和广深港高速铁路为轴线,形成180千米世界一流的高科技产业带。

珠三角大湾区有实行"一国两制"的香港和澳门,是珠三角大湾区的优势。香港和澳门面积小,人口有限,加在一起1135平方千米,人口800万,经济能量却很可观,抵得上东盟中的菲律宾、柬埔寨和老挝三国总和。香港2016年GDP总量在世界上排序第34位,超过1亿人口的菲律宾;人均GDP在世界上排序第19位,超过德国。澳门2016年GDP在世界上排序第85位,超过柬埔寨和老挝两国GDP的总和,柬埔寨和老挝人口总和2200万。按照人均GDP计算,2016年澳门达到7.3万美元,在世界上排序第5,仅次于卢森堡、瑞士、卡塔尔和挪威四国。② 中国香港是全球第11位贸易经济体。伦敦公布的全球金融中心指数(Global Financial Centre Index),香港在伦敦和纽约后排第3位。澳门与葡语世界有广泛联系,2003年10月在澳门召开"中国-葡语国家经贸合作论坛"。

香港和澳门的主要优势是体制,香港和澳门是典型的自由港。2016年《世界竞争力年鉴》确认香港是全球最具活力的经济体。国际管理发展研究院世界竞争力中心主任布里斯认为:"中国香港是外国企业直接投资到中国内地和内地企业连接全球资本市场的途径,长期通过低税赋和便捷的资金流动鼓励创新发展。"③ 20多年来,美国传统基金会一直评价香港是全球最自由的经济体。

香港自由港体制的主要内容是"四大自由"和"一个低税"。

(1) 贸易自由。除少数商品外,进出口一律免税。收税的商品是碳氢油类、酒类、甲醇、烟草、化妆品六类,占贸易总量5%左右。

(2) 投资经营自由。外资银行、外资企业与当地的银行、企业一视同仁,享受国民待遇。

---

① 日本"全总"是全国性综合发展计划简称,由经济企划部门和国土部门负责,是全国性的谋划布局。日本开发构想研究所是智库性的研究机构,为中央和地方区域规划服务。
② 国家统计局国民经济综合统计司.中国统计摘要·2017.北京:中国统计出版社,2017:186、189.
③ 瑞士国际管理发展研究院世界竞争力中心.世界竞争力年鉴.澳大利亚人民网站,2016-05-31.

成立公司只要有 2 名股东、花 2 元股金、等 2～3 个工作日就可以注册。唯一的费用是每年交 2200 元登记费。公司没有规定的营业范围,只要法律允许,什么业务都可以经营。

(3) 融资汇兑自由。资金和黄金自由进出,各种货币自由兑换,自由买卖。香港银行的总资产和负债大部门在境外,遍布 100 多个国家和地区。

(4) 人员进出自由。香港特别行政区护照获得 136 个国家和地区的免签证和落地签证待遇。

"低税"是指税法简明,税率低。企业收工商利得税 16%。有了盈利才缴税。没有销售税、资本增值税、利息税、股息税等税种。根据属地来源原则,境内收入缴税,境外业务不缴税,鼓励企业开拓境外业务。个人所得税和遗产税低,平均个人所得税率是 4%,遗产超过 750 万港元始征,最高税率 15%。

香港的自由经济体制有公平、透明、完善的法律保障,有廉洁高效的政府服务。法律操作极少不明确、不协调、互相矛盾的地方,不存在"酌情"处理的成分。公司实行董事局负责制,业务活动有案可查。税务报告、财务报告有律师和会计师中介服务。

贸易自由和低税率保障香港成为购物天堂。在香港可以用较低的价格买到优质商品。根据多年统计,香港旅游业收益一半来自购物。

3. 珠三角大湾区面临的挑战

"一国两制"既是珠三角大湾区的优势,也是珠三角大湾区一体化中的屏障。金融体制不同,资本难以自由流通。广东实行外汇管制,企业在境外 300 万美元以上的投资由国家外汇管理局审批。广东对外贸易有较多限制,将港澳科研机构认定为"境外法人事业单位",入境科研设备征收关税。在学位、培训、科研、执业资格上尚未实现互认,影响服务人员自由流动。

"一带一路"项目大多是基础设施项目,资金需求量大,投入周期长。目前这些项目主要靠政策性银行贷款。从发展的视角,需要开拓国际融资渠道。香港是"一带一路"项目操作国际融资最理想的地方。

珠三角大湾区统一规划要在中央支持下进行。2017 年 7 月 1 日,香港回归 20 周年,在国家主席习近平见证下,香港和澳门特别行政区行政长官、国家发改委、广东省共同签署"粤港澳大湾区建设框架协议"。协议规定粤港澳定期举行磋商解决大湾区一体化过程中出现的问题,拟订年度工作计划。

土地资源不足是香港和澳门的短板。澳门大学原址 0.05 平方千米,还没有足球场大。澳门对岸横琴岛面积 100 平方千米,划拨 1.09 平方千米建澳门大学新址,由澳门方面管理,实行澳门的体制和法律,形成"特区中的特区"。澳门是世界著名的博彩旅游中心,调整经济结构,发展主题公园需要空间。横琴岛建成"特区中的特区",澳门就有了施展拳脚的地盘。

11.2.4 潜力和挑战

1. 实践证明东部地区有巨大的发展潜力

改革开放前,我国多次推行全国平衡布局战略。经历第一个五年计划和三线建设两次平衡布局实践,东部地区在全国经济中的比重不降反升。"野火烧不尽,春风吹又生",有适当机遇,东部地区的经济就会顽强地增长。1978年改革开放,执行发挥地区优势方针,东部地区经济如脱缰野马,在全国的地位节节攀升。从1978年到2016年,广东经济在全国排序由第5位上升到第1位,浙江和福建在全国的地位分别由第12位上升到第4位,第23位上升到第10位。

伴随经济起飞,东部地区人口在全国的比重也在上升。人们从全国各地流向东部。1978年广东人口占全国第5位,2016年上升到全国第1位。2009年广东人口超过1亿,是我国第一个拥有1亿人口的行政区。

2. 东部地区继续发展存在两大挑战

一是经济结构调整。长江三角洲、珠江三角洲和京津一带,人均GDP已经跨越1万美元,走向高收入门槛。只有依靠高新技术产业和高附加值服务业,才能支撑经济持续增长。

二是资源和环境压力。东部地区在91万平方千米土地上居住着5.3亿人口,是世界上资源和环境压力最大的地区之一。如果与欧洲比较,东部地区承载着相当于欧洲72%人口,面积只有欧洲8.9%。欧洲德国和法国两个大国的面积与我国东部地区相当,人口只有东部地区30%。

荷兰和日本人口稠密,利用国土资源精细。荷兰像个大花园,全境是肥沃的平原,一半国土在海拔1米高程以下,边境最高的瓦尔斯堡山才321米。2016年荷兰人口密度每平方千米515人,相当于我国东部地区的88%。日本全境青山绿水。2016年日本人口密度相当于我国东部地区的60%。我国东部地区面临的人口压力比荷兰、日本大,应该比荷兰、日本更加珍惜国土资源,更严格地保护生态环境。

11.3 西部大开发

西部占我国国土面积七成,是我国国土开发和平衡布局的主战场。西部12个省、市、自治区可以分成两大片,西北片和西南片,各占6个省、市、自治区。

11.3.1 西部的后发优势

西部经济滞后有自然环境和社会文化方面的原因。西部远离海洋、多山、多荒漠、多水土流失地区。西部的教育普及程度相对较低。西部国有企业比重较大,体制改革任务较重。

1. 西部大开发任重道远

西部大开发是中国复兴的需要,是加强民族团结和社会长治久安的需要,是资源合理配置和全国平衡发展的需要。西部大开发是我国21世纪的战略转移。

东部经济持续发展离不开西部的支援和协作。

(1) 西电东送。我国水能资源68%集中在西南,10%在西北。西电东送有三条通道。南通道西南水电输向华南。中通道三峡和四川周边水电输向华中和华东。北通道陕西、内蒙古火电,黄河上游水电输向京津和山东。

(2) 西气东输。起点在塔里木盆地轮南气田,终点是华东、上海,全长4000千米。另有陕北靖边长庆气田向北京供气,重庆忠县向武汉供气。

(3) 南水北调。南水来自西部。

财政转移是东部反哺西部的主要形式。发挥社会主义体制的优越性,国家组织东部经济发达省市对口帮扶西部省市;民间开展"希望工程""春蕾计划""光彩工程"等形式支持西部。

西部大开发成果显著。进入 21 世纪以来,西部在全国经济中的比重止跌回升。西部与东部经济发展水平的差距开始缩小。

表 11-8　西部各省、市(自治区)地区生产总值占全国比重

地　区	GDP 在全国占比/(%)			
	1952	1978	1998	2016
1. 西南	10.5	11.2	11.5	12.5
重庆			1.7	2.3
四川	5.3	5.4	4.3	4.2
贵州	1.0	1.4	1.0	1.5
云南	2.0	2.0	2.1	1.9
西藏	0.1	0.2	0.1	0.2
广西	2.1	2.2	2.3	2.4
2. 西北	8.4	8.0	6.2	7.8
陕西	2.2	2.4	1.7	2.5
甘肃	2.2	1.9	1.1	0.9
青海	0.3	0.5	0.3	0.3
宁夏	0.3	0.4	0.3	0.4
新疆	1.3	1.1	1.4	1.3
内蒙古	2.1	1.7	1.4	2.4
合　计	18.9	19.2	17.7	20.3

资料来源:国家统计局国民经济综合统计司.中国统计摘要·2017.摘于新中国五十年统计资料汇编.北京:中国统计出版社.

2. 贵州经济赶超是西部大开发的亮点

很长一段时间,贵州的人均地区生产总值在全国垫底。进入 21 世纪以来,贵州利用青山绿水和交通枢纽优势,在发展传统产业的同时,弯道赶超,启动大数据等高新技术产业。2011 年以来,贵州经济增速连年占全国前列,与沿海发达地区的差幅收窄。1978 年上海和贵州人均 GDP 分别是 2483 元和 171.2 元,差幅是 14.5∶1,是我国省级行政区间的最大差幅。2016 年上海和贵州人均 GDP 分别是 113 615 元与 31 265 元,差幅是 3.6∶1,有了明显改善。2014 年贵州人均生产总值赶上甘肃,开始摆脱多年来在各省、市、自治区中垫底的局面。2015 年贵州又上升了一位,人均生产总值超过云南省。

表 11-9　贵州、甘肃、云南人均地区生产总值比较

地　区	GDP/(元/人)			
	2013	2014	2015	2016
贵州	23 151	26 437	29 847	33 127
云南	25 322	27 264	28 806	31 265
甘肃	24 539	26 483	26 165	27 458

资料来源:国家统计局国民经济综合统计司.中国统计摘要·2017年.北京:中国统计出版社,2017:31(按当年价格计算).

11.3.2　边境优势论

1. 边境优势论的本质是辩证法两点论

优点和缺点并存,有利和不利兼有。老子说:"祸兮,福之所倚;福兮,祸之所伏。"[①]"有无相生,长短相形。"[②]西部多山,山区有丰富的景观,有矿产和水力等资源。西部闭塞,闭塞中有古朴。西部偏远,容易边缘化。偏远处有陆地口岸,可以转化为通道。西部干旱少雨,有利于太阳能发电,有灌溉时可以栽种高品质作物和瓜果。西部多风,像新疆达坂城那样的风库有时火车也无法行驶。风力大,可以建设大型风力发电站。

边境是发展经济的资源。第二次世界大战以后,德法边界地区经济发展迅速。法国在东部边境设经济开发区。德法两国间的卢森堡成为新兴金融中心,2016年人均GDP居世界首位。我国经历长期闭关自守阶段,需要树立海洋资源观,也需要树立边境资源观。

2. 边境优势论四组成

(1) 边境的两重性与边境的和平趋势。自古以来,边境有军事功能和经济文化功能。茶马互市是北部边境的经济功能。军事功能占主导地位时,压抑边境经济发展。经济和文化功能占主导地位时,促进边境繁荣。和平、谈判是当前世界处理国际事务的主流趋势。我国奉行和平共处五项原则和睦邻政策,与周边国家的关系不断改善,边境的经济文化功能不断加强。

(2) 地理梯度又称地理势能。有梯度、有势能,就有流动。犹如一条河流,梯度越大,势能越大。边境两侧的经济文化差异是梯度,是交流的前提。加拿大是高福利高税收国家。美国利用税制差别在沿加拿大边境开设商店,吸收加拿大居民购买力。地理梯度引起交流,对双方有利,对落后方尤其有利。我国与俄罗斯、中亚国家互补性强。俄罗斯和中亚国家自然资源丰富,劳动力缺乏,轻工业相对薄弱,与我国交流互补共赢。

(3) 内陆国家借道过境需求。内陆国家走向海洋依靠借道。哈萨克斯坦、吉尔吉斯斯坦、塔吉克斯坦和乌兹别克斯坦四国的经济重心靠近新疆,借道我国港口出海是发展对外贸易必由之路。乌兹别克斯坦是世界上典型双重内陆国家,它的五个邻国都是内陆

[①]《老子》,五十八章。
[②]《老子》,二章。

国家。蒙古人民共和国和哈萨克斯坦借道我国口岸出海都有协议。边境的经济文化功能催生边境姐妹城市。丹东和朝鲜新义州、黑河和俄罗斯布拉戈维申斯克、凭祥和越南谅山是边境姐妹城市,互市共荣。

表 11-10　边境主要毗邻城市

中方城市	邻国城市	毗邻国家
丹东	新义州	朝鲜
集安	满浦	朝鲜
绥芬河	格罗捷阔沃	俄罗斯
黑河	布拉戈维申斯克	俄罗斯
满洲里	外贝加尔斯克	俄罗斯
二连浩特	札门乌德	蒙古
瑞丽	木姐	缅甸
河口	老街	越南
凭祥	谅山	越南
东兴	芒街	越南

（4）边境区位的中心化。西部大开发导致西部边境区位的中心化。新疆位于欧亚大陆的心脏。在海运为主的年代,新疆是难以到达的边陲。按照航空运输的视角,新疆是最理想的区位。乌鲁木齐东离东海 3000 千米,西到里海 3000 千米,北到北冰洋 3000 千米,南到印度洋 3000 千米,是绝佳的转机地点,是航空港的枢纽区位。欧亚丝绸之路经济带兴起,新疆有多条陆上经济走廊。中哈原油管道、中国中亚天然气管道和中俄天然气西线管道都从新疆入境。

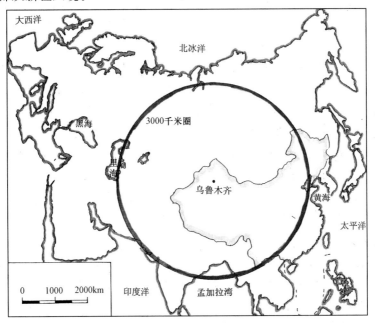

图 11-1　离乌鲁木齐 3000 千米范围示意图

11.3.3 山区发展阶段论

1. 山区社会经济发展的四阶段

（1）农业社会山区和平原发展相似阶段。自给自足的小农经济依靠体力劳动，耕耘小片土地，山区与平原经济发展水平接近。在漫长的农业社会，平原地区用兵方便，常常有战争破坏，人口和经济大起大落。山区不便用兵，战乱较少，社会经济相对稳定。个别时期，山区比平原繁荣，出现世外桃源景象。

（2）工业化过程中山区相对衰退阶段。进入工业化后，城市在交通方便的河口、河谷兴起。第二产业和第三产业向交通便利的城市集聚。山区建设铁路、公路成本较高，交通等基础设施滞后，人口纷纷外流。

在农牧业领域，山区也赶不上平原。农牧业实现规模经营、机械化和电气化，平原的条件比山区好。山区受地形限制，很难发展规模经营。

进入工业化后，人口由交通不便的地方流向交通便利的地方，由海拔较高的地方流向海拔较低的地方，由农村流向城市，由山区流向平原。不少实地调查证明，经济发展水平与海拔高程成反比，贫困乡村大都在海拔较高的地方。法国阿尔卑斯山区在19世纪中叶到20世纪中叶100年内，人口减少3/4，大批山民流入城市。

（3）山区社会经济转机阶段。山区经济转机主要靠旅游业和特色产品。第二次世界大战后，法国阿尔卑斯山区人口开始增加。主要原因是旅游业吸引劳动力。20世纪末，法国阿尔卑斯山区人口恢复到19世纪中叶一半左右。山区牧羊可以改善山地景观，在万绿丛中点缀白色羊群，增添动态美感。政府按山民养羊头数发给定额补助。

（4）山区社会经济繁荣阶段。瑞士是欧洲海拔最高的国家，也是世界上人均GDP最高的国家之一。瑞士达到高度繁荣，重要的条件是改变交通闭塞状态，成为四通八达的区域。15世纪和16世纪，瑞士是欧洲闭塞的山区，人口外流，到国外谋求仆役和雇佣军两个职业。从16世纪起，梵蒂冈天主教教皇招募的警卫，是清一色的瑞士山民。瑞士山民忠于职守，包揽教皇警卫工作几百年至今未变。如今，瑞士山民为教皇警卫的目的不再是谋生，而是传承荣誉感。19世纪末瑞士交通状况出现转机。欧洲铁路干线横穿阿尔卑斯山脉，瑞士成为欧洲铁路网的十字路口。航空运输兴起后，苏黎世成为著名的国际空港，欧洲航空运输的重要转运点。方便的交通条件，促使瑞士成为全球旅游热点。

瑞士繁荣还有两个重要条件：一是政治体制。瑞士是永久中立国，在两次世界大战中，瑞士维持中立和平。中立国地位提升了瑞士金融业的地位。瑞士控制全球境外个人储蓄总额1/4，苏黎世是世界重要的金融中心。二是教育。瑞士有完善发达的教育体制，培养出大批高素质人才。教育支撑瑞士高新技术和精密仪器产业。

2. 山区发展现状

全国铁路网、公路网和航空网建设，中欧铁路班列开通，改变了西部的闭塞状况。成渝城市群和关中城市群进入全国十大城市群行列。在发展传统工业的同时，高新技术产业崛起。包括海归在内，全国人才向成都集聚，人称"蓉漂"。2016年重庆和成都微型计算机产量1.27亿台，占全国44%。通向中南半岛各国的铁路、高速公路在昆明交汇，昆明成为我国西南的重要交通枢纽。

11.3.4　库布齐治沙

1. 西部地域辽阔,环境治理任务艰巨

我国以塔克拉玛干沙漠为首的十大沙漠全在西部。草场、湿地、冰川大都分布在西部。

库布齐沙漠治理是西部地区环境治理的典范。库布齐沙漠位于内蒙古黄河河套南岸,是我国第七大沙漠,面积1.86万平方千米,东西长400千米,南北宽50千米。蒙古语"库布齐"是弓上弦,形容沙漠像横在黄河河套下的弦。库布齐活动沙丘占61%,沙丘高10~60米,冬春季节,狂风肆虐,黄沙漫卷,是北京沙尘暴来源之一。

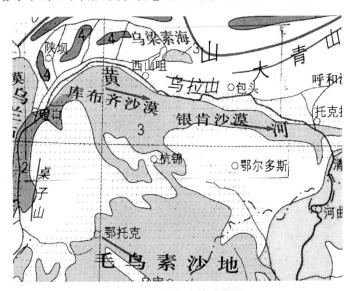

图 11-2　库布齐沙漠简图

资料来源:刘明光.中国自然地图集.北京:中国地图出版社2010年版,第14页。

中国亿利集团1988年开始治理库布齐。经过二十余年努力,库布齐植被覆盖率由3%~5%提高到53%,绿化面积6000平方千米,控制流沙面积11 000平方千米,形成240千米长的绿色屏障。库布齐10万群众摆脱贫困,2016年人均收入15 354元。2012年联合国授予亿利集团"全球环境与发展奖"。2015年联合国防治沙漠化公约(UNCCD)授予亿利集团土地生命奖。从2015年起,库布齐每两年召开一次国际防沙治沙论坛,向全世界介绍治沙经验。2017年9月召开的国际治沙大会上,评估库布其治沙项目创造了5000亿元人民币的生态财富。[①]

2. 库布其治沙积累的经验

(1) 组织模式。公司加农户为基础,在政府支持下,在国际社会关注下,凝聚成治沙的合力。

(2) 生态治理。根据库布齐的自然环境,用柳条网络固沙,栽种耐旱苔藓固结地表,

---

① 联合国环境规划署.中国库布其生态恢复与财富创造商业模式.2017-09.

栽种耐旱的胡杨林和沙柳、柠条等灌木。在北部水文条件较好的黄河冲积平原，种植 200 千米防护林带。生态治理后，狼、狐狸、野兔开始出没，白天鹅、灰鹤、红顶鹤相继安家。

(3) 生态经济。在生态治理基础上，套种甘草、肉苁蓉等药用植物和有机食品。开发甘草，创造 40 亿元产值的绿色产业链。同时，发展生态牧业、生态旅游业和光伏发电。

11.4 中部崛起

中部地区包括山西、河南、安徽、江西、湖北和湖南六省，占全国面积 10.5%，2016 年占全国人口 26.6%。

11.4.1 中部的比较优势

1952 年以来，中部地区在全国经济中的地位开始下降。中部地区在全国地位下降有两方面的原因：① 中部是主要农业区。农业在国民经济中的比重下降必然导致整体经济地位的下降。农村劳动力大批流向沿海大城市，中部人口在全国的比重也在下降。② 中部不在开放前沿，吸收外资较少，工业化步伐相对较慢。

提出西部大开发以后，发展中部提上议事日程。中部崛起战略要求中部地区发挥承东启西、纵贯南北的区位优势和综合资源优势，加快发展步伐。[1]

表 11-11 中部各省地区生产总值占全国比重

省	GDP 在全国占比/(%)			
	1952	1978	1998	2016
山西	2.7	2.6	1.9	1.7
安徽	3.9	3.3	3.4	3.1
江西	2.1	2.6	2.2	2.4
河南	6.1	4.8	5.3	5.2
湖北	4.1	4.4	4.5	4.2
湖南	4.7	4.3	3.9	4.0
合 计	23.6	22.0	21.0	20.6

资料来源：国家统计局国民经济综合统计司.中国统计摘要·2017.摘于新中国五十年统计资料汇编.北京：中国统计出版社，1999.

中部有区位、资源和历史文化等方面的比较优势。

(1) 区位优势。南来北往，东联西进，必经中部。无论是铁路网、高速公路网，还是正在建设的高速铁路网，中部都是枢纽所在。武汉是著名的九省通衢，长江流域水运中心。郑州北站是亚洲最大的列车编组站，郑州东站是全国最大的零担中转站。郑州有全国第一个期货交易所。

(2) 资源优势。中部是我国重要农业和能源、原材料生产基地。

在丰富的农业和便利的交通支撑下，河南成为我国食品工业集聚地，小麦加工转化

---

[1] 中华人民共和国国民经济和社会发展第十个五年计划纲要.人民日报，2001-03-18.

能力、肉类精加工能力占全国首位。漯河有我国最大的肉类加工企业,也是世界三大肉类加工企业之一。周口有世界最大的味精加工企业。

山西煤储量丰富,是全国煤炭外调中心。大同是全国最大的动力煤产地。太原西山是全国最大的焦煤产地。阳泉是全国最大的无烟煤产地。平朔有全国最大的露天煤矿。江西和湖南是我国重要的有色金属产区。江西有色金属有七朵金花:铜、五氧化二钽、重稀土和白银储量占全国首位,三氧化钨和黄金储量占全国第二位,最后一朵金花是铀。贵溪有全国最大的铜冶炼企业。

(3) 历史文化优势。中部是我国历史和文化的发祥地。先哲老子、诗圣杜甫、文豪韩愈、民族英雄岳飞都是河南人。老子与孔子同是我国文化先哲。对老子故里鹿邑的研究、保护和开发远远落后于孔子故里曲阜。杜甫是河南巩县人,纪念杜甫最著名的杜甫草堂在成都。韩愈是河南孟县人,对韩愈最崇敬的是广东潮州,那里有韩祠、韩江、韩亭、韩木。苏东坡为潮州韩祠写碑:"潮人之事公也,饮食必祭,水旱疾疫,凡事必祷焉。"南宋杨万里到潮州,见到韩木,感慨说:"亭前树子关何事,也得天公赐姓韩。"岳飞是河南汤阴人,纪念岳飞名声最大的岳庙在杭州。发掘中原文化优势是推动河南社会经济发展的重要环节。

(4) 改革开放前,中部是我国工业建设重点地区之一。20世纪50年代钢铁工业新建三大重点"包、武、太",武钢和太钢都在中部。洛阳和武汉是重要的机械制造基地。湖北十堰是继长春以后的第二个汽车工业基地。

11.4.2 承接东部产业转移

东部优先承接海外产业,逐步向中部和西部转移,中部是第一个落脚点。华东家电产业向安徽转移,合肥、芜湖、滁州是重要的承接地,在安徽出现新兴的家电产业中心。

郑州有两大优势:一是劳动力丰富。河南是我国人口第二大省。河南人流向全国,锻炼了技术和才智。二是交通中枢。陇海铁路和京广铁路在郑州交汇。高铁在郑州成米字形聚合:东南西北通向连云港、广州、乌鲁木齐、北京,东北和东南直达济南和合肥,西北和西南可到太原和四川万县。郑州成八方聚汇的高铁网中心。

台资富士康最大的智能手机组装厂在河南郑州落脚。工厂占地12.8平方千米,有94条生产线,最多时雇佣35万名工人。工厂从全球近200家企业采购内存芯片、调制解调器、相机模块、麦克风、触摸屏控制器等零部件,有抛光、焊接、钻孔、安螺丝、测试、包装等工序,每天可以组装50万部手机。海关设在离工厂大门几百米的地方,手机出厂过关,直接运到郑州国际机场,装上宽体波音747飞机,运到美国路易斯维尔苹果物流中心。一架飞机可以装15万部手机,价值1.1亿美元。手机从出厂到旧金山零售只需3天。① 部分手机装上大卡车运到上海配送中心,一辆大卡车可以装3.6万部手机。苹果手机在我国市场销售视为进口商品,收增值税。因此,苹果手机在国内的售价比在美国的售价略高。

---

① 张大为. Iphone 旅行记:从工厂到零售店.〔美〕纽约时报网站,2016-12-30.

11.5 振兴东北

我国提出中部崛起战略不久，2002年提出振兴东北战略。振兴东北全称是振兴东北老工业基地。

11.5.1 第一个重工业基地

东北是我国第一个重工业基地。我国第一座钢铁联合企业在鞍山，第一个汽车制造厂在长春，第一个大型油田在大庆。我国第一架飞机、第一辆汽车、第一台内燃机车，都诞生在东北。东北成为我国第一个重工业基地主要有三个条件。

1. 东北有良好的自然环境和自然资源

辽宁铁矿石储量全国第一，炼铁辅助原料菱镁矿、石灰石、黏土齐全。东北煤和有色金属丰富。大小兴安岭与东北山地是我国重要天然林区。松嫩平原有肥沃的黑土和黑钙土，腐殖质层厚度在30~70厘米，氮磷含量丰富，团粒结构良好，是自然肥力很高的土壤。

2. 东北有一定的工业和基础设施

1931年日本侵占东北后，将东北建成支持侵略战争的矿产和原材料供给地。东北有较完整的铁路网。

3. 东北背靠苏联

新中国建国初期，苏联是援助我国的主要力量。解放全国的战役由北向南推进。东北社会稳定较早。1950年2月14日在莫斯科签订《中苏友好同盟互助条约》，确定苏联援助的47个项目，有36项在东北，占项目总数3/4。《中华人民共和国发展国民经济第一个五年计划(1953—1957)》以苏联帮助设计的156个项目为中心建立工业化的初步基础。156个项目中，东北三省占56项，55项是重工业。

表 11-12 "一五"时期东北的 56 个重点项目

省　份	能　源	冶　金	化　工	制　造
辽宁(24项)	阜新 煤×3 抚顺 煤×3 抚顺 油页岩×2 阜新电站 抚顺电站 大连电站	鞍山钢铁 本溪钢铁 抚顺铝 杨家杖子钼矿		沈阳机床×2 沈阳风动工具 沈阳电缆 大连造船 锦州造船 沈阳飞机 沈阳军工
吉林(10项)	辽源煤 通化煤 丰满水电 吉林电站	吉林铁合金	吉林染料 吉林化肥 吉林电石 吉林电极	长春汽车

(续表)

省　份	能　源	冶　金	化　工	制　造
黑龙江(22项)	鹤岗 煤×4 鸡西 煤×2 双鸭山煤 富拉尔基电站 佳木斯电站	富拉尔基特钢 哈尔滨铝加工	哈尔滨电极 佳木斯造纸	富拉尔基重机 哈尔滨飞机 哈尔滨汽轮机、电机、锅炉 哈尔滨量具刃具、仪表、轴承 哈尔滨机械

经过第一个五年计划建设，东北重工业基地初步建成。辽宁称"辽老大"，核心是沈阳的机械制造业和鞍山的钢铁工业。长春和吉林是汽车工业和化学工业中心。哈尔滨和齐齐哈尔是动力装备和重型机械工业中心。1959年开发大庆油田，加强了东北在全国经济中的地位。

表 11-13　东北各省地区生产总值占全国比重

省　份	GDP 在全国占比/(%)			
	1952	1978	1998	2016
辽宁	7.0	6.7	4.7	2.9
吉林	2.8	2.4	1.9	1.9
黑龙江	4.4	5.2	3.4	2.0
合　计	14.2	14.3	10.0	6.8

资料来源：国家统计局国民经济综合统计司.中国统计资料摘要·2017.摘于新中国五十年统计资料汇编.北京：中国统计出版社.

11.5.2 "东北现象"

1. 罕见的"东北现象"

改革开放以来，东北经济发展速度滞后，东北在全国经济中的地位下滑。1978年东北占全国GDP 14.3%，2016年只占6.8%，下降了7.5个百分点。辽宁省经济规模在全国的地位由1978年第3位，下降到2016年第14位。2016年辽宁省GDP出现−2.5%的负增长，是我国改革开放后极其罕见的现象。[1]

辽宁和广东同是沿海省，1978年辽宁的GDP等于广东1.2倍，2016年只及广东28%。2016年辽宁钢产量占全国7.6%，在河北、江苏、山东后面居第4位，"铁老大"变成"铁小四"。[2] 黑龙江1978年GDP在全国排第7位。2016年黑龙江GDP只占全国2.0%，跌到第21位。

---

[1] 国家统计局国民经济综合统计司.中国统计摘要·2017.摘于新中国五十年统计资料汇编.北京：中国统计出版社，2017：30.

[2] 同上书：134.

2. 出现"东北现象"的主观、客观原因

工业化过程中地区间均衡化趋势是"东北现象"的客观原因。东北建成全国第一个工业基地,经济地位陡升。全国第二个、第三个工业基地建成,东北的地位下降是正常的,必然的。

"东北现象"的主观原因是体制滞后,观念滞后。国有企业在东北比重较大,不少国有企业设备老化,管理粗放,冗员较多,社会负担较重。1998年全国下岗职工892万人,四分之一在东北。东北受计划经济体制影响,"等、靠、要"思想较重。不少地区招商引资重先期优惠,轻后期服务。社会上流传有"投资不过山海关"一说。

"东北现象"表现之一是东北与山东人口流动方向的逆转。在19世纪下半叶到20世纪上半叶,山东黎民闯关东,讨生活。到了20世纪末叶,山东经济起飞,东北鲁籍人士返乡迁移。1978年山东经济规模相当于东北的47%,2016年山东经济规模等于整个东北的128%。

3. 东北的潜在优势

东北有良好的工业基础和便捷的交通网络,有以大连为中心的港口群,便于发展外向型经济,有全国最大的松辽平原。东北是全国最大的商品粮基地,有大庆、松辽、吉林等油田。漫长的陆地边境口岸可以建跨国经济合作区。

11.5.3 联系紧密的蒙东

蒙东包括内蒙古自治区呼伦贝尔市、通辽市、赤峰市和兴安盟。建市前呼伦贝尔市称呼伦贝尔盟,通辽市称哲里木盟,赤峰市称昭乌达盟,蒙东一度称内蒙古东四盟。蒙东面积47万平方千米,等于东北三省面积一半,自然环境与东北融成一体,交通网络和经济联系与东北密不可分。划分经济区划时,常把蒙东与东北三省置于同一个大区内。

内蒙古首府呼和浩特与蒙东的联系相对较弱。呼和浩特到呼伦贝尔铁路距离超过2000千米。群众形容从呼伦贝尔赶一群羊上呼和浩特,到了呼和浩特,羊群就没有了,途中都消费掉了。

东北与蒙东的主要协作内容是:① 统一交通网;② 蒙东能源东送、南下;③ 蒙东生态环境治理屏障;④ 共同建设全国最大的满洲里陆上口岸。煤、气和电力将蒙东和东北联成一体。经过长时期开采,辽宁和吉林的煤矿资源接近枯竭,成为能源输入省。蒙东煤储量等于整个东北储量一倍半,成为东北的后备资源。

第12讲 钢铁工业

钢铁工业是我国有代表性的工业部门。我国钢铁工业走过的历程可以分三个阶段：① 1949年前，我国缺乏发展钢铁工业必要的社会条件；② 1949年后，在计划经济体制下，钢铁工业起步艰难，历尽曲折，代价沉重；③ 改革开放以后，发挥市场调节功能，钢铁工业迅速腾飞，同时出现布局重复，产能过剩。

12.1 布局特征

钢厂有两类：一类是从炼铁开始到炼钢、轧钢的长流程企业，又称钢铁联合企业；另一类是用废钢和生铁、钢坯炼钢、轧钢材的短流程企业。在布局上，这两类企业差别较大。

12.1.1 钢铁联合企业布局

长流程的钢铁联合企业是钢铁工业的主体（图12-1），占世界钢产量四分之三。

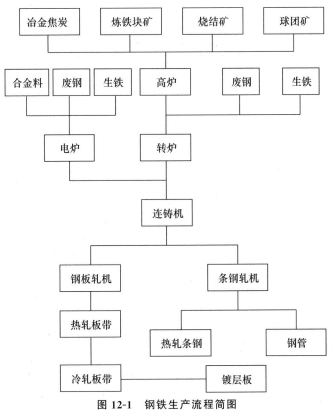

图12-1 钢铁生产流程简图

高炉是钢铁联合企业的主要装备。高炉工艺占联合企业能源消耗一半左右。高炉用焦炭、铁矿石和熔剂，在竖式反应器（高炉）内连续生产液态生铁，产量占全世界生铁总产量 95% 以上。铁精矿粉太细,要经过烧结机烧结,或者经过竖炉制成球团矿才能送入高炉。如果采用贫铁矿,要经过研磨、选矿,提取成人造富矿。我国 2015 年高炉入炉铁矿中 87.1% 是烧结矿,12.6% 是球团矿,只有 0.3% 是铁矿块。[①]

转炉是联合企业生产粗钢的主要设备。转炉炼钢用铁水、废钢、铁合金为原料,依靠铁液本身的物理热和化学反应产生热在炉中完成炼钢过程。碱性氧气顶吹和顶底复合吹转炉速度快、单产高、成本低、投资少,是炼钢的主力。转炉主要生产碳钢。

转炉生产的钢水大都采用直接浇注成形技术,称连续铸钢,简称连铸。连续铸钢可以提高金属收得率,节约能源。

连续铸钢生产的钢坯供两类轧机加工成钢材。一类是条钢热轧机,占我国钢材产量 55%,加工成型材、棒材(钢筋)、线材(盘条)和钢管。另一类是板带热轧机,占我国钢材产量 45%,加工成板材和带材。板带热轧机产品经过冷轧机加工生产冷轧板带产品,再经过镀层设备加工生产各种镀层板带,如镀锌板(马口铁)、镀锡板等。

热轧钢卷是钢铁联合企业主要产品。根据 2014 年四季度统计,全球热轨钢卷出厂价格中,原料和能源占 72%,其中铁矿石和焦煤焦炭分别占 26.6% 和 17.9%(见表 12-1)。降低铁矿石和焦煤焦炭支出是降低成本的关键。钢铁联合企业在布局上是原燃料指向型企业。

表 12-1　全球热轧钢卷成本结构(2014 年四季度)

产　品	出厂价/(美元/吨)	占比/(%)
原料	255.95	50.9
其中:铁矿石	132.95	26.6
能源	106.20	21.1
其中:焦煤焦炭	80.44	17.9
劳务和管理	49.26	9.8
其他运营成本	38.58	7.7
资本支出	53.03	10.5
总成本	503.01	100.0

资料来源:中国钢铁工业协会.中国钢铁统计·2015.:195.
备注:根据占全球总产能 74% 的企业汇总。

钢铁联合企业布局主要有两个模式:

(1)靠近铁矿或者煤矿,主要是靠近铁矿。铁矿石的消费量较大。炼焦煤受配煤的影响,来源地较多。

(2)海运方便的港口。当铁矿和煤都需要从国际市场进口时,港口是最佳区位。大运输量的运矿船可以降低运输费用。在港口兴建钢铁企业是第二次世界大战后兴起的布局模式。日本是港口型钢铁工业的典型。韩国浦项后来居上,是成功的港口型钢铁企

[①] 中国钢铁工业协会.中国钢铁统计·2015. 2015-12.

业之一。

12.1.2 短流程钢厂布局

短流程钢厂一般用电炉炼钢,经过薄板坯连铸加工成钢材,主要原料是废钢、生铁和合金料。与钢铁联合企业比较,短流程钢厂有两大优点。

1. 产品质量优势

短流程钢厂电炉炼钢,用电作热源,避免气体热源所含硫对钢的污染,操作灵活,还原性强,炉料中贵重元素损耗少,产品质量稳定,适合冶炼合金钢和特殊用途钢。短流程钢厂的主要产品有:

(1) 优质合金钢,包括电工用硅铝钢、钻探和结构用合金钢等。

(2) 特殊质量合金钢,包括合金弹簧钢、合金工具钢、精密合金钢、耐蚀合金钢、轴承钢等。

(3) 不锈钢,包括镍系不锈钢、铬镍系不锈钢、耐热不锈钢等。

2. 经济指标优势

(1) 占地面积较小,投资强度较低,吨钢投资只有联合企业的 1/2 到 1/4。

(2) 环保压力较低,与钢铁联合企业比较吨钢能耗降低 60%,废气、废水和废渣分别降低 86%、76% 和 72%。

后工业化国家短流程钢厂在粗钢生产中的比重较大,2015 年美国和意大利分别达到 62% 和 72%。后工业化国家短流程钢厂除生产特殊钢外,同时生产普通碳素钢。我国废钢资源较少,电价较贵,短流程钢厂的比重较低,2016 年只占钢产量 6.1%。我国短流程钢厂主要生产特殊钢,称特钢厂。

短流程钢厂布局主要集中在装备制造业发达地区。在那里,基础设施良好,废钢资源丰富,产品就近为装备制造企业服务。

12.2 曲折的赶超

1949 年我国产钢十余万吨,2016 年产钢 8 亿吨,占全世界钢产量一半。我国钢铁工业走过一条曲折的赶超历程(见表 12-2)。

12.2.1 艰难起步

1890 年李鸿章在上海办江南机器总局,建成 3 吨炼钢平炉,是我国现代钢铁工业的开始。1894 年张之洞主持的汉阳铁厂 1 号高炉投产,日产生铁 100 吨,是我国全流程钢铁工业迈开的第一步。1896 年和 1898 年相继建成大冶铁矿和萍乡煤矿。1908 年三家企业联合组成汉冶萍煤铁公司。由于债台高筑,资不抵债,1925 年汉冶萍倒闭。汉冶萍投产 30 年共生产 50 余万吨钢。

汉冶萍起步比日本第一座钢铁厂八幡钢铁厂还早。1934 年日本产钢 384 万吨,支撑日本发动侵华战争和第二次世界大战。1934 年我国钢产量只有 5 万吨。

表 12-2　中国历年钢产量[①]

年份	产量/万吨	年份	产量/万吨	年份	产量/万吨	年份	产量/万吨
1907	0.8	1935	25.7	1963	762	1991	7100
1908	2.3	1936	41.4	1964	964	1992	8094
1909	3.9	1937	55.6	1965	1223	1993	8956
1910	5.0	1938	58.6	1966	1532	1994	9153
1911	3.9	1939	52.7	1967	1023	1995	9536
1912	0.3	1940	53.4	1968	904	1996	10 124
1913	4.3	1941	57.6	1969	1333	1997	10 757
1914	5.6	1942	78.0	1970	1779	1998	11 559
1915	4.8	1943	92.3	1971	2123	1999	12 426
1916	4.5	1944	45.3	1972	2338	2000	12 850
1917	4.3	1945	6.0	1973	2522	2001	15 163
1918	5.7	1946	6.0	1974	2112	2002	18 236
1919	3.5	1947	7.0	1975	2390	2003	22 234
1920	6.8	1948	7.6	1976	2046	2004	28 291
1921	7.7	1949	15.8	1977	2374	2005	35 324
1922	3.0	1950	61	1978	3178	2006	41 915
1923	3.0	1951	90	1979	3448	2007	48 966
1924	3.0	1952	135	1980	3712	2008	50 305
1925	3.0	1953	177	1981	3560	2009	57 218
1926	3.0	1954	223	1982	3716	2010	63 723
1927	3.0	1955	285	1983	4002	2011	68 528
1928	3.0	1956	447	1984	4347	2012	72 381
1929	2.0	1957	535	1985	4679	2013	81 319
1930	1.5	1958	800	1986	5220	2014	82 269
1931	1.5	1959	1387	1987	5628	2015	80 383
1932	2.0	1960	1866	1988	5918	2016	80 837
1933	3.0	1961	870	1989	6159	2017	83 173
1934	5.0	1962	667	1990	6635		

(1) 选址不当是汉冶萍失败的重要原因。汉阳既无铁矿，又无煤矿，铁矿砂和煤长途运输耗费昂贵。炼焦煤供应不足，开工半年被迫停产，不得不购买河北开平煤矿，进口国外焦煤。生产的生铁成本比国外高三倍。

(2) 设备选型不当是失败的又一个原因。大冶铁矿石含磷0.25%，选购的酸性转炉

---

① 资料来源：中国大百科全书·矿冶卷.北京：大百科全书出版社，1983：839；新中国五十年统计资料汇编.北京：中国统计出版社，1999：41.

不适合炼高磷生铁。1896年拆除2座酸性转炉,改建4座碱性平炉,造成浪费。

在官办企业体制下,汉冶萍靠举债维持。日本是最大债主,汉冶萍用大冶铁矿抵押。从1896年到1934年大冶采矿1200万吨,自用340万吨,其余860万吨供应日本。

1931年日本侵占东北,在鞍钢、本钢建立掠夺式的钢铁工业,生铁和钢坯大量运回日本。经历战争破坏,1949年我国产钢15.8万吨,占世界钢产量的千分之一,居世界第26位。[①]

12.2.2 三次基本建设高潮

在计划经济时期,我国钢铁工业经历三次基本建设高潮,初步形成全国钢铁工业布局。

第一次高潮是1953年到1957年的第一个五年计划时期,中心是苏联援建的156个项目中的8大钢铁工业项目:扩建鞍钢和本钢,新建武钢、北满钢厂(齐齐哈尔)、吉林铁合金厂、吉林碳素厂、热河钒铁厂(承德钢铁厂)。[②]

第二次高潮是1956年规划的"三大五中十八小"。"三大"是鞍钢、武钢和包钢。"五中"是太钢、重钢、马钢、石景山钢铁厂、湘潭钢铁厂。"十八小"是指均匀地分布在十八个行政区,体现平衡布局思想。这26个企业是我国钢铁工业的骨架。除了杭州钢铁厂受环境制约拆除以外,多数至今仍是我国骨干企业。

表12-3 1956年钢铁工业发展规划示要

规　　模	企　　业
三大(年产钢100万吨以上)	鞍钢、武钢、包钢
五中(年产钢30万～100万吨)	太钢、重钢、马钢、石景山钢铁厂、湘潭钢铁厂
十八小(年产钢10万～30万吨)	河北邯郸钢铁厂、山东济南钢铁厂、山西临汾钢铁厂、江西新余钢铁厂、江苏南京钢铁厂、广西柳州钢铁厂、广东广州钢铁厂、福建三明钢铁厂、安徽合肥钢铁厂、四川江油钢铁厂、新疆八一钢铁厂、浙江杭州钢铁厂、湖北鄂城钢铁厂、湖南涟源钢铁厂、河南安阳钢铁厂、甘肃兰州钢铁厂、贵州贵阳钢铁厂、吉林通化钢铁厂

第三次高潮是1964年开始的三线建设。三线建设时期钢铁工业的重点是攀枝花钢铁厂,其次是酒泉钢铁厂、水城钢铁厂、江油长城钢厂、成都无缝钢管厂。三线建设中有一批对口支援的企业,如本钢支援的西宁特钢、大连钢厂支援的陕西钢厂。三线建设打下西部钢铁工业的基础。

---

① 张训毅.20世纪中国钢铁工业大事记(1890—2000).载于中国的钢铁.北京:冶金工业出版社,2012:281—327.

② 北满钢厂后来称富拉尔基钢厂,在齐齐哈尔市。

表 12-4　三线建设时期钢铁工业布局[①]

类型	企业
新建	攀枝花钢铁公司、长城钢厂、峨眉铁合金厂、水城钢铁厂、遵义金属制品厂、乐山轧辊厂
恢复建设	酒泉钢铁厂、兰州钢铁厂、洛阳钢铁厂
扩建	成都无缝钢管厂、重庆钢铁厂、重庆特钢厂、昆明钢铁厂、贵阳钢铁厂、遵义铁合金厂
援建	鞍钢援建宁夏石嘴山钢绳厂、本钢援建青海西宁特钢厂、大连钢厂援建陕西钢厂
地方新建	南昌钢铁厂、冷水江焦铁厂、苏州钢铁厂、石家庄钢铁厂、邢台钢铁厂、芜湖钢铁厂、下陆钢铁厂、成都钢铁厂、无锡钢铁厂、青岛钢铁厂、北台钢铁厂、韶关钢铁厂、凌源钢铁厂、舞阳特厚板厂、莱芜钢铁厂

12.2.3　三次大起大落

我国钢铁工业赶超的道路曲折,集中表现是三次大起大落。

1. 第一次大起大落

第一个五年计划完成后我国力图突破传统计划经济束缚,探索更高的发展速度。在国民经济"大跃进"的号召下,1958 年 8 月党中央北戴河会议提出 1958 钢产量比 1957 年翻一番的目标,年钢产量从 1957 年 535 万吨提高到 1070 万吨。1958 年 1 至 8 月全国产钢 450 万吨。1958 年实现年产钢 1070 万吨,剩下 4 个月要生产 620 万吨,每个月的平均产量等于前 8 个月平均产量的 2.8 倍。钢铁工业是资本密集型产业,装备复杂,对基础设施和上下游配套要求高,建设周期长。在短短一两个月内,成倍地增加产量是不符合钢铁工业发展规律的。

为了在 1958 年内完成钢产量翻番任务,提出"土洋结合"两条腿走路方针,采取群众运动方法,兴建"小土群"。1958 年动员全国财力和人力建成 12 507 座小型高炉,142 座中型高炉,205 座小型转炉。1910 年汉阳铁厂的高炉是 477 立方米,当年武钢高炉的容积是 1500 立方米,大炼钢铁建几立方米的土高炉是技术上的严重倒退。这些小高炉原料消耗高,劳动生产率低,产品质量差。当年全国产钢 1108 万吨,其中 308 万吨是劣质钢。1959 年和 1960 年继续贯彻"大炼钢铁"方针,拖累了整个国民经济。

1961 年钢铁工业进入调整阶段,一年内关闭近 2000 个中小型钢铁企业。重点钢铁企业关停 36% 高炉,酒钢、包钢等 242 项工程停止施工。到 1962 年年底我国钢铁工业职工由 373.3 万精简到 75.7 万,减少了 4/5。[②] 1962 年我国钢产量 667 万吨,只有 1960 年的 35%,减少了近 2/3。这是我国钢铁工业史上第一次大起大落。

大炼钢铁有四方面消极后果:① 破坏国民经济各部门间的平衡关系。1957 年,按照合理的比例关系,钢铁工业占全国工业投资 6.4%。1958 年钢铁工业在工业投资中的比重上升到 14.4%,挤占了其他行业的投资。在钢铁工业内部,投资集中在冶炼,前后配套滞后。② 削弱农业。"大炼钢铁",6000 万人上山采矿炼铁,挤占农业劳动力和财力。

[①] 张训毅.中国的钢铁.北京:冶金工业出版社,2012:92.
[②] 董宏量.钢铁的沧桑与梦想.北京:冶金工业出版社,2010:169.

③ 破坏生态。伐木烧炭炼铁,成为我国有史以来生态破坏最严重的时期。④ 滋长"浮夸风"。河南省没有钢铁工业基础,1958年8月27日鲁山县放日产生铁250吨的"卫星",1958年10月河南省放日产钢2万吨的"卫星"。最终,河南统计1958年全年产钢3万吨。

2. 从1966年到1977年,钢产量又经历两次起落

主要原因是"文化大革命"引起社会动荡,无政府主义泛滥,破坏正常的生产秩序。在布局理念上,备战备荒,各自为战,建设小三线,中小型钢铁企业再度兴起。小钢铁、小机械、小化肥、小煤炭、小水泥统称"五小"工业是省自为战的主要内容。这一时期的小钢铁规模比"大跃进"期间的小土群大些,高炉大体在100立方米左右。小钢铁劳动生产率低,资源消耗量大,经济效益差,成为地方财政的沉重负担。

从整体考察,我国改革开放前钢铁工业与国际先进水平有较大差距。当年,先进的氧气顶吹转炉只占40%,连续铸钢只占4%,基本上没有煤气回收装置。1979年全国化铁炼钢700余万吨,调钢坯轧材500余万吨。调坯轧材二次加热浪费能源,增加损耗。每吨生铁化铁炼钢用焦炭200千克,增加损耗2%。中小企业技术经济指标落后。中小企业生铁产量占全国27%,焦炭消耗量占全国39%。铸造生铁产量大是另一个落后的标志。用铸造生铁加工农机具和农业机械,产品笨重,金属消耗量大。由于钢铁工业滞后,钢材始终是我国经济建设中的短板。1977年到1979年三年期间,我国进口钢材占钢材消费总量1/4,占全国进口用汇总量1/4。冷轧薄钢板、冷轧硅钢片、无缝钢管等高附加值钢材大部分依靠进口。

12.3 大步前进

改革开放后,钢铁工业大步前进。推动钢铁工业前进的动力:一是开放,引进国外先进技术和资金,融入国际钢铁工业大市场;二是改革,容纳民营资本进入钢铁工业。

12.3.1 亮丽成果

1994年我国钢产量超过美国。1997年我国钢产量超过日本,跃居世界第一。

进入21世纪,我国钢产量持续高速度增长。从2001年到2010年10年间,除2008年受世界金融危机影响,每年钢产量增长速度都达到两位数。2002年我国产钢1.8亿吨,占世界钢产量20.2%,与人口在世界上的比重相当。2004年一年内钢产量增加27.2%,是增速最快的记录。2013年我国钢产量比2012年增加8900万吨,是一年内最大增量,这一年的增量超过美国一年的产量。2014年我国钢产量达8.22亿吨,是巅峰记录,占全世界钢产量的49.3%,人均钢产量603千克,等于世界平均水平的2.6倍。[①]

1958年我国提出超英赶美的口号。那时英国产钢2200万吨,美国产钢1亿吨。现在我国一座大型钢铁厂的产量可以超过2000万吨。河北省和江苏省的钢产量都超过1亿吨。我国钢产量按人口平均等于美国两倍以上。

钢铁工业达到年产钢8亿吨的水平,离不开改革开放前打下的基础。2014年钢产量

---

① 中国钢铁工业协会. 中国钢铁统计·2015:1,37.

超过 1000 万吨的企业 19 家,其中,16 家在改革开放前基础上扩建,或者在改革开放前夕开始筹建。

12.3.2 引进先进技术

1972 年我国恢复在联合国的常任理事国席位后,走出国门,发现钢铁工业装备与世界先进水平的差距,着手引进国际先进装备和技术。

1974 年从联邦德国和日本引进的一米七连续薄板轧机项目在武汉钢铁公司破土动工。① 1978 年 12 月包括连铸车间、热、冷轧薄板厂、硅钢片厂的一米七轧机项目投产,每年可以轧制薄钢板 300 万吨。1986 年武钢从英国引进彩色钢板涂层机组,拓宽了钢板的品种。

1978 年底从日本和德国引进全套装备的上海宝钢动工,是第一个国际先进水准的钢铁联合企业。1998 年上海浦东钢铁有限公司与德国克虏伯·蒂森不锈钢集团共同组建上海克虏伯不锈钢有限公司,生产钢板卷,工程在浦东奠基。这是国内利用外资最大的冶金项目。

宝钢和日本新日铁联合建设的宁波不锈钢有限公司坐落在宁波经济技术开发区。工厂设备由德国、法国和日本引进,年产冷轧不锈钢薄板 60 万吨。

1988 年从德国、意大利引进的天津钢管公司,是我国第一大型短流程现代化钢厂,也是世界上最大的无缝钢管单厂。1992 年工厂建成改变我国石油套管长期依赖进口的历史,产品远销世界 90 多个国家和地区。工厂设计年产无缝钢管 50 万吨,其中石油套管 35 万吨。

为了引进国外技术装备,我国钢铁工业大规模利用国外资金。宝钢一期和二期利用外资 9 亿美元。天津和鞍钢无缝钢管项目利用意大利贷款。卢森堡为马钢、柳钢、鞍钢高炉无料钟炉顶项目贷款。莱芜钢铁厂改造利用亚洲开发银行贷款。

12.3.3 民营企业异军突起

1984 年 10 月,中共十二届三中全会通过《中共中央关于经济体制改革的决定》,提出:"全民、集体、个人一起上",民营钢铁企业应声崛起。民营钢铁企业创办的途径有三种:① 承包、租赁国有和集体小型钢铁企业,如唐山市钢铁厂改制为唐山国丰钢铁有限公司、遵化钢铁厂改制为唐山建龙实业有限公司;② 国有中小型钢铁企业改制为民营钢铁企业,如南京钢铁厂、萍乡钢铁厂;③ 民营资本直接兴建钢铁厂。

进入 21 世纪,民营钢铁企业成为腾飞的主力。在钢铁工业基本建设达到高潮的 2014 年民营经济占钢铁工业固定资产投入 80% 以上。

河北省是我国钢铁工业发展最快的地方。2015 年民营钢铁企业的钢产量占全省三分之二以上。河北省民营钢铁企业崛起有四个有利条件。

(1) 铁矿资源丰富。根据 2000 年普查,河北占全国铁矿储量 13.4%。全国十大铁矿中,冀东密云矿和邯邢矿在河北。

---

① 一米七是轧机轧辊的长度。

(2) 面临渤海,进口铁矿方便。

(3) 钢铁工业基础。唐钢、邯钢、邢钢、石钢、宣钢、承钢为民营企业提供人才和技术支持。一批小型国有和集体钢铁企业是民营企业承包、改制的对象。

(4) 邻近北京、天津,在技术、市场、人才等方面都有得力的后援。

多数民营钢铁企业融资渠道不畅,走低投入、快产出、高效率、快获利的道路。民营钢铁企业大都规模偏小,装备落后,消耗高,污染重,产品趋同。在布局上,民营钢铁企业比较集中。河北省武安是个县级市,面积1806平方千米,有民营钢铁企业二十余家。调结构去产能,民营钢铁企业的任务较重。

12.3.4 组建钢铁工业集团

我国钢铁工业的特点之一是企业众多,分散。为了扭转这一局面,从20世纪90年代开始组建钢铁工业集团。

1. 宝武钢铁集团

2016年9月宝钢集团和武钢集团重组成宝武钢铁集团,武钢集团整体划入成为全资子公司。重组后的宝武集团是全世界第二大钢铁集团。世界第一大钢铁集团是卢森堡的安赛乐·米塔尔钢铁公司,2014年粗钢产量9810万吨。

宝武集团组建经历了二十年的历程。1998年11月宝山钢铁公司与上海冶金控股公司、上海梅山钢铁公司重组。上海冶金控股公司旗下有上钢一厂、上钢五厂等企业。2007年宝钢集团完成与新疆八一钢铁公司重组。2008年5月宝钢集团与广东钢铁集团重组,吸收韶关钢铁公司和广州钢铁公司。重组的目的之一是计划共同建设湛江钢铁厂。

2. 其他四钢铁集团

武汉钢铁公司是我国新建的第一座大型钢铁联合企业,位于武昌东长江南,占地12.17平方千米。2005年、2008年和2010年,武钢分别与鄂城钢铁公司、柳州钢铁集团、昆明钢铁公司重组,形成武钢集团。

到2016年,我国组成五大钢铁集团,五大钢铁集团的产量都可以进入世界钢铁工业十强行列。除了宝武钢铁集团,还有四个集团。

(1) 河北钢铁集团。总部在石家庄,2008年6月成立,包括唐山、邯郸、宣化、承德、石家庄、河南舞阳等钢铁厂和衡水薄板厂。

(2) 江苏沙钢集团。以张家港市沙钢为核心,包括永钢、淮安、锡兴、鑫瑞等钢铁厂和河南安阳永兴钢铁厂。

(3) 鞍山钢铁集团。1916年始建的鞍山钢铁公司是我国钢铁工业的摇篮,向全国输送了6万余名技术人员和管理人才,为全国培养了11万多名技术工人。全国大多数钢铁厂都通行鞍山方言。鞍钢共有三大产业区:① 本部和本区;② 营口鲅鱼圈新区;③ 朝阳新区。2010年5月鞍钢与四川攀枝花集团公司联合重组。攀钢是我国最大的钒制品基地和铁路用钢基地,是西部钢铁工业的核心。

(4) 首钢集团。包括首都钢铁公司、贵州水城、山西长治、吉林通化等钢铁公司和贵阳特钢厂。按照北京市规划去非首都功能原则,首钢迁到河北省曹妃甸新建钢铁联合企业。

此外,超过 1000 万吨粗钢产量的省级钢铁工业集团依次有:山东、湖南华菱、河南安阳、江西大方、河北武安。

12.4 区域分布

我国钢铁工业分布偏集东部沿海。东部钢铁工业较多是由钢铁工业布局要求和我国铁矿资源分布等因素决定的。

12.4.1 以矿定产

"以矿定产"是我国钢铁工业布局的原则。铁矿石的生产和供应态势对我国钢铁工业布局有决定性影响。我国铁矿石供给有三大特点。

1. 资源不足,依靠进口

从 1949 年到 2002 年,我国生铁产量的铁金属量 3/4 由国内矿提供。随着生铁产量剧增,对进口矿的依赖度上升。2004 年我国进口铁矿石 2.1 亿吨,占所产生铁金属含量 50.4%,首次超过半数。到 2009 年进口铁矿石占生铁金属含量 70%以上。我国成为铁矿石进口超级大国,占世界铁矿石贸易量 2/3。海港模式逐渐成为我国钢铁工业布局的主要模式。宝山钢铁厂和京唐、秦皇岛、日照、鞍钢鲅鱼圈分厂都是海港模式。

我国除了利用海港,还利用长江下游沿江港口。长江下游从南京起航道水深 12.5 米,大型运矿船无法在宝山靠岸;先在浙江北仑港减载,卸下部分矿石,再进宝山港。1982 年北仑港矿石中转码头建成。1994 年北仑港建成 20 万吨级大型码头。从宝山钢铁厂起,长江南岸有一连串钢铁厂。张家港锦丰镇的沙钢和南丰镇的永钢是其中的代表。

我国中部和西部建钢铁厂首先要落实铁矿石和炼焦煤来源。中西部依靠进口铁矿缺乏经济效益。武钢 80%矿石依靠进口,矿石溯长江运来,所产的生铁成本比宝钢、京津等沿海企业高出不少。

2. 铁矿石资源大分散、小集中,以东北和华北为主

我国 29 个省区都有铁矿石分布,储量 1 亿吨以上的大型矿占总量 68%。东北、华北和西南,分别占全国储量 26%、26%、18%。十大矿区共占总储量 64.8%:① 鞍山本溪矿区占 23.5%;② 河北密云矿区占 11.8%;③ 攀枝花西昌矿区占 11.5%;④ 五台山吕梁山矿区占 6.2%;⑤ 江宁纵杨矿区占 4.12%;⑥ 包头白云鄂博矿区占 2.2%;⑦ 鲁中矿区占 1.74%;⑧ 邯郸邢台矿区占 1.6%;⑨ 鄂东矿区占 1.34%;⑩ 海南矿区占 0.8%。

表 12-5 我国主要铁矿石产区产量(2014 年)

省和自治区	产量/万吨	占全国/(%)
1. 河北	56 611	37.1
2. 四川	21 176	13.9
3. 辽宁	20 557	13.5
4. 内蒙古	9364	6.1

(续表)

省和自治区	产量/万吨	占全国/(%)
5. 山西	7208	4.7
6. 安徽	5671	3.7
7. 新疆	3952	2.6
8. 湖北	3501	2.3
9. 云南	2870	1.9
10. 江西	2508	1.6
10省、自治区小计	133 418	87.4
全国合计	152 671	100.0

资料来源：中国钢铁统计・2015：76.

3. 贫矿为主，多伴生矿

我国铁矿资源的特点是"两低一多"。

(1) 两低。是指可采储量低，矿石品位低。我国铁矿总储量不少，占世界铁矿资源10%左右，次于乌克兰、俄罗斯、澳大利亚居世界第四位。我国铁矿资源中的可采储量比重低，不到总储量1/3，矿石品位低，平均品位32%，比世界铁矿石平均品位低11个百分点。低品位铁矿石入高炉前要粉碎、选矿、烧结成人造富矿，生产流程长，金属回收率低，成本高。

(2) 一多。是指我国铁矿石的矿床成因复杂，矿石类型复杂，矿石组成复杂，多伴生矿。伴生矿占我国铁矿1/3，其中钒钛磁铁矿（$FeTiO_3$，FeV_2O_5）占我国铁矿石17%。伴生矿多增加了选矿和回收的难度。伴生矿回收后可以创造巨大的价值。

经过科技攻关，攀钢在含钒钛矿尾矿重选、高钛型钒钛磁铁矿高炉冶炼和雾化提钒工艺等方面都有突破。攀钢可以提供五氧化二钒、钛白粉、钛精矿等产品。包钢在稀土选矿分离、铌资源选冶、钕铁永磁材料生产方面达到国际水准。1989年7月包头钢铁公司更名为包头钢铁稀土公司，成为国际著名的稀土生产中心。

12.4.2 东部沿海优势

在我国钢铁工业的发展过程中，东部沿海地区处在优势地位。东部沿海地区在我国钢铁工业中的比重保持在60%以上。

鞍钢是我国第一个钢铁工业基础。在第一个五年计划初期，东部沿海占我国钢铁工业的比重达4/5。从第一个五年计划起，我国钢铁工业布局贯彻平衡方针，东部沿海在全国钢铁工业的优势地位没有动摇。

进入21世纪以来，东部沿海地位节节攀升。我国钢铁工业发展最快的河北省和江苏省都在东部。河北省钢产量从1998年1106万吨增加到2016年1.92亿吨，在全国钢铁工业排序中，从低于上海和辽宁的第3位上升到第1位。江苏省钢产量从1998年524万吨增加到2016年1.1亿吨，从全国第6位上升到全国第2位。2016我国东部地区占全国钢产量的67.2%，高于GDP在全国的比重。

表 12-6　我国东、中、西部钢产量比重[1]

地区	钢产量占比/(%)			
	1952	1978	1998	2016
东部	85.8	62.8	60.5	67.2
中部	10.4	26.2	27.3	24.1
西部	3.8	11.0	12.2	8.7
全国	100.0	100.0	100.0	100.0

表 12-7　我国东、中、西部钢产量(2016年)[2]

东部		中部		西部	
地区	产量/万吨	地区	产量/万吨	地区	产量/万吨
辽宁	6029	黑龙江	372	重庆	367
北京		吉林	832	四川	2008
天津	1799	内蒙古	1813	贵州	516
河北	19 260	山西	3936	云南	1417
山东	7167	安徽	2731	西藏	
上海	1709	江西	2242	陕西	925
江苏	11 081	河南	2850	甘肃	628
浙江	1300	湖北	2949	青海	115
福建	1517	湖南	1828	宁夏	159
广东	2283			新疆	868
广西	2110				
海南	28				
小计	54 283		19 553		7003

12.4.3　唐山钢铁工业集聚区

我国钢铁工业有两大集聚区，唐山钢铁工业集聚区和上海苏南钢铁工业集聚区。这两大集聚区的钢产量都达到 1 亿吨规模。

唐山市面积 1.3 万平方千米。钢铁工业集聚区以唐山市区和曹妃甸为核心，包括迁安、迁西、遵化、玉田和滦县等部分地区，地域范围约 1 万平方千米。在这 1 万平方千米地域内，有大中型钢铁企业 29 家，炼铁能力 1.22 亿吨，炼钢能力 1.37 亿吨。此外，唐山地区还有一批小型企业。河北是我国产钢第一大省，唐山是我国产钢第一大市。2016 年河北钢产量占全国 23.8%。唐山钢产量占河北一半。人们戏说，世界钢产量排序，中国第一，河北第二，日本第三，唐山第四。唐山钢产量超过美国。

---

[1] 国家统计局国民经济综合统计司.新中国五十年统计资料汇编.北京:中国统计出版社,1999.
[2] 中华人民共和国国家统计局.中国统计摘要·2015.北京:中国统计出版社,2015:11.

表 12-8　唐山钢铁企业设备能力(2013 年)[①]

企　业	产量/万吨	
	炼铁	炼钢
1. 京唐钢铁(曹妃甸)	878	900
2. 首钢迁安钢铁	702	1100
3. 唐山钢铁	874	870
4. 燕山钢铁(迁安)	980	890
5. 迁安九江线材(木厂口镇)	966	885
6. 唐山国丰钢铁(丰南区)	469	880
7. 津西钢铁(迁西三屯营镇)	992	770
8. 唐山东海钢铁	545	705
9. 唐山港陆钢铁(遵化)	566	670
10. 迁安轧一钢铁	295	610
11. 唐山德龙钢铁	520	520
12. 滦县金马	351	420
13. 唐山中厚板材	289	420
14. 唐山经安钢铁(丰南区)	326	375
15. 唐山瑞丰钢铁(丰南区)	535	360
16. 唐山东华钢铁	244	310
17. 唐山新宝泰钢铁	279	285
18. 唐银钢铁	309	280
19. 唐山兴隆钢铁	216	255
20. 天柱钢铁(丰润区)	346	240
21. 唐山建龙实业(遵化)	165	190
22. 唐山安泰钢铁	169	180
23. 唐山凯恒钢铁	241	140
24. 唐山建邦实业(玉田)	309	280
25. 唐山不锈钢	240	280
26. 唐山国义特种钢	104	260
27. 唐山春兴特种钢	208	240
28. 唐山文丰山川轮毂	209	240
29. 唐山贝氏钢铁	70	180
合　计	12 203	13 755

1. 唐山钢铁工业集聚区的区位优势

(1) 近铁煤。冀东有我国第二大铁矿资源。迁安棒磨山、磨盘山、大石河、滨河村,滦县司家营,遵化石人沟都有铁矿。唐山开平是我国最早的现代化煤矿之一。

(2) 近海。曹妃甸和京唐港是两座大型海港,是沿海型钢铁厂的理想厂址。

(3) 紧邻北京、天津,在京津通向东北的通道上。京哈铁路、大秦铁路,京哈高速公

[①] 根据工业和信息化部公告(2014 年 1 月 2 日,2014 年 11 月 25 日),与《钢铁行业规范条件企业》名单一致;生产能力按设备能力换算表折算。名单外企业占冶炼能力 10%～20%。

路、长深高速公路贯穿,便于京津辐射,便于产销协作。

唐山钢铁工业主要集中在三个地带:① 唐山钢铁厂附近开平、丰南、丰润一带;② 迁安铁矿附近的北部地区;③ 曹妃甸吹沙填海区。

唐山钢铁工业以民营企业为主,高附加值品种比重较低,在去产能阶段压力较大。河北省提出淘汰 450 立方米以下高炉,40 吨以下转炉。唐山市要求淘汰 1000 立方米以下高炉,60 吨以下转炉。在去产能的同时,唐山发展高强度汽车板、矩形管材等高层次产品。

2. 京唐钢铁公司

1919 年龙烟铁矿公司筹建石景山钢铁厂。1923 年第一座日产生铁 250 吨高炉投产。1949 年后,石景山钢铁厂逐步扩建成大型钢铁联合企业,更名首都钢铁公司,简称"首钢"。钢铁联合企业占地大、运量大、耗水量大,不符合首都功能。从 20 世纪 90 年代起,首钢在迁安铁矿建迁安钢铁厂,在秦皇岛建新钢铁厂,在顺义建冷轧钢厂。2007 年首钢与唐钢合建京唐钢铁公司,完成首钢外迁。京唐钢铁公司在唐山市南曹妃甸吹沙填海建厂,面临深水岸线,可停泊 15 万吨级大型船舶。京唐钢铁公司是继宝钢后又一个现代化的钢铁联合企业。全国三座 5000 立方米以上超大型高炉,两座在京唐钢铁公司。首钢外迁,华丽转身,从生产螺纹钢等建筑材料为主转变成为生产精品钢材的企业。从饮料罐头到巨轮甲板,从家用电器外壳到汽车板、家电板、集装箱板,京唐钢铁公司都有较高的市场占有率。首钢外迁后腾出大片土地为首都发展高端服务业做出新的贡献。

12.4.4　上海苏南钢铁工业集聚区

上海苏南钢铁工业集聚区在长江下游南岸,绵延 400 千米。在 1 万平方千米地域内有大中型钢铁企业 20 家,炼铁能力 8000 万吨,炼钢能力 1 亿吨。区内南京六合和梅山一带有少量铁矿,绝大多数铁矿和煤靠区外调入或者进口。

与唐山钢铁工业集聚区比较,上海苏南钢铁工业集聚区的技术结构较高,特殊钢比重较大,20 家企业中特殊钢厂占 11 家,炼钢能力占 1/4。长江三角洲一带发达的机械制造业是特殊钢产品的广阔市场。

表 12-9　上海和苏南钢铁企业设备能力(2013 年)①②

企　业	产量/万吨	
	炼铁	炼钢
1. 宝山钢铁	1992	1910
2. 沙钢(张家港)	1774	2190
3. 永钢(张家港)	648	705
4. 梅山钢铁	710	1010

① 根据工业和信息化部公告(2013 年 4 月 28 日和 2014 年 1 月 2 日);与《钢铁行业规范条件企业》名单一致,按设备能力换算表折算。

② 中国冶金企事业名录编辑委员会. 中国冶金企事业名录(2008 年版). 北京:冶金工业出版社,2009.

(续表)

企　　业	产量/万吨	
	炼铁	炼钢
5. 中天钢铁(武进)	730	899
6. 南京钢铁	555	610
7. 丹阳龙江钢铁	167	210
8. 江阴华西钢铁	110	140
9. 苏钢集团(浒墅关)	55	110
10. 宝钢不锈钢	298	620
11. 江阴兴澄特钢	439	736
12. 宝钢特钢		131
13. 江苏申特(溧阳)	225	240
14. 常熟龙腾特钢	104	210
15. 张家港浦项不锈钢		205
16. 西城三联(江阴)		170
17. 常州东方特钢	195	160
18. 无锡新三洲特钢	130	130
19. 江苏华菱锡钢特钢		60
20. 常州林洪特钢		35
合　　计	8132	10 501

20世纪70年代,上海、天津、青岛炼钢用生铁由全国调配。武钢、马钢、本钢等钢铁厂将生铁调往上海、青岛、天津,戏称"上青天"。调铁炼钢耗运费,耗热量,是不合理的布局形态。上海占全国调铁炼钢总量2/3。宝钢的初始设想是建炼铁厂,改变调铁炼钢局面。打开国门后,发现日本无铁缺煤,建设临海钢铁工业取得成功,决定按日本模式,建设一座临海现代化钢铁厂。

1. 宝山钢铁厂

宝山钢铁厂引进日本和西德全套先进设备,1978年12月开工,1995年三期工程投产,成为我国第一座千万吨级的现代化钢铁联合企业。宝钢的高炉入炉焦比、吨钢综合能耗指标达到世界领先水平。2007年世界最大的3000立方米熔融还原炉(COREX)投产。熔融还原炉开创非高炉炼铁新工艺,二氧化硫排放量只有高炉的4.9%。2008年美国《财富》杂志评选宝钢是全球最受尊敬的公司之一。宝钢产品以板材和管材为主,有工具模具钢、轴承钢、弹簧钢等特种钢材。

2. 张家港市沙钢

江苏张家港市沙钢是民营钢铁企业的典范。企业在锦丰镇沿长江南岸7千米岸线布局,占地13平方千米。沙钢前身是1975年沙洲县锦丰轧花厂转产的沙洲县钢铁厂,年产几千吨钢材,专攻大厂不屑于生产的窗框钢。经过10年努力可以提供门类齐、品种多、质量好的窗框钢。1991年沙钢从英国比兹顿钢厂引进年产25万吨螺纹钢生产线。2001年沙钢买下德国霍施钢厂,把25万吨重的设备从莱茵河畔运到扬子江畔。2009年

4号高炉投产,炉容积5800立方米,是世界三座最大的高炉之一。另两座在日本。这座高炉设计年产生铁464万吨,相当于1956年全国生铁产量。

12.5 调结构,去产能

1. 与日本钢铁工业比较,我国钢铁工业技术结构有明显差距

以炼铁高炉为例,日本的主力是19座炉内容积4000立方米以上的超大型高炉,占日本炼铁能力80%以上。我国4000立方米以上的超大型高炉只占炼铁能力8%。2014年全世界有炉内容积5000立方米以上的特大型高炉24座,14座在日本,4座在韩国,3座在我国。

表12-10 中日超大型高炉比较

指　　标	炉内容积/立方米	中国	日本
高炉座数	≥5000	3	14
	4000~4999	15	5
占全国产能/(%)	≥5000	1.6	61.7
	4000~4999	6.2	18.3

资料来源:中国钢铁工业协会,中国钢铁统计·2015,第109~117页。

2. 我国钢材贸易存在"低出高进"的不合理状态

所谓"低出高进",是指低附加值钢材大规模出口,高附加价优质钢材不能满足需要,要从国外进口。进口钢材主要是优质冷轧薄钢板、镀锌板、中厚宽钢带、电工钢板和无缝钢管。螺纹钢是房屋建筑用的钢材,是产量较大的钢材品种。我国生产的螺纹钢强度和等级与国际先进品质有较大差距,如果强度和等级能够达到国际先进水准,可以节约钢材1000万吨。我国急需自给的钢材有大型油轮用耐腐蚀钢、海洋平台桩腿用高强度结构钢、天然气船用冷轧合金薄钢带、深海油气输送用厚壁钢管和金属复合钢管、超深井用钻杆套管等等。[①]

从2011年起,我国开始淘汰钢铁工业落后产能。《钢铁工业规范条件(2012年修订)》指出:钢铁工业的生产规模"普钢企业粗钢年产量100万吨及以上,特钢企业30万吨及以上,且合金钢比大于60%";工艺装备"高炉有效容积400立方米以上,转炉公称容量30吨以上,电炉公称容量30吨以上,高合金钢电炉公称容量10吨以上"。不符合规范条件应该淘汰。在执行过程中,淘汰赶不上新增。2013年淘汰生铁落后产能1400万吨,新增产能17 266万吨;淘汰粗钢落后产能1349万吨,新增产能12 097万吨。从2016年起,钢铁工业去产能逐渐步入正轨。

[①] 工业和信息化部,国家发展改革委,财政部印发.关键材料升级换代工程实施方案.载于钢铁工业发展报告·2015.北京:冶金工业出版社,2015:260—264.

第13讲 首都北京

我国宪法第一百三十八条规定:"中华人民共和国首都是北京。"[1]中国的首都是北京的第一属性,决定北京的城市风貌和建筑遗产,决定北京具有强集聚力,具有管理全国政治、军事、经济和文化的重任。北京的命运与祖国休戚相关。中国和平崛起,迈向世界强国,北京迈向世界大都市。全国各族人民向往北京,世界各国人民关注北京。保障首都功能是北京市总体规划的核心任务。[2]

13.1 北京建都

探讨首都建在北京的原因,可以从我国建都的规律性切入。

13.1.1 我国建都的规律性

1. 从秦朝统一到清朝,我国国都变迁的四大特点

(1) 前期主要在西安,后期主要在北京。唐以前1128年,国都在西安的有秦、西汉、隋、唐四朝,共546年。东汉和西晋国都在洛阳,共232年。五代以后1004年,国都在北京的有元、明、清三朝,共578年,北宋在开封,明初在南京。自西安向北京转移是我国两千多年国都变迁的主要轨迹。

(2) 全国一统时期国都主要在北方。全国一统时期国都在南方的只有明初52年。国都主要在北方是我国两千多年政治、军事、社会形势的产物。

(3) 南方建都主要在南北对峙时期。南京和杭州是我国六大古都之一。三国的吴、东晋、南朝和十国定都南京,南宋定都杭州,都是偏安局面。从整体看,对峙、鼎立和割据是历史的支流,共537年,占2132年的1/4。越到后期,一统的局面越来越明显,对峙、鼎立和割据的时间越来越短促。

(4) 非汉族是我国建都的重要力量。我国是多民族国家,国都是多民族政治、军事、经济和文化融合的中心。纵观我国历史,南北对峙大都由汉族和非汉族抗衡引起。到了元和清,非汉族成了一统主力。

表13-1 我国公元前221—公元907年建都表

地点	朝代	纪元	历时/年	累计年数	占比/(%)
1. 西安	秦 西汉 隋 唐	前221—前206 前206—25 589—618 618—907	15 231 29 289	564	50.0

---

[1] 中华人民共和国宪法.北京:法制出版社,2015:86.
[2] 胡兆量."北京城市发展规模的思考和再认识".载于清华大学建筑学院主办.城市与区域规划研究.北京:商务印书馆,2011,(2).

(续表)

地点	朝代	纪元	历时/年	累计年数	占比/(%)
2. 洛阳	东汉 西晋	25—220 280—317	195 37	232	20.6
3. 对峙、割据	三国 东晋 南北朝	220—280 317—420 420—589	60 103 169	332	29.4
小　计				1128	100.0

表 13-2　我国公元 907—1911 年建都表

地点	朝代	纪元	历时/年	累计年数	占比/(%)
1. 北京	元 明 清	1279—1368 1420—1644 1644—1911	89 224 264	577	57.8
2. 开封	北宋	960—1127	167	167	16.6
3. 南京	明	1368—1420	52	52	5.2
4. 对峙、割据	五代 南宋	907—960 1127—1279	53 152	205	20.4
小　计				1001	100.0

2. 从我国国都变迁的特点寻求建都的规律

"政治中心尽可能与军事中心一致"是建都的规律。政治中心与军事中心一致,既可攘外抗敌,又可安内防变。政治中心与军事中心脱节,外不便抵御强敌,内不易节制叛离。我国历史上军事活动空间分布有两个特点:① 军事活动主要在北方,特别在长城一线,军队布防集中在长城附近;② 军事活动和军事中心有东移趋势。

根据旧唐书地理志记载,天宝初年(742 年)全国兵力 57 万人,其中,十个节度使(集团军)49 万人(见图 13-1)。十个节度使中,八个沿长城附近分布。南方剑南(成都)和岭南(广州)两节度使兵力较少。范阳(北京)节度使规模最大,有 9 万人。安禄山造反时统领范阳、平卢(锦州)和河东(太原)三个节度使,占十大节度使总兵力四成。

明朝兵力集中在长城一线的态势更加清晰。沿着长城设九镇(见图 13-2),集中全国的精锐部队。九镇中,宣府和大同两镇的兵力最多,这两镇和蓟镇共同组成守护北京的铁三角防线。

13.1.2　北京建都的依据

北京建都是全国政治形势和军事地理演变的产物。"一城一河三大路"决定北京成为全国政治生活中心。

(1) "一城"是长城。长城是人类历史上最宏伟的防御工程,屯军用兵的前沿。

(2) "一河"是京杭大运河。大运河是首都供给的保障。根据卫星遥感测量,京杭大

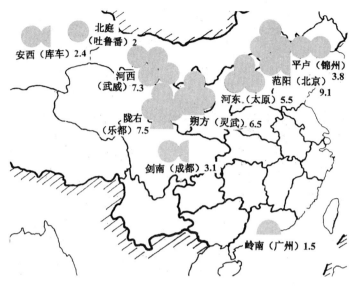

图 13-1 唐朝天宝初年(742年)兵力部署示意图
资料来源:根据旧唐书地理志总序绘制,每个圆代表2万人

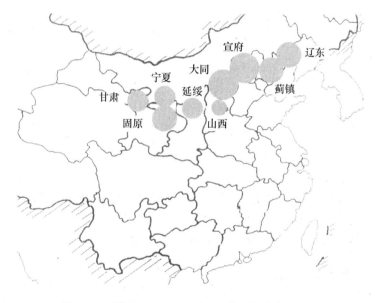

图 13-2 明朝(1403—1424年)九镇兵力分布示意图

运河长1710千米。

(3)"三条大路"。是指沿太行山麓通向中原的大路,出山海关通向东北的大路,出居庸关通向蒙古高原的大路。这三条大路将北京与中原、东北、蒙古高原三大地域联成一体,北京成为三大地域交往的枢纽(见图13-3)。近一千年来,这三大地域对我国的政治生活具有决定性影响。北京建都的三个朝代,元朝蒙古族、明朝汉族、清朝满族,分别来自三大地域。契丹、蒙古和满(女真)等民族入主中原,坐镇北京,进可控制江淮大地,退

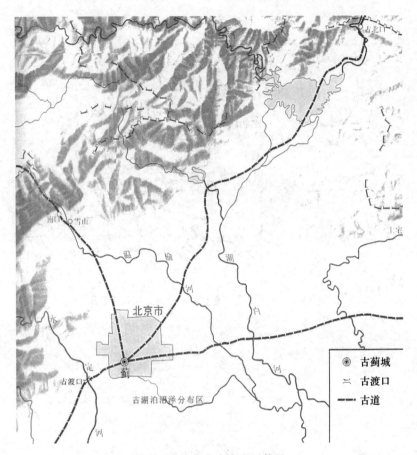

图 13-3 古代北京交通形势图
资料来源:侯仁之.图说北京城.北京:北京大学出版社,2011:29.

可兼顾关外故里。汉族统一中华,坐镇北京,外可防御入侵,内可管辖九州。

特殊的区位条件,决定北京是多民族共建的首都、多民族融合的首都。历数在北京建都的辽、金、元、明、清五朝,四朝是非汉族为主。其中,有两朝是满族为主。北京城、北京文化这些概念中都包含着多民族和谐共处、互助共建的内容。

13.1.3 关于迁都的讨论

1949年以来,有关迁都的议论,此起彼伏。2006年"两会"期间,479名全国人大代表联名向全国人大常委会提出议案,要求将首都迁出北京。① 由于历史、文化、政治、军事等方面的原因,迁都是不现实的。

1. 国际上迁都的主要原因

(1) 从边缘区位迁向中心区位,便于对全国的管治。第二次世界大战后,殖民地大批独立,出现迁都高潮。殖民政府管理时期,行政中心大都选在门户区位,便于殖民地和占

---

① 彭利国,周琼媛."另一个"北京,那些被忽视的"异见".南方周末,2013-01-03.

领国联系。独立后,新政府要协调部族矛盾,加速内地开发,纷纷在中心区位择都。马拉维的政治中心由松巴迁到隆圭,尼日利亚首都从拉各斯迁到阿布贾,坦桑尼亚首都由达累斯萨拉姆迁到多多马,科特迪瓦首都由阿比让迁到亚穆苏克罗。这些迁都活动,都是从门户区位迁向中心区位。巴西迁都是开发内地的典型。巴西国土辽阔,原来首都里约热内卢偏在沿海,迁到巴西利亚,便于开发内地,管理整片国土。

(2) 由于民族、宗教、历史、文化等多方面原因,一个国家往往有两个以上的政治圈。中间区位定都,可以起到平衡协调作用。印度、澳大利亚和加拿大的首都按照地域协调的原则,选在中间区位。印度首都新德里位于阿拉伯海边的孟买和孟加拉湾边的加尔各答两大门户城市间。澳大利亚首都堪培拉协调悉尼和墨尔本两大都市。加拿大有英语区和法语区两大文化地域。1841年到1865年加拿大首都在英语区金斯敦、多伦多和法语区魁北克、蒙特利尔间迁移五次,最后在渥太华稳定下来。渥太华处在英语区和法语区的交界线上,双方都可以接受。

美国定都华盛顿是中间区位优势的典型。美国独立前就有北南两大政治势力圈。政治中心几度更换。华盛顿位于美国北南两大政治圈中间。定都华盛顿后,美国的政治中心稳定下来。

(3) 分散城市功能,防止城市膨胀。韩国首尔、埃及开罗都遇到城市膨胀难题。为了延缓城市膨胀,韩国在首尔南120千米世宗建新都;埃及计划在开罗东25千米处建新都。

2. 我国是否迁都

建议我国迁都的主要理由是:① 北京处在我国淡水资源紧缺的海河流域,地下水资源开采殆尽;② 北京位置偏离我国人口分布中心和经济分布中心。

迁都不像迁企业总部那么简单。迁都要耗费巨额成本,包括经济成本和文化成本。德意志联邦共和国(西德)和德意志民主共和国(东德)合并后,放弃波恩,将首都功能集中到柏林,前后耗费了十年时间。

北京建都以后,基础设施方面的投资以数十万亿元计。随着基础设施的不断完善,迁都的难度越来越大。作为千年古都,北京是全国各族人民团结的象征。北京在文化凝聚力方面的贡献是难以用价值度量的。

北京资源短缺,可以开源节流。南水北调是减轻水资源压力的成功举措。北京城市膨胀,可以疏散其非首都功能,开展区域协作,减轻人口压力。北京离我国人口分布中心和经济分布中心较远,并不影响北京的首都功能。世界上偏离中心的首都不在少数,如英国的伦敦、法国的巴黎、德国的柏林、俄罗斯的莫斯科、美国的华盛顿,都有偏离中心现象。

13.2 去非首都功能

《北京城市总体规划(2016—2030年)》贯彻"去非首都功能"方针是北京城市规划史上的一次飞跃。"去非首都功能"符合城市发展的客观规律,实施后立竿见影,取得实实在在的效果。围绕"去非首都功能",有两个问题可以进一步探索:什么是首都功能?怎样更有效地"去非首都功能"?

13.2.1 控制城市人口规模的主要矛盾

城市功能是决定城市人口规模的主要因素。"去非首都功能"抓住了北京市人口增长过快的主要矛盾,也就是牵住了北京市人口增长的牛鼻子。

1. "去非首都功能"反映城市分工客观规律

北京处在全国城市体系顶端,只能承担其他城市无法承担的顶端功能。城市体系像座大楼,北京在最高层,面积有限。其他层次能够承担的功能挤到最高层来,影响最高层的功能,不利于整体利益。形象地解释,可以把城市体系比作人体。北京像大脑,只能担负指挥调节功能,劳作行走、五味感觉、呼吸消化,大脑无法替代。

2. 执行"去非首都功能"初见成效

执行"去非首都功能"方针,北京市规划建设满盘皆活,空间布局疏密有序,环境污染迎刃而解。动物园批发市场(动批)搬走了,阜城门外天意小商品市场搬走了,这两个地段安静下来,交通堵塞现象缓解了。进入21世纪以来,北京市人口平均每年增长4%:2001年北京市人口1383万人,2015年达到2173万人。14年时间增加790万人,平均每年增长50万人,相当于每年增加一座中等城市。2017年北京市人口2171万人,比2015年减少2万人。这是改革开放以来北京市第一次人口负增长,可喜可贺。[①]

13.2.2 三次总体规划修编的经验

改革开放以来,北京市三次修编城市总体规划。三次修编的科学性不断提高,对北京市建设发挥重要的指导作用。然而,在预测人口规模方面,却都显得滞后。每一次修编的人口控制指标大体只能管规划期三分之一时间,早早被突破。

第一次,1982年修编的《北京城市总体规划方案》要求"20年内全市常住人口控制在1000万人左右"。1983年7月,中共中央、国务院对《北京城市总体规划方案》的批复:"坚持把北京市到2000年的人口规模控制在1000万人左右。"[②]这一指标只管了4年,于1986年突破。2000年年末北京常住人口1357万人,比规划多出357万人。

第二次,1991年修编的《北京城市总体规划方案》要求"到2010年,北京常住人口控制在1250万人左右"。这一指标管了5年,于1996年突破。2010年年末北京常住人口1800万人,比规划多出550万人。

第三次,新世纪修编的《北京城市总体规划(2004—2020)》要求"2020年北京实际居住人口控制在1800万人左右"[③]。2010年北京市常住人口超过1800万人。

人口规模是城市总体规划的基础。"量体裁衣",人口规模是体,城市规划是衣。身体的高矮胖瘦量不准确,裁出来的衣服不可能合身。"城市人口的控制性规划指标,要建立在对今后的发展趋势和现实可能性的分析基础上,才能提高前瞻性。"北京市总体规划

---

① 北京晚报,2018-02-28.
② 首都规划建设委员会办公室.首都规划建设文件汇编.1992:5.
③ 北京市规划委员会,北京市城市规划设计院,北京市规划学会.北京市城市规划图志(1949—2005).2007:24—61.

人口规模指标在三分之一时间里突破,用地指标、基础设施必然滞后,"冲击规划总图,表现为建成区的超计划蔓延,使本来就不太明显的分散集团式城市空间结构更近于名存实亡"①。

13.3 首都功能的内涵

  首都功能是一个宽泛的概念。世界上有两百多个国家,有的国家首都规模很小,有的国家首都规模很大。2016年澳大利亚人口2413万人,首都堪培拉人口36.8万,占全国人口1.5%。日本东京和英国伦敦,首都圈占全国人口1/4～1/3。韩国首尔和希腊雅典,首都圈人口接近全国人口一半。这两类城市首都功能有巨大差别。

  确切地说,北京市总体规划中探讨的首都功能是中国的首都功能,是适应中国历史文化背景的首都功能。规划对北京的战略定位是四大中心:政治中心、文化中心、国际交往中心、科技创新中心。四大中心是北京首都功能的核心内涵。中华人民共和国成立以来,对北京首都功能有广泛地探索,探索的焦点有两个:改革开放前焦点是工业中心,改革开放后焦点是经济中心。

13.3.1 按照工业中心的理念建设

  受中国政府邀请的苏联专家巴兰尼可夫1949年在《关于北京市将来发展计划问题的报告》中认为:"作为首都,不仅为文化的、科学的、艺术的城市,同时也应该是一个大工业的城市。"当时,北京城市规划界大都认同巴兰尼可夫的观点。1953年北京市在《关于改建与扩建北京市规划草案》中提出:"首都应该成为我国政治、经济和文化的中心,特别要把它建设成为我国强大的工业基地和技术科学的中心。"1958年9月在《北京市总体规划方案》中确定城市性质是:"北京是我国的政治中心和文化教育中心,还要迅速地建设成一个现代化的工业基地和科学技术的中心。"

  赞同北京建成工业中心有认识上的原因和财政政策上的原因。认识上存在三大误区:① 全国工业化等同首都工业化。当时全国由农业社会向工业社会转型,工业化是最响亮的口号。全国工业化,首都应当起表率引领作用。② 工人阶级领导等同产业工人领导。新中国是工人阶级领导的社会主义国家。工人阶级领导,首都理应是产业工人集聚的城市。③ 生产城市等同工业生产城市。当时,把城市分为生产城市和消费城市两类,认为只有工业城市才是生产城市,第三产业排除在生产以外。典型的提法是:"如果在北京不建设大工业而只建中央机关和高等学校,首都只能是一个消费水平极高的消费城市,也缺乏雄厚的现代产业工人的群众基础,这和首都的地位是不相称的。"

  当年的财经制度像指挥棒一样,指引每座城市发展工业。工业是财政的主要收入来源。"以工养城",有了工业,城市各项事业才能运转。首都北京也不例外,各级领导都把注意力集中在建工厂上,有了工厂北京的财政才能活起来。

  按照工业中心的理念建设,北京的经济结构快速重工业化。钢铁、机械、化工、建材

---

① 周一星.对北京市规划指导思想的几点思考.北京规划建设,1992,(4):14—16.

等重工业成为北京主导产业。1972年北京市轻重工业比重达到34.3∶65.7。北京东北郊出现酒仙桥电子工业城,八里庄形成纺织业中心,东南双井形成化工城。石景山、清河、长辛店的老厂区迅速扩建。衙门口、南口兴建大型机械、电机业。"大跃进"时期,居民区内还见缝插针地办起了七百多家街道工厂。[①]

改革开放后,城市总体规划不再提工业中心,"扭转了片面强调综合性工业基地的主导思想,是一大进步"[②]。原有的工业成了调整对象。如何合理利用废弃的老旧厂房,成为北京市规划中的热点问题。历史证明,不提工业中心符合北京发展的客观规律。

13.3.2 关于经济中心的提法

改革开放以来,有一种意见主张在北京城市性质中提经济中心。在正式规划文本中没有出现经济中心提法。

1982年北京城市总体规划提出:"全国的政治中心和文化中心。各项事业的建设和发展,都要适应和服从这样一个城市性质的要求。"2005年1月,国务院在对《北京城市总体规划(2004—2020年)》批示中指出:"北京市是中华人民共和国的首都,是全国的政治中心、文化中心,是世界著名古都和现代国际城市。北京市的发展建设,要按照经济、社会、人口、资源和环境相协调的可持续发展战略,体现为中央党、政、军领导机关的工作服务,为国家的国际交往服务,为科技和教育发展服务,为改善人民群众生活服务。"批示提出"四个服务"方针。北京市的经济活动体现在"协调的可持续发展"中,体现在"四个服务"中。

反对在北京市总体规划中提经济中心的主要理由是"唯一性",认为北京作为政治中心和文化中心是唯一的,作为经济中心不是唯一的,上海的经济产出超过北京。2016年北京的地区生产总值是2.49万亿元,上海的地区生产总值是2.75万亿元。北京与上海的经济结构有区别。上海没有那么多有国际影响力的企业总部,没有那么多全国顶尖的银行,没有调控全国经济和金融的机构。对全国经济的调控力和对世界经济的影响力,北京是不可替代的,是唯一的。单纯用GDP指标不可能反映北京和上海的本质差别。

13.3.3 关于经济管理中心

在计划经济时期,中央党政军经文一把抓,国民经济管理大权集中在首都,与经济管理有关的机构在首都。改革开放以来,实行社会主义市场经济体制,首都保持着对全国经济生活的调控能力。

1. 北京有一批全国性企业

这批全国性企业,俗称"中"字头企业。国务院国资委管理136家大型企业,104家总

[①] 北京卷编辑部.当代中国城市发展丛书——北京.北京:当代中国出版社,2011:302—320.
[②] 周一星.对北京市规划指导思想的几点思考.北京规划建设,1992,(4):14—15.

部在北京。[①] 2017年世界财富名单中,我国有20家企业进入前100强。这20家企业,12家总部在北京。其中,前5家企业的总部全在北京。北京是全球最大的企业总部基地之一。

表13-3 2016年世界企业100强中的中国企业[②]

世界排序	中国排序	企业	营业收入/百万美元	总部所在城市
2	1	国家电网	315 198	北京
3	2	中国石油化工	267 518	北京
4	3	中国石油天然气	262 572	北京
22	4	中国工商银行	147 675	北京
24	5	中国建筑	144 505	北京
27	6	鸿海精密工业	135 128	台北
28	7	中国建设银行	135 093	北京
38	8	中国农业银行	117 274	北京
39	9	中国平安保险	116 581	深圳
41	10	上海汽车	113 860	上海
42	11	中国银行	113 708	北京
47	12	中国移动通信	107 116	北京
51	13	中国人寿保险	104 818	北京
55	14	中国铁路工程	96 978	北京
58	15	中国铁道建筑	94 876	北京
68	16	东风汽车	86 193	武汉
83	17	华为投资控股	78 510	深圳
86	18	中国华润	75 776	香港
90	19	太平洋建设	74 629	乌鲁木齐
100	20	中国南方电网	71 241	广州

2017年世界商务区联盟年会发布《全球商务区吸引力报告》,北京CBD(中央商务区)位列世界CBD综合排名第九。北京CBD居世界第九位是北京经济在全国和全世界影响力的标志。

2. 北京有强大的金融业

金融业的前续因素是党中央和国务院,是首都地位。金融业的内容是集聚大批金融实体和大批为金融业服务和配套的实体,形成三大层次金融体系:

第一层次,一行三会金融管理体系。包括中央银行,银行监督管理委员会、证券监督管理委员会和保险业监督管理委员会。

[①] 黎念青.北京建设社会主义世界城市研究.北京规划建设.2010,(4):8—12.
[②] 2017世界财富500强,2017-07-20.

第二层次，金融实体。我国四大银行，中国工商、中国建设、中国农业和中国银行总部在北京。我国进入世界500强的另7家银行，中国中信、中国光大、中国民生3家总部在北京。我国进入世界500强的保险公司6家，中国人寿、人民保险和友邦保险3家总部在北京。

第三层次，金融服务体系。北京控制全国金融资产的60%，控制全国信贷资金的90%，保费资金的65%。

北京在金融决策、金融管理和金融信息方面的优势是其他城市无法比拟的。

由于北京在经济上和金融上的强大实力，人们说："北京是不提经济中心的经济中心""北京是不提金融中心的金融中心"。对北京的经济功能比较适当的表述是经济管理中心。经济管理中心可以涵盖企业总部基地、强大的CBD、全球影响力的金融业等内容。如果在北京市的总体规划中不提经济管理中心，那么全国没有第二个城市可以提了。

13.4 控制城市人口规模任重道远

新一轮的城市总体规划确定北京市常住人口规模2020年控制在2300万人以内，2020年以后长期稳定在2300万人左右。促使北京城市人口增长的因素依然存在，北京市人口规模长期稳定在2300万人左右的任务可谓任重道远。

13.4.1 人口增长的压力依然存在

"去有尽时，长无尽日"。去非首都功能有一定限度。"动批"迁走了，没有第二个"动批"。推动北京市人口增长的主要因素没有改变。

第一，我国的政治体制没有变，强大的政治中心及其衍生强大的集聚力没有变。

第二，北京为全国14亿人口服务的现实没有变。按占全国人口1.5%的小首都框算，北京可以有2100万人。何况北京不属于小首都类型。北京与东京、伦敦的对比研究很多，有一点差别往往被忽视：北京面对的全国人口是东京的10倍、伦敦的20倍。

第三，我国处在城市化高潮的态势没有变。2016年我国57.35%人口进入城市。城市化还有很长的路要走，还有成亿农村人口要进入城市，包括进入北京。

"去非首都功能"抓住控制北京城市人口规模的牛鼻子。如何更有效地"去非首都功能"呼唤观念创新和政策创新。初步归纳，有三方面可以进一步探索：① 采取能让则让，能迁则迁，能分则分方针；② 树立政治中心和文化中心可分性观念；③ 淡化首都第一情结。

13.4.2 能让则让，能迁则迁，能分则分

"去非首都功能"可以采用能让则让，能迁则迁，能分则分的原则，简称十二字原则。

1. 十二字原则

（1）能让则让。凡是其他城市可以胜任的项目，坚决让其他城市承担。北京不宜与其他城市争项目。落到北京，必须是其他城市无法胜任的。这方面北京是有历史教训的。北京发展过老三件：自行车、缝纫机和手表，后来纷纷败下阵来，因为北京在这方面没有竞争力，这些产业不适宜在北京发展。家用电器兴起后，北京搞电冰箱、洗衣机、空

调,同样败下阵来,因为北京没有优势。

(2) 能迁则迁。凡是可以迁出北京的项目,迁出是正确的抉择。从用地、环境、运输、耗水等方面评价,钢铁工业在北京没有竞争力,坚决迁出北京。钢铁工业迁出北京,在河北曹妃甸建新厂,企业素质大幅度提升,北京市减轻了环保压力,石景山区获得发展新兴产业的宝贵土地,是多赢的结局。

(3) 能分则分。凡是可以部分分离出北京的,坚决分离出去。当前,全球经济进入横向分工时代。由于历史原因,有些单位整体迁出困难较多,将某些环节分散出京,在全国进行横向分工是可行的。

2. 政治中心和文化中心是北京市的核心功能

政治中心和文化中心的首脑单位必须留在北京。政治中心和文化中心的具体项目和活动并不一定全部在北京落脚。政治中心和文化中心的具体项目是可以细分解的,有些部分可以挪到北京市以外地区。对政治中心和文化中心进行细分,适当迁出部分细目和活动是观念上的创新,是控制北京城市人口规模的重要途径。

国际上有政治中心外分的实例。荷兰首都在阿姆斯特丹,有些中央机构、最高法院、外国使馆在海牙,女王住址在海牙。南非共和国首都在比勒陀利亚,议会在开普敦,开普敦称立法首都,最高法院在布隆方丹,布隆方丹称司法首都。南非的经济中心在约翰内斯堡。

我国也有政治中心分散的先例。清朝在承德建避暑山庄,行使季节性政治中心功能。20 世纪 50 年代以来,每到夏季,部分中央政府的活动转移到秦皇岛北戴河。盛夏季节学校放假,全国学子到北京游览,适逢部分中央活动外迁,起到互相调剂作用。

3. 高等学校平衡布局是全国区域协调发展的重要环节

北京集中那么多高等学校在世界上是独一无二的。英国著名学府牛津和剑桥不在伦敦。美国著名高校哈佛和耶鲁不在华盛顿和纽约。北京大学和清华大学集中在北京是中国历史的产物。北大和清华分出一部分到深圳办分校,成为深圳大学城的骨干,推动深圳市发展。中国科技大学迁到合肥,中国矿业大学迁到徐州,促进合肥和徐州产业升级。

13.4.3 淡化首都第一情结

自从秦朝一统六国以来,我国首都就有强集聚力。明朝以前,全国人口不超过 6000 万,但唐时的长安(西安)、梁时的建康(南京)、北宋的汴京(开封)、南宋的临安(杭州),都号称有 100 万人。按照城市建成区核算,元泰定四年(1327 年)北京城市人口 93 万,明万历六年(1578 年)北京城市人口 84 万人。[①] 在那个时期,北京是世界遥居首位的大城市。当时,西方最大的城市奥斯曼帝国首都康斯坦丁(现在土耳其的伊斯坦布尔)10 余万人。马可波罗到元大都时,见到这样大的城市十分惊叹。

北京强集聚力的根源是权力集中的体制和首都情结。首都情结蕴含着中华民族的凝聚力和向心力。首都情结是北京规模膨胀的文化背景。

首都情结是我国传统文化的一部分。"天"是中华传统文化的"图腾"。"天"字是一

---

① 韩光辉.北京历史人口地理.北京:北京大学出版社,1996:58、65、104.

加大,是无可争辩的第一。北京是天子住地,在城市体系中的地位相当于"天"。北京重要的地方都带"天"字:天安门、天桥、天宁寺、天堂河。

在首都情结的影响下,凡是全国第一的,大都设在北京。最大的图书馆在北京,最大的剧院在北京,第一次亚运会在北京召开,第一次奥运会在北京召开。每一个"第一"都催促城市膨胀。世界上许多国家举办奥运会,可以不在首都。我国在北京举办奥运会,共需 30 座场馆,其中,新建 11 座,改扩建 11 座,临时场馆 8 座,总建筑面积 108 万平方米。配合奥运会,建奥林匹克公园,共计用地 1135 公顷,相当于一座 10 万人口城市的用地面积。2022 年冬季奥运会也在北京。北京成为世界上唯一既举办夏季奥运会、又举办冬季奥运会的城市。

按照控制北京城市人口规模的要求,首都第一的情结必须淡化,全国第一的项目尽可能在北京以外落脚。2003 年亚洲论坛永久会址选在海南博鳌。2014 年世界互联网大会永久会址选在浙江乌镇。这些安排减轻了北京的负担,是英明的决断。

13.5　城市建筑遗产

八百年首都历史给北京留下丰富的建筑遗产。在北京建筑遗产中,影响较大的是传统风貌和双核结构。

13.5.1　双核结构

受中轴线的影响,北京空间布局有双核结构(见图 13-4,图 13-5)。双核的分工是东富西贵。历史上北京东城多富商,西城多达官贵人、皇亲国戚。从元朝到清朝,大运河是北京对外联络的主渠道,通州是北京的大门。商贾从通州登陆,由朝阳门进城。西北有山川湖沼,景色秀丽,多皇家园林。后海、北海、中南海都在西城。西城多精美四合院。与东富西贵相关联的是北贫南贱,北城多贫苦市民,南城多戏院杂耍等"下九流"活动场所。鸦片战争后,北京城由东富西贵演变为东外西内。使馆区在东交民巷,国权沦丧,东交民巷是列强行使特权的地方。

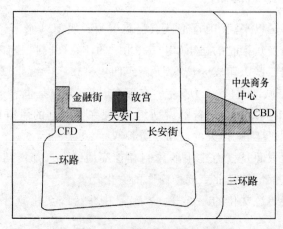

图 13-4　北京东西双核结构示意图

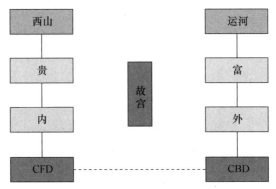

图 13-5　北京东西双核结构演化图

中华人民共和国成立后，北京空间结构沿着东外西内的方向发展。东部建起三个使馆区。党中央、国务院、全国人大、全国政协等机构在西城落脚。国家机关向复兴门外三里河一带集中。三军总部等重要军事单位在西侧选址。地铁一号线和东西长安街延伸线取东西走向，加强北京建成区东西两侧发展的趋势。

改革开放后，东部以国贸大厦为中心，建中央商务中心(CBD)。这里的优势是：① 近门性，离首都机场近，面向天津、塘沽、秦皇岛等海港；② 外向性，各国使馆和外商驻京机构云集，建中央商务区；③ 开阔性，面向大平原，有广阔的发展空间。西部在西二环路东侧建设金融街(又称中央金融区,CFD)。这里的优势是：① 接近政治中心中南海和三里河；② 接近文化中心海淀中关村；③ 有什刹海、北海、中南海水体，景色秀丽。

金融街是北京特有的名称，用国际通用的术语表述就是中央商务区。为了与东部中央商务区相区别，金融街称中央金融区(CFD)。双核是北京空间结构的特色。一东一西倚角而立。东区具有外向性和国际性。西区是全国金融和经济管理中心，更具内向性。

进入 21 世纪，北京对外交通联系出现新的情况：① 南郊兴建第二国际机场；② 以北京为中心的高速铁路向四方辐射，空间格局有重大调整。但是，历史上形成的东西双中心烙印是不会轻易淡出的。

13.5.2　传统风貌

北京城市建筑的传统风貌主要有三方面。

1. 中轴线和故宫

中轴线是北京的轴心，是一条城市建筑线，也是一条政治线。北京与皇都有关的建筑大都安排在中轴线上，或者安排在中轴线两侧。故宫是中轴线的灵魂，整个中轴线以故宫为中心向南北延伸。中轴线上有天安门、前门、鼓楼、钟楼等建筑，中轴线两侧有天坛、先农坛等名胜古迹。2004 年中轴线南端永定门城楼复建是保护中轴线的举措。

2. "凸"字形的城廓

北京城墙是我国城墙中最雄伟壮观的杰作，由内城和外城组成"凸"字形状(见图 13-6)。内城和外城分别承担不同的功能。

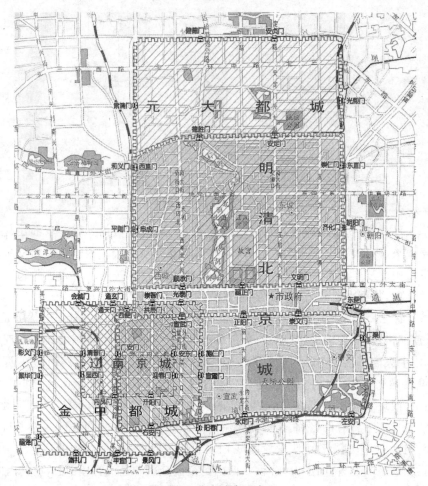

图 13-6　北京城廓示意图
资料来源:侯仁之.图说北京城.北京:北京大学出版社,2011:37.

3. 胡同和四合院组成的街巷体系

北京城有规整的街巷体系。胡同和四合院是北京街巷体系的基本单元。北京胡同在元大都时开始形成。元代规划的胡同以东西走向为主,可以阻挡来自西北的寒流。胡同骨干平直规则,宽约 9.24 米。

1986 年北京城区(东城区、西城区、宣武区、崇文区)有胡同 3665 条。到 2007 年留下 1320 条,三分之二的胡同在二十年内消失。[1] 随着胡同的消失,四合院没有了立足之地。

13.5.3　城墙的去留

北京城墙去留是学术界关注的热点之一。以梁思成为代表的建筑学家建议保留北京城墙,利用城墙建花园和绿带,供人们登高游览,追思古今。由于拓宽道路需要,从

---

[1] 北京卷编辑部.当代中国城市发展丛书——北京.北京:当代中国出版社,2001:603.

1952年起,陆续拆除城墙。1957年开始拆城墙建地铁,到1969年城墙基本上拆除。目前还留下五楼两段:五楼是德胜门箭楼、东南角楼、前门城楼、正阳门楼和2004年复建的永定门城楼;两段是崇文门到东南角楼1540米,建明城墙遗址公园,内城西南城墙南端500米角楼。

城墙去留的争议有普遍性。以上海城墙为例,光绪三十二年(1906年)地方士绅呈请拆城,得到道台袁树勋支持。守旧派成立"城垣保存会"反对拆城墙。直到辛亥革命后,1912年才开始成立"城濠事务所",主持拆城。西安是我国城墙保留较完整的典范,是目前作为古城墙展示的重要景点。西安城墙能保留下来有一段插曲。1926年军阀刘镇华围攻西安,"二虎守长安",守将李虎臣和杨虎城坚守8个月赢得战事。有功之墙,受到加倍爱护。城墙在冷兵器时期主要功能是防御,第二功能是展示政权的威严。如今城墙失去了防御意义,阻碍交通,影响城市发展的副作用越来越突出。拆除城墙,拓宽马路,通畅交通成为大多数城市的选项,中外无一例外。

作为八百年帝都,北京的城墙雄伟舒展,凸字形状,都是独一无二的。北京城墙墙基宽24米,高12～14米,外城东西7950米,南北3100米,内城东西6650米,南北5350米,城内面积62.5平方千米。

总结历史经验,关键是处理好城市发展与文物保护的矛盾。城市要发展,妨碍交通的城墙要拆除。文物要保护,在局部地段,交通规划要为城墙保护让路。目前的结果是保留了五楼两段,过于分散,形不成有震撼力的景观。如果能通盘安排,集中一地,保留下较长的地段,可以为北京增添一个游览古都的胜景,为影视制作提供一个取景佳处。

类似城墙的案例在北京还有多个。北京曾经有大批牌楼。东四牌楼、西四牌楼整齐排列,非常壮观,相继拆除,空留地名。如果能在附近公园易地重建,可以让后人一睹风采。如今海外华人集居的地方大都有牌楼标志,回到祖国北京,反而罕见牌楼踪影。

13.5.4 "三山五园"

"三山五园"是指北京拥有世界上规模最浩大的园林集聚区。"三山五园"包括玉泉山静明园、香山静宜园、万寿山清漪园,平地建造的圆明园和畅春园。

"三山五园"从金朝开始修建,到清朝达到极盛,自海淀镇到香山分布九十多处皇家离宫御园和赐园,绵延二十余里。"三山五园"分布范围68.5平方千米,与城区面积62.5平方千米相当,在历史文化内涵上,也与老城区相伯仲。

圆明园曾以规模宏大,珍藏文化众多,建筑风格中西合璧,誉为"万园之园"。1866年10月,圆明园遭英法联军洗劫,成为中华民族屈辱史的象征。张爱萍将军在《如梦令》中写下"怒目看废墟,不齿联军寇仇"的不朽诗句。

"三山五园"不仅是我国园林建筑杰出代表,还赋予了北京政治、文化中枢地位。清代"园居理政",这里是政治、军事中枢。当今北京大学和清华大学等著名高等学校在这

图 13-7　圆明园残迹图（杨晓东绘）

里扎根,成为文化创新的圣地。"三山五园"遗址遗物破坏散失严重,全面保护"三山五园"是传承北京历史风貌的重要使命。

第 14 讲 "一带一路"

2013年国家主席习近平在出访哈萨克斯坦和印度尼西亚时分别提出建设新时期丝绸之路经济带和海上丝绸之路。丝绸之路经济带和海上丝绸之路简称"一带一路"（见图14-1）。

图 14-1 "一带一路"初始示意图

14.1 "一带一路"的特征

"一带一路"具有战略性，体现治理世界的新模式，是我国和平崛起的重要标志。"一带一路"的空间结构有广域和层次性。

14.1.1 治理世界的模式

从资本主义登上历史舞台后，治理世界从资本的属性出发，依靠实力，获取利益。依靠实力导致战争和兼并，获取利益导致殖民和剥削。翻开近现代史，充满大大小小的战事，没完没了的纷争。

进入20世纪以来，世界经济增长速度加快。但是，人们盼望的和平和发展两大目标一个都没有解决。20世纪上半叶打了两次世界大战。第二次世界大战后，局部战争一个接着一个。到了21世纪，恐怖袭击加剧。武力反恐，越反越恐。2015年全球因冲突死亡10万人，全球难民6560万人，每113人就有1个难民。同时，经济发展没有惠及全体人民，国家间贫富差距加剧，富国越来越富，穷国贫穷如故。发达国家内部，贫富差距也有扩大的趋势。贫困和动乱交织，国际秩序雪上加霜。贫困是动乱的土壤，动乱产生新的贫困。

人们质疑当前的国际秩序,探究它产生的根源。希腊哲学家修昔底德提出:新兴大国崛起必然要挑战现存大国。修昔底德的观点又称修昔底德陷阱,被西方奉为定律。

1862年俾斯麦出任普鲁士首相,在议会发表第一次演说有一句名言:"当代的重大政治问题不是用说空话和多数派决议所能决定的,必须用铁和血来解决。"俾斯麦因此被称为铁血首相。1864年普鲁士联合奥地利战胜丹麦。1866年普鲁士战胜奥地利。1870年普鲁士战胜法国,统一德意志,建立德意志第二帝国。曾在普鲁士王室中任职的伏尔泰评论说:"普鲁士不是一个有一支军队的国家,而是一支有国家的军队。"[1]

美国1818年战胜西班牙,1846—1849年战胜墨西哥,兼并西南部大片土地。美国第一大州加利福尼亚、第三大州得克萨斯原属墨西哥,第四大州佛罗里达原属西班牙。1898年美国又一次战胜西班牙,兼并关岛、波多黎各,占领菲律宾。1903年美国宣布在拉丁美洲行使"警察权",出兵古巴、尼加拉瓜、海地和加勒比地区,干预别国内政。通过两次世界大战,美国登上世界霸权顶峰。[2]

梵蒂冈天主教教皇方济各也参加到质疑的行列中。他在接受法国《十字架报》采访时说:"西方一些强权国家的做法,是在将自己的民主制度强行嫁接到伊拉克和利比亚等国家,却丝毫没有考虑到当地的政治文化问题。"他举例说,一位利比亚人曾抱怨:"过去这里只有一个卡扎菲,现在多出来50个。"

14.1.2 "一带一路"构建世界秩序的新模式

"一带一路"的立足点是互联互通,包括公路、铁路、港口、油气管道、电力和通信网络组成的陆、海、空、网四位一体的硬联通,也包括政策、规划、标准三位一体的软联通。各国利用互联互通大平台,合作交流,发挥比较优势,走向共同繁荣。

世界银行《重塑世界经济地理》报告指出:"中亚和撒哈拉以南非洲地区等远离世界市场,面临着经济增长最严峻的挑战,需要合作解决问题的强大承诺。"中亚和撒哈拉以南非洲地区是世界上贫困国家最集中的地区。丝绸之路经济带贯通中亚。海上丝绸之路直抵撒哈拉以南非洲地区。

法国汉学家高大伟说:"在欧盟和欧亚各国的大力支持下,新丝绸之路将会带领全世界65%的人口达到前所未有的团结和繁荣。新丝绸之路是欧亚大陆之梦,一个我们可以共同追求的梦。"[3]

14.1.3 "一带一路"是我国和平崛起的标志

我国改革开放第一阶段的主要任务是引进,引进资金、引进技术、引进信息。第一阶段我国输出的主要是商品。经过三十余年的积累,我国国力上升,在引进资金和技术的同时,开始输出资金和技术。我国是全球对外贸易第一大国,外汇储备第一大国,海外放

---

[1] 〔美〕罗斯金著.国家的常识.夏维勇译.北京:世界图书出版社,2013:171.
[2] 〔美〕海斯.全球通史.北京:红旗出版社,2015:379.
[3] 应强.中共治国理政至少有两大优势.参考消息,2016-07-15.

贷第一大国。① 2015 年我国向海外投资超过外资投入,成为资金纯输出国。福布斯"全球 2000 强企业排行榜"显示中国工商银行、中国建设银行和中国农业银行占前三位。我国已经具备输出大型成套设备实力。在高速铁路、核电、新能源等领域,我国拥有核心知识产权。在钢铁、造船、建筑材料等领域,我国拥有世界近半数的产能。在 2016 年世界十大集装箱港口中,有七个在我国(见表 14-1)。

表 14-1 全球十大集装箱港(2016 年)

港 口	集装箱/万标箱
1. 上海	3654
2. 新加坡	3092
3. 深圳	2420
4. 宁波舟山	2062
5. 香港	2011
6. 釜山	1947
7. 广州	1762
8. 青岛	1751
9. 迪拜	1559
10. 天津	1410

资料来源:百度网。

从历史的长河考察,改革开放第一阶段只是序幕。以"一带一路"为标志的改革开放新阶段内容更加丰富,持续时间更长。

"一带一路"遵循人类命运共同体的理念,共建和平、安全、繁荣、包容、美丽的世界,不会重走地缘博弈的老路。70 多亿人口,2500 多个民族,5000 多种语言,生活在同一个星球上,互相交流,互相融合,你中有我,我中有你,不同文明,没有高低优劣之分,组成命运共同体,一起描绘绚丽多彩的人类文明画卷。

14.1.4 "一带一路"的空间结构

"一带一路"是开放性的,随着岁月流逝,"一带一路"的空间范围不断扩展。古代丝绸之路依靠马帮、驼队、帆船,到达的地域受到限制。"一带一路"建立在现代交通和通信技术基础上,重点面向亚欧非,同时向全世界开放。2017 年 5 月召开第一次"一带一路"高峰论坛,远在南美洲的智利和阿根廷总统前来赴会。我国是近北极国家,2013 年成为北极理事会正式观察员。2017 年我国发表《中国的北极政策白皮书》,提出共建冰上丝绸之路蓝图。

"一带一路"的战略框架与沿途各国提出的发展战略协调对接,优势互补,实现"一加一大于二"的效果。重要的有俄罗斯的欧亚经济联盟,东盟互联互通总体规划,哈萨克斯

---

① 国家统计局国民经济综合统计司.中国统计摘要·2016.北京:中国统计出版社.

坦"光明之路"，土耳其"中间走廊"，蒙古"发展之路"，越南"两廊一圈"，英国"英格兰北方经济中心"和波兰"琥珀之路"等。

在空间上，"一带一路"由国际合作走廊、产业园区和重大项目等不同层次的单元编织而成。比较明朗的国际合作走廊有六条：① 中国巴基斯坦经济合作走廊；② 孟中印缅经济合作走廊；③ 新亚欧大陆桥；④ 中蒙俄经济合作走廊；⑤ 中国-中亚-西亚经济合作走廊；⑥ 中国-中南半岛经济合作走廊。

1. 国际能源通道是合作走廊中的重要组成部分

我国已经建成和正在建设东北、西北、西南陆上能源通道，加上海上能源通道，构成三大国际能源通道。

（1）东北能源管道。包括：① 中俄原油管道，从俄罗斯斯科沃罗季诺分输站到大庆，长1000千米，2011年启用；② 中俄天然气管道，西线从俄罗斯阿尔泰共和国到新疆，东线从布里亚特到我国东北，正在建设中。

（2）西北国际能源管道。包括：① 中哈原油管道，从哈萨克斯坦里海边阿特劳，到新疆阿拉山口，长2208千米，2009年10月投产；② 中国-中亚天然气管道，全长1830千米，西起土库曼斯坦，经过乌兹别克斯坦和哈萨克斯坦，由新疆霍尔果斯口岸入境与中国境内西气东输管道相连。中国-中亚天然气管道是我国境外最大的天然气项目。

（3）西南国际能源管道。从缅甸西海岸皎漂港起，经曼德勒，在云南瑞丽入境，到昆明，全长1100千米。中缅油气管道是原油和天然气双管线。

2. 产业园区

"一带一路"沿线已经建立56个不同类型的产业园区。在沿海，产业园区与港口、城市联动，形成"前港、中区、后城"模式。非洲的吉布提、巴基斯坦的瓜德尔和斯里兰卡的汉托班克，都是港口先行，开发区跟进，带动城市发展。在陆域，园区建在航空港和铁路枢纽附近。白罗斯明斯克的中白工业园区，位于国际机场和铁路枢纽旁，有高速公路经过。

3. 重点项目

重点项目是"一带一路"的基础。到2017年6月，我国已经在"一带一路"沿线国家修建了95个深水码头、10座机场、152座桥梁，2080千米铁路。印度尼西亚雅加达到万隆高速铁路将在2019年投入使用。工业企业如厄瓜多尔发电厂、埃塞俄比亚水泥厂、玻璃厂陆续投产。

到2016年底，我国在"一带一路"沿线国家设立30个中国文化中心，实施柬埔寨吴哥古迹茶胶寺、乌兹别克斯坦花刺子模州希瓦古城等文化修复项目，向尼泊尔和缅甸提供文化遗产震后修复援助。

2008年我国获得希腊比雷埃夫斯港二号和三号码头特许经营权。希腊是世界海运大国。希腊船队占世界货运量16%。我国的技术、管理与希腊的海运传统、人力资源、优越区位结合，比雷埃夫斯港迅速成长，集装箱吞吐量由2010年的88万标箱，增长到2016年的336万标箱，在世界上排序由第93位上升到第38位，成为发展最快的港口之一。

14.1.5 中巴经济合作走廊

中国巴基斯坦经济合作走廊是"一带一路"的典范。走廊从新疆喀什起,到巴基斯坦西南部瓜达尔港全程约3000千米。走廊从2015年启动,到2030年完成,投资450亿美元,相当于巴基斯坦1970年以来吸收外资总规模。预计全部完成可以为巴基斯坦创造230万个工作岗位,拉动巴基斯坦社会经济发展。

中巴经济合作走廊是中巴公路的升华。1966年,中巴合建从喀什到塔科特公路,全程1224千米。喀什到红其拉甫山口415千米在中国境内,由中方承建。红其拉甫山口到塔科特809千米在巴境内,由巴方承建,后由中方承接。公路沿线群山耸立,冰川伟岸,沿印度河谷路线在山壁上开凿。1979年全线贯通。2006年中巴公路进行高等级化改建。

中巴经济合作走廊由港口、能源、基础设施、产业合作四部分组成。

瓜达尔港是中巴经济合作走廊的终点。瓜达尔港原是小渔村,是巴基斯坦三大深水良港之一,港区疏浚后水深16.8米。巴基斯坦早在1964年就决定开发瓜达尔港。苏联在20世纪80年代计划建瓜达尔港,作为南下的出海口,1989年苏军撤离阿富汗,计划告终。90年代美国计划建瓜达尔港,铺设到土库曼斯坦阿特拉巴德油田油管,同样受阻。2002年3月22日,瓜达尔港交给中国建设。2016年瓜达尔港一期工程完成,开始启用。港区原由新加坡管理,2012年转归中国管理。港区923平方千米,包括国际机场、经济自由贸易区和海运服务公司。

瓜达尔港所在的俾路支省是巴基斯坦少数民族集聚和经济滞后地区。瓜达尔港建设有利于民族团结和平衡发展。瓜达尔港为我国西部开拓了更近便的出海口,改善了我国能源安全系数。我国石油一半由中东进口,经瓜达尔港可缩短运距,节省运费。瓜达尔港还可以为中亚地区开拓通向世界的大门。

中巴经济合作走廊的主轴是公路、铁路、油气管道、光缆四位一体组成的国际通道。沿线建8个经济特区、大型火力发电站和水力发电站。同时,创办了孔子学院、联合研究中心等文化教育设施。

在承建中巴经济合作走廊的同时,我国承建巴基斯坦南北交通大动脉从白沙瓦到卡拉奇的高速公路和铁路工程。这两项工程与走廊一起构成巴基斯坦走向现代化的脊梁,拉动巴基斯坦社会经济持续发展。

14.2 命运共同体——"一带一路"的理论基础

支撑"一带一路"的核心理论是命运共同体概念:人类是住在地球村上的命运共同体,联合起来,维护共同的地球,创造美好的未来。命运共同体概念深深地植根在我国的传统哲学理念上。命运共同体概念是我国社会主义制度的必然延伸。

14.2.1 大道之行,天下为公

"大道之行,天下为公。"天下为公是命运共同体概念的哲理依据。

在中国传统文化中,至高无上的是"天"。对"天"的敬畏深深嵌入中华民族的生活中。西方盛行基督教地区,人们惊叹时常说:"我的上帝!"(My God!)中国人惊叹时常说:"天哪!"西方重要的民俗节日与基督有关。12月25日耶稣诞生日,圣诞节。春分后第一个星期日是耶稣复活节。11月1日万圣节,纪念所有圣徒,又称鬼节。中国重要的民俗节日与天时有关。农历正月初一的春节,俗称"过年",人们从四面八方赶回家中团聚,形成世界上最壮观的人口流动潮。农历八月十五中秋节,秋高云淡,月圆菊黄,是庆祝丰收和团圆的佳节。清明节在4月4日至6日,春光明媚,草木吐青,人们踏青扫墓祭祖,种瓜点豆植树。

古人用天道概括客观规律。天道以自然规律为主,兼容社会规律。张岱年说:"天道指天的运动变化规律。人道指人类行为的规范或规律。中国古代哲学家大都认为天道与人道一致,以天道为本,天道具有某种道德属性,是人类道德的范本。"[①]

尊敬上天,要面向历史,面向世界,把家、国和世界联系起来,以天下为一家。《礼记·礼运》说:"故圣人能以天下为一家。"《晋书·刘弘传》说:"天下一家,彼此无异。"大意是世界人民和睦相处,不分彼此,互相帮助,犹如一个大家庭。"无异"两字把和睦平等关系刻画得十分清晰。全球命运共同体,全球人民同舟共济,与天下一家思想一脉相承。

美国《国家利益》杂志刊文指出:"中国的天下系统能够为将来的世界政治提供最好的蓝图。""现代版的天下理念以2008北京奥运会口号'同一个世界,同一个梦想'首次面世。""'一带一路'是中国实现统一的天下理念路线图,以便让'同一个世界,同一个梦想'变成现实。"[②]文章肯定了天下概念的深远意义,把2008年北京奥运会口号、"一带一路"与天下一家贯穿起来,颇有见地。

按照天下为公的原则管治,可以达到大同世界的彼岸。孔子对大同世界的内涵有生动的描述:"大道之行也,天下为公,选贤与能,讲信修睦,故人不独亲其亲,不独子其子。使老有所终,壮有所用,幼有所长,矜鳏寡孤独废疾者皆有所养。男有分,女有归。货,恶弃其于地也,不必藏于己。力,恶其不处于身也,不必为己。是故谋闭而不兴,盗窃乱贼而不作,故外户不闭。是谓大同。"[③]

14.2.2 社会主义的硕果

"一带一路"是我国社会主义制度结出的硕果。《中华人民共和国宪法》规定:"社会主义是中华人民共和国的根本制度。"[④]社会主义最大的普世价值是服务于人民,走共同

---

① 张岱年.中国哲学史.北京:大百科全书出版社,2014:17.
② 美国《国家利益》双月刊网站,帕特里克·迈耶(印尼穆罕默德大学)为什么中国认为它可以建立一个乌托邦式的世界秩序,2016-11-23.
③ 《礼记·礼运》.
④ "中华人民共和国宪法"第一条.北京:中国法制出版社,2015.

富裕的道路。

2014年法国经济学家皮凯蒂(Thomas Piketty)用大数据证明两极分化是资本主义社会的常态。从长期看,资本的回报率总是高于经济增长率。这意味着,资本家和劳动者的收入差距只会随着时间的推移越来越大。[1] 有了社会主义的约束,资本可以为人民服务,不至于成为洪水猛兽。

"一带一路"是社会主义体制的对外政策延续。《中华人民共和国宪法》序言指出:"中国革命和建设的成就是同世界人民的支持分不开的。中国的前途是同世界的前途联系在一起的。中国坚持独立自主的对外政策,坚持互相尊重主权和领土完整、互不侵犯、互不干涉内政、平等互利、和平共处的五项原则,发展同各国的外交关系和经济、文化的交流。"这一外交政策简称和平共处五项原则。截至2014年年底,我国已同世界上67个国家建立了不同程度的伙伴关系。

14.3 古丝绸之路

古丝绸之路是和平之路、共建之路。和平合作、互利共赢是古丝绸之路核心价值观。

14.3.1 陆上丝路

2013年由中国、哈萨克斯坦、吉尔吉斯斯坦三国共同申请世界文化遗产,名称是"丝绸之路:起始段和天山廊道的路网"。申请时使用吉尔吉斯斯坦名额。项目在2014年6月多哈举行的世界遗产大会上通过。

我国是丝绸的发源地。传说黄帝妻螺祖"教民养蚕,治丝茧",民间称"先蚕娘娘"。[2] 考古发现,4700年前浙江吴兴一带开始生产丝绸。

春秋战国时期,我国与欧亚大陆其他国家有贸易往来。汉朝以来,贸易规模扩大。从中原,经过河西走廊和新疆天山南北麓,到中亚和地中海是主要贸易通道。丝绸质轻价高,是贸易的主要商品。

张骞通西域,携带的丝绸价值"数千巨万"。丝路上"商旅往来不绝,使者相望于道"。中国使者远到犁轩(罗马)、安息、条支(伊拉克)、大夏(阿富汗)和印度。罗马、印度、中亚、西亚商旅和使节相继来中国,一年多至数千人。汉时长安建商旅使节邸舍。[3]

农桑是衣食之源,丝绢布棉和田赋一样是国家的重要税源。唐朝前期是陆上丝绸之路鼎盛时期。唐天宝时岁收绢布2100万匹。当时官绵作坊称"绫锦坊",有织工5000多人。同时,涌现大型民间丝织作坊。[4] 8世纪初大食(阿拉伯帝国)灭波斯后,向唐朝遣使37次。大食、波斯商人来中国经商不下十余万人。有些商人久居长安,与中国人通婚繁

---

[1] Thomas Piketty, Capital in the Twenty-First Century, Belkmap Press, First Edition (March 10, 2014).
[2] 淮南王,《蚕经》。
[3] 陈炎. 海上丝绸之路与中外文化交流. 北京:北京大学出版社,1996.
[4] 《新唐书·百官志三》。

衍,开店列肆。

1877年德国地理学家李希霍芬在《中国:我的旅行成果》中将这条贸易通道称为丝绸之路。丝绸之路成为我国与欧亚贸易通道的代名词。

唐代中期是陆上丝路与海上丝路交替时期,陆上丝路由盛转衰,海上丝路取而代之。丝路交替有多方面原因。首先是自然环境和技术方面的原因。陆路环境恶劣,驼队运输,运量有限,运费高昂。海船运量大,运费较低,具有较强的竞争力。像瓷器这类产品,陆路是无法运输的。其次,唐朝中叶安史之乱后,国力衰退,无法保护西域通道。陆路沿线,国家众多,政局动荡,"道路梗绝,往来不畅"。海上受政局影响相对较少。

14.3.2 海上丝路

我国从秦朝起,不断开拓海上丝路。汉武帝(公元前140—前87年)时,我国海船从雷州半岛出发,携带大批丝织品和黄金,经越南、泰国、马来西亚、缅甸,远航印度南部,从斯兰里卡返航,带回珍珠宝石等物。[①]《后汉书·大秦传》:公元166年,"大秦王安敦遣使自日南徼外献象牙、犀角、玳瑁,始乃一通焉。"5世纪上半叶,相当于南北朝晚期,在幼发拉底河畔的希拉城常有中国商船停泊。[②] 唐贞观六年(公元632年),阿拉伯人占领乌刺港(巴士拉),发现有大批中国货物集散。阿拉伯作家称乌刺港是中国海港。[③]

唐中叶开元二年(714年)在广州设市舶司,管理海上贸易,海上贸易兴旺起来。唐宰相贾耽在《广州通海夷道》中记录从广州南下的航线,穿过马六甲海峡,到印度、波斯湾、经过阿拉伯半岛,直达东非三兰(坦桑尼亚达累斯萨拉姆)。

1903年法国汉学家沙畹提出"海上丝绸之路"。他在《西突厥史料》中说:"丝路有陆海两道。北道出康居。南道为通印度诸港的海道。"

明朝郑和七次率船远航(1405—1433年),最大的船队有船62艘,27800人。大船长138米,宽56米,可载重7000吨。当时,哥伦布船队只有3艘船,88人,最大的圣玛利号载重280吨。达·伽马船队4艘船,170人,最大的圣迦布利尔号载重120吨。郑和第6次远航时,16国使节随船来我国。为赏赐外国使节,宣德三年(1428年)从南京内府调大绢十万匹。郑和远航到达的国家遍及东南亚、南亚、西亚和非洲二十余国四十余城(见表14-2)。郑和船队到达哪里,中国丝绸和中国文化也随其传播到哪里。

郑和远航的宗旨是"宣德化而柔远人",财政上负担较大,没有可持续性。当时评论:"竭天下之所有以与之,可谓失其宜矣。"[④]

[①]《汉书·地理志》,卷二八·粤地条。
[②] 马斯欧迪.黄金草原(Murujal-dhahab).埃及:苏阿黛出版社,1948:103.
[③] 雷恩(Lane).亚丁沿岸的碎瓷片和玻璃片.皇家亚洲学会会刊,1948年3·4合期.
[④]《续文献通考》卷十一。

表 14-2　郑和下西洋到达的国家和地区

国名,地名	今　名	所载古籍书目①
占城	越南	瀛涯胜览
安南	越南	明史·安南传
真腊	柬埔寨	星槎胜览
暹罗	泰国	明史·外国传
满剌加	马来西亚马六甲	星槎胜览
彭坑	马来西亚彭享	星槎胜览
急兰丹	马来西亚吉兰丹	明史·急兰丹
爪哇	印尼爪哇	明史·爪哇
渤泥	加里曼丹·文莱	明史·渤泥
旧港	印尼巨港	星槎胜览
苏门答剌	印尼苏门答腊	星槎胜览
古麻剌朗	菲律宾棉兰老岛	明史·古麻剌朗
合猫里	菲律宾甘马鄰	明实录
吕宋	菲律宾吕宋	大明一统志
三屿	菲律宾坎当	星槎胜览
麻逸	菲律宾民都洛岛	星槎胜览
苏禄	菲律宾苏禄群岛	星槎胜览
沙瑶	菲律宾棉兰老岛	东西洋考
榜葛剌	孟加拉	星槎胜览
小唄喃	印度奎隆	星槎胜览
柯枝	印度柯钦	星槎胜览
古里	印度科泽科德	星槎胜览
甘把里	印度科摩林角	皇明四夷考
锡兰山	斯里兰卡	明史锡兰山
溜洋	马尔代夫	星槎胜览
忽鲁谟斯	伊朗阿巴斯港	西洋蕃国志
佐法儿	阿曼佐法儿	星槎胜览
阿丹	也门亚丁	星槎胜览
剌撒	也门萨那	星槎胜览
木骨都束	索马里摩加迪沙	星槎胜览
竹步	索马里准博	星槎胜览
卜剌哇	索马里布拉瓦	星槎胜览
麻林	坦桑尼亚基尔瓦	郑和航海图
米昔儿	埃及	明史西域传
天方	沙特阿拉伯麦加	星槎胜览

① 《瀛涯胜览》《星槎胜览》《西洋蕃国志》作者依次为马欢、费信和巩珍,他们都是郑和船队的主要成员。三书是作者亲历的原始记录。参照陈炎.海上丝绸之路与中外文化交流.北京:北京大学出版社,1996:46—49.

14.3.3 和平之路

古丝绸之路的重要功能是商品贸易和文化交流。沿途政局稳定,社会安定,是商品贸易和文化交流的保障。古丝绸之路是和平之路。

沿途各国人民对丝绸之路做出了贡献。公元 100 年和 166 年罗马商队分别从陆上和海上到达中国。公元 2 世纪到 13 世纪,阿拉伯商人经营丝绸之路贸易。公元 6 世纪埃及商人科斯马斯(Cosmas)用阿拉伯文写成《基督教诸国风土记》,称丝绸之路是"大商路"。根据史籍记载,我国汉代向西方出口丝绸等商品,先运到中亚,再由当地商人转手运到欧洲。

沿途各国从商品交流和文化传播中获益。中国的丝绸、瓷器、茶叶、指南针、造纸术、印刷术,传播到西方。西方的科学技术、历法、水果、作物、汗血马传播到东方。丝绸之路繁荣时期,也是我国社会经济繁荣时期。

宗教在交流中发挥重要作用。穆罕默德有一条圣训:"学问即使远在中国,亦当求得之。"[1] 公元 842—847 年,阿拔斯王朝哈里发瓦西格为探索《古兰经》中有关东方的几条传闻,派穆罕默德·花剌子密来中国。[2] 中国有伊斯兰四大贤说,唐高祖武德年间(618—626 年),一贤传教广州,二贤传教扬州,三贤、四贤传教泉州。泉州东南郊灵山有三贤、四贤圣墓。[3] 唐玄宗天宝十二年(753 年),阿拉伯人曼苏尔在广州建狮子寺。不久伊斯兰教泉州麒麟寺和杭州凤凰寺相继落成。

广州外商集居处建蕃坊。蕃长由外商选举后由唐政府任命,管理蕃坊内行政和宗教事务。

在外侨居住的藩坊中,可以开办蕃学,学生可以参加科举考试。唐宣宗大中元年(847 年)阿拉伯人李彦升考取进士,具有较深的汉文化造诣。泉州城南侨民数以万计。泉州丁、郭、蒲姓,大都是阿拉伯人后裔。[4] 明朝大思想家李贽(1527—1602 年)福建晋江人,有阿拉伯血统,信伊斯兰教。

---

[1] 苏赫拉瓦尔底(al-suhrawardy).穆罕默德圣训.伦敦,1941.
[2] 何乔远,《闽书·方域志》,灵山条。
[3] 《宋史·瀛国公本纪》。
[4] "陈埭丁姓研究",摘于泉州伊斯兰教研究文集,1983。

第15讲 发展预测

预测受不确定因素干扰,不可能百分之百准确。然而,遵照发展规律,预测可以判断基本趋势,可以把握大方向。在一个特定时间里,预测期望与实际结果是有差距的。这一差距称风险。引起风险的因素有三类:① 自然风险,如地震、台风、洪水、滑坡等气候和地质灾害;② 社会风险,如政局动荡,军事冲突,金融和经济危机等;③ 人和设备的内在风险,如疾病流行、设备故障等。预测分为宏观预测和微观预测两大类。

15.1 宏 观 预 测

宏观预测是全局性和综合性的预测。宏观预测的全局性表现在从全国、全球视野切入。宏观预测的综合性表现在对政治、经济、文化等领域的全方位预测。

15.1.1 把握政治动向

政局稳定是发展的首要条件。战事兴起,外资撤离,项目停摆,经济活动转移。黎巴嫩贝鲁特原来是中东重要金融中心,受政局动荡、战事频发拖累,被阿联酋迪拜替代。"大炮一响,黄金万两",大炮声给军火商带来滚滚财源,巨额的武器订单接踵而来,战后重建又可获得刚性投资。房地产业兴衰首先取决于国家和社会的繁荣。回顾香港房地产起家的富豪,关键是对政治动向有预见。李嘉诚曾经被美国《时代》杂志评为最杰出的华人企业家。[①] 香港一位学者说:"李嘉诚身家能够多我们很多,主要是因为他能够在高峰时冷静,忍手不追。在低潮时入市。1967年、1974年、1984年、1987年等几个大浪,他都把握住了。而一般人就掉转头(正相反),在高价入市,低潮转头。""1967年香港五月风暴发生,人心浮动,地产市值一落千丈。一幢独立花园洋房竟贱卖60万港元。整个地产市场有价无市。李嘉诚正是在低潮中,大量购入廉价地盘物业,显示出超人的远见。"[②]这里所说的"超人的远见"就是指准确的宏观预测。

郑裕彤回忆自己成功和失败的案例,都与政治动向有关。[③] 举办1997年香港回归大典的香港会议展览中心招标时,郑氏新世界中标。这是对香港回归投下的信任票。郑裕彤说:"现在回头看来,用27亿元(港元)建会议展览中心实在非常超值。这个项目还包括君悦酒店和万丽海景酒店。这些项目我还未出售,所以也记不清赚了多少。"整个项目建筑面积44万平方米,等于6幢香港汇丰银行大楼。会展中心成了香港的地标性建筑。项目的经济价值、文化价值和历史价值与年俱增。项目为新世界集团树立了一个丰碑。另一个案例是1977年在伊朗建中东第一个标准赛马场,项目得到伊朗国王巴列维批准。1979年伊朗发生伊斯兰革命,霍梅尼上台,代表西方娱乐方式的赛马场无法开业,投资

---

① 李嘉诚(1928—),广东潮安人,曾任香港长江和记实业、长江实业地产主席,1999年起,连续15年为世界华人首富。
② 陈美华.李嘉诚传.广州:广州出版社,2000:24、87、94.
③ 郑裕彤(1925—2016年),广东顺德人,香港新世界集团和周大福珠宝行主席,2010年香港第三富豪。

"血本无归"。①

15.1.2 预判经济形势

工程项目服务期限有多长,对经济形势预判的年限应该有多长。二滩水电站过木机道工程是对经济形势误判的苦果。1995年四川雅砻江修建二滩水电站,同时建过木机道。1998年过木机道工程接近收尾,突然下令停建。项目投资8亿元,全部报废。

西南林区是我国仅次于大小兴安岭的第二大林区,是我国木材的主要产区之一。这一带大都是贫困区,伐木是财政的主要收入来源,国家和地方伐木积极性都很高:国家是为获得木材资源,支援全国建设;地方是为增加财政收入,填补民生急需。俗称伐木是"木头财政"。追根溯源,西南林区伐木已有几百年历史。修建北京故宫、天坛、长陵等建筑主要采用西南林区的楠木,通过长江、运河,千里迢迢运到通州。至今通州张家湾有贮存皇木的地名皇木厂村。经过长期砍伐,西南林区珍稀木材急剧下降。1949年时,林区森林覆盖率在40%以上,到20世纪90年代森林覆盖率只剩13%。森林大规模砍伐,水土流失加重,使得贫困山区愈加贫困。

二滩水电站过木机道工程在20世纪80年代初立项,1983年9月国家计划委员会审定,按年过木量110万立方米规模设计。1996年审定项目投资总额12.6亿元。到了90年代,林区木材蓄积量告急。同时,生态环境意识加强,林区由采伐为主改为保护为主。林区没有木材下运,过木机道成了摆设,1998年停建是正确的选择。晚停一天,损失增大一天。到停建时,工程量已完成63.5%。在二滩水电站附近,龚嘴水电站过木机和宝珠寺水电站过木机同样无木可运,造成浪费。②

对经济形势误判的项目在国际上时有所闻。西班牙马德里附近雷阿尔机场称"幽灵机场"。机场是马德里巴拉哈斯机场的配套项目,造价10亿欧元。2008年机场建成营业,规划年客运量250万人。由于经济危机,客源不足,机场在2010年破产,2012年关闭。2015年雷阿尔机场出售给"CR国际"企业,售价为5600万欧元,只有造价的5.6%。

15.1.3 评估文化差异

我国深圳有个锦绣中华主题公园,办得欣欣向荣。美国佛罗里达州奥兰多也建了个锦绣中华主题公园,却歇业告终。两个主题公园,两个不同命运,原因是中美两国的文化差异。

深圳华侨城由国务院1985年批准建立,面积4.8平方千米。华侨城按现代化生态城区要求精心规划。锦绣中华是世界上内容最丰富的实景微缩景区,有古代建筑、民居民俗、山水名胜三大类,大都按1∶15的比例复制,占地450亩。锦绣中华投资1亿元,1990年开业,一年内回收投资。接着,陆续建成世界之窗和欢乐谷,形成世界著名的大型主题公园群。深圳优越的区位和海内外游客的需求是成功的重要条件。锦绣中华一步迈进中华历史,一日游遍九州大地,是大好河山的缩影,爱国主义教育的课堂。港澳台同

---

① 罗绮萍.千亿身家逾半在神州.21世纪经济报导.2017-06-01.
② 金凤君.基础设施与经济社会空间组织.北京:科学出版社,2012:171.

胞、海外侨胞、国际友人，可以在这里饱览九州河山。广大内地居民游览深圳，可以在世界之窗瞭望全球美景。

1993年在奥兰多迪士尼旁建锦绣中华，占地30公顷，耗资1.5亿美元。奥兰多号称"世界欢乐之都"，有迪士尼乐园、海洋世界、环球影城、冒险岛乐园、未来世界、哈利波特魔法世界。主题公园开一家成一家，唯有锦绣中华败下阵来。原因是锦绣中华不能适应美国人休闲娱乐的审美要求，特别是不能适应美国孩子的审美要求。迪士尼按照美国人喜好新奇、动感、刺激、参与的口味设计，每年投入数亿美元开发有高科技含量的惊险项目。在美国人看来，锦绣中华展示的长城、故宫、孔庙、石窟、石林，都是静态的建筑景观，无法参与，缺乏惊险性和刺激性，引不起孩子的兴趣。事后总结，在锦绣中华内，惊险的杂技和武术表演，可口的中餐，对美国人是有吸引力的。如果对美国文化有深入的分析，集中力量办好杂技馆和中餐馆，可以收到事半功倍的效果。

图15-1　奥兰多锦绣中华难以维持生计（张颖绘）①

经过改革开放40年的历程，我国主题公园建设迎来新的高潮，有60个以上主题公园在建设中。文化是根本，科技是依托，在区域和城市历史文化背景下，探索有创意的核心文化是主题公园成功的关键。

---

①　环球时报，1999-09-10.

15.2 微观预测

微观预测是评估相对较小的地域范围内变化趋势,例如,一座城市内部的空间变化,一些街区内部的空间变化。

15.2.1 不变要素和可变要素

影响微观预测的要素分不变要素和可变要素两大类。

1. 不变要素

不变要素包括几何区位和自然条件。

(1) 几何区位。指到市中心的几何距离。几何区位是微观区位的基础。房地产价格与市中心的距离成反比,离市中心越近价越高,离市中心越远价越低。

(2) 自然条件。指水文地质和工程地质,周边山景和水景。

评价商业地产的要点是聚集人气。人气旺,商业兴;人气不旺,商业衰。在正常情况下,十字路口商铺单价比一般临街商铺高50%,丁字路口商铺单价比一般临街商铺高30%。[①] 有一段时间,商场内的摊位按统一单价出租。摊主为了争取较好的区位,拉关系走后门,滋长不正之风。后来采取公开竞标方式出租,摊位的区位价值与租金高低挂钩,堵塞了不正之风。

2. 可变要素

可变要素有渐变要素和突变要素两大类。

(1) 渐变要素是变化相对缓慢的社会要素,包括行政区划、民族结构、宗教结构、文化结构、治安犯罪状况等。

上海市曹家渡和徐家汇的变化可以说明行政区位与经济发展的关系。20世纪40年代以前,曹家渡的地位超过徐家汇。曹家渡是公共租界西北部的中心,公共租界西北部是与杨树浦齐名的上海工业区,纺织、印染等轻工业发达。曹家渡是上海重要商圈。徐家汇位于法租界的西南边缘,与华界接壤。政治边缘位置制约徐家汇发展,市面冷冷清清。进入50年代,政治区位发生剧变:租界收回,行政区划调整,曹家渡划入静安区,北临普陀区,西临长宁区。曹家渡在三区接壤的边缘,很难统一规划,协调发展。徐家汇位于扩大后的徐汇区中枢,成为上海交通枢纽之一,新兴的商贸中心。中山路和漕溪路两条高架路在徐家汇相交,轨道交通一线地铁和轨道交通三线高架明珠线在徐家汇相交。徐家汇的地位超越曹家渡。

(2) 突变要素是在较短时期内可以改变的要素,主要是城市的基础设施和服务设施,包括:① 交通;② 教育、文化、体育、娱乐;③ 医疗、保健;④ 商业、邮电等服务;⑤ 水、电、气等;⑥ 园林绿化。

突变要素中,最敏感的是交通。2006年6月法国巴黎到斯特拉斯堡高速铁路建成,

[①] 邱华炳.土地评估.北京:中国财政经济出版社,2003:173.

沿线兰斯、南锡和斯特拉斯堡三市房价分别上升59%、88%与66%。[①] 兰斯到巴黎车程减少到45分钟,成为巴黎的郊区。

15.2.2 城市的蠕移和转移

城市空间发展方向是区位增值最快的地方。城市空间移动有蠕移和转移两种形式。

1. 蠕移

蠕移是指城市在原址向新的生长点挪动,新市区与旧市区连成一片,新市区兴起的同时,旧市区可能衰落。1986年考察安徽省阜阳,发现阜阳近百年来对外交通口岸发生三次变迁,城市发生三次蠕移:第一次由泉河南岸移到颖河西岸,第二次由颖河闸上移到颖河闸下,第三次由颖河边移到火车站边。城市发展新门户是推动蠕移的原动力。

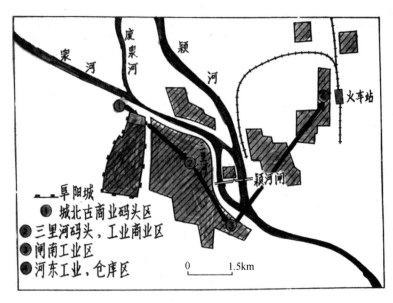

图15-2 阜阳市对外交通口岸转移图(1986年)

2. 转移

转移是指一座城市由旧址移到新址,好像皮球由一个点跳到另一个点。新城在旧城基础上产生,执行旧城职能,拥有旧城腹地。

河北省省会石家庄原是获鹿县的一个村庄。石家庄从一个村庄破格升为省会依靠的是铁路网的兴建。铁路出现前,河北省中部的交通中心在正定。1902年修建京汉铁路时,在滹沱河南石家庄附近设一车站。1907年从山西太原出娘子关的铁路通车,铁路沿滹沱河南进河北省。正定在滹沱河河北。为了避免过河修建大桥,铁路在石家庄与京汉铁路接轨。

作为获鹿县的一个村庄,石家庄面积只有0.1平方千米。1902年在石家庄设车站时取名振头站。振头是石家庄西南一个小镇,今天包容在石家庄市区内。1907年修建太原

---

① 第六高铁带旺法国东部. 香港商报,2007-06-11.

出娘子关铁路,取名正太铁路。石家庄新火车站建成前,火车站候车厅前可以看到正太铁路石碑。石家庄成为两条铁路交汇点后,商贸兴盛,逐渐取代了正定的枢纽地位。1925年开始设市,取名石门市。"门"是指另一个村庄休门村。1947年石门市改名石家庄市。从建火车站到亮出石家庄市名用了45年。1968年河北省省会从保定市迁来,石家庄成为河北省的政治、经济、文化中心。庄的本意是村庄。石家庄是世界上最大的"村庄"。

河南省开封是八朝古都。春秋时郑庄公在城南筑城,从启拓封疆中取两字定名启封,已有四千一百年历史。汉景帝名刘启,为避讳,启封改名开封。开封兴盛得益于淮河水运起点,南来北往的水旱转运码头。铁路网兴起后京广铁路和陇海铁路在郑州交汇,郑州成为全省铁路运输枢纽,区位优势上升。1954年河南省会由开封迁到郑州。

由于船型增大、航道淤塞,河口城市的移动规律是从上游向水深的河口方向移动。天津向塘沽移动。上海向吴淞口、外高桥和洋山移动。温州向杨府、七里、黄华移动。福州向马尾、闽江口移动。广州由白云山南麓向黄埔和南沙新区移动,在南沙建新城。

宁波市旧城紧邻甬江和余姚江的汇合处,可以停泊3000吨级轮船。随着船型增大,甬江口镇海兴起,可以停泊万吨级船舶。炼油厂、化工厂布置在甬江口附近。10万吨级以上大型海轮出现后,港址向北仑深水岸线迁移。港口的迁移决定宁波市区的迁移。北仑成为宁波发展最快的新兴城区。

考察深圳市空间格局离不开香港因素。在香港因素牵动下,深圳市空间格局出现两个特点:一是沿着深圳和香港边界展开,成带状布局;二是口岸决定深圳市的中心区位。口岸沿着深圳河由东向西转移,城市中心随着向西转移。第一个口岸是罗湖,城市中心在罗湖口岸附近兴起。第二个口岸是皇岗,相应兴起福田中心。第三个口岸是西通道,带动前海崛起。

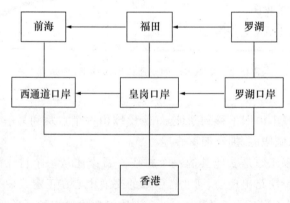

图15-3　深圳市中心西移图

在珠江口城市群中,与前海相呼应的还有珠海横琴和广州南沙。与横琴、南沙比较,前海的优势是接近香港,有深圳市依托;劣势是面积狭小,只有15平方千米。前海发挥土地的最高利用价值,承担全国金融创新重任,配合香港国际金融中心建设。

交通网络的改变对有些城市可能带来消极影响。浙江省梅城在富春江和新安江交汇点。水运为主年代,梅城是交通枢纽,政治上是严州府治驻地,相当于今天的专署驻地。公路交通兴起后,梅城处在公路网盲肠地段,行政上降格成建德县政府驻地。修建新安江水库时,建德县政府迁到库址旁的白沙镇,梅城降为县辖镇。行政地位下降后,梅城的主要医院等服务单位和行政管理部门相继迁出,城市功能发生转变。现在梅城的主要功能是旅游休闲业。

15.2.3 地价缺口

有些城市地价曲线不规则,陡起陡落,形成地价缺口,又称地租缺口。地价缺口是某一地块的实际收益与更好利用条件下可获得收益的差价。①

按照距离衰减规律,土地价格与到市中心的距离成反比:离市中心越近地价越高,离市中心越远地价越低。根据1990年资料绘制的巴黎人口密度与土地价格关系图具有典型性(见图15-4)。离巴黎市中心越近,人口密度越大,地价也越高。图中接近巴黎市中心地段人口密度没有相应增加,其原因是公共用地和公共建筑的比重加大。

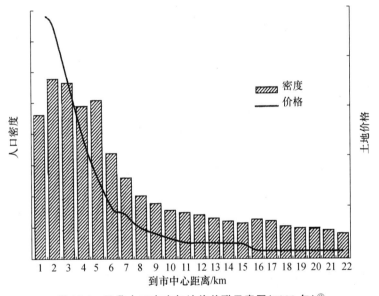

图15-4 巴黎人口密度与地价关联示意图(1990年)②

地价缺口的成因是可变要素分布不规则性。1928年美国芝加哥地价出现缺口现象,越过缺口,地价又开始抬升,主要原因是民族文化结构。1918年第一次世界大战结束,美国南部黑人大批北迁,芝加哥出现黑人为主的低收入、低消费环圈。高收入阶层跨越凹陷,开拓新居住区,形成新的地价高峰。城市社会学芝加哥学派用隔离(segregation)概念描述种族对城市空间的影响。隔离概念包含种族间接触、竞争、冲突和同化的复杂过程。

---

① R. J. 约翰斯坦主编. 人文地理学词典. 柴彦威等译. 北京:商务印书馆,2004:611.
② Alain Bertaud. The spatial structures of central and eastern europen cities: more europen than socialist. June, 2004. http:alain-bertaud.com.

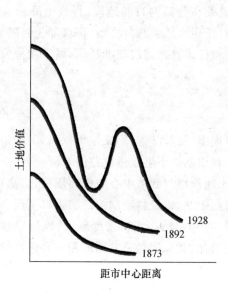

图 15-5 芝加哥地价缺口示意图(Hoyt,1933 年)

地价缺口直接成因是开发品质低下。提高开发品质,可以提高房地产的价值。不少房地产项目取得良好效益,决定性的环节是在良好的区位基础上,提升开发品质。上海新天地取得成功是发掘市中心区位优势,大幅度提升开发档次。新天地临近淮海中路,区位绝佳。过去这里是石库门建筑密集的旧城区。改建时,设计思想经过三次修正。第三次定位国际性聚会休闲中心,针对上海港澳台和外侨等高消费群体,在保留石库门历史印记基础上融入国际时尚餐饮、娱乐、购物内容。高档次的定位,得以充分利用新天地的区位优势。

15.3 大型工程评议——权衡利弊舍其轻

大型开发项目的效果是多方面的,既有积极效果,也有消极效果。论证大型开发项目时,可以听到支持的意见,也可以听到反对的评论。评议的原则是权衡利弊舍其轻。积极效果大于消极效果,项目可以成立;消极面过大,项目应该否决。权衡利弊舍其轻的要点是衡,是科学的调查研究和周密的分析判断。

15.3.1 阿斯旺高坝分析

大型水利枢纽工程具有投资大、工程量大、对自然环境影响大和效益综合性等特点。大型水利枢纽工程有发电、灌溉、防洪、航运等多方面效益,也会带来淹没损失、移民、破坏生态平衡和文物古迹等后果。

埃及阿斯旺水电站是国际上有争议的大型工程。1898 年到 1902 年英国人在阿斯旺建有水利工程。1946 年洪水漫坝,工程受损。埃及决定在旧坝上游 6.4 千米处建大型枢纽工程。在苏联援助下,工程 1960 年动工,历时 10 年建成。坝长 4200 米,坝高 111 米,水库汇水面积 6751 平方千米,总库容 1689 亿立方米,其中调节库容 900 亿立方米。阿斯旺大坝是当时世界七大水利枢纽之一。工程建筑费用5.9亿埃镑。根据测算,建成后每年经济效益2.3亿埃镑,收益大于支出。

1. 阿斯旺工程最大贡献:水利灌溉

尼罗河流域气候变率大。尼罗河平均年径流量840亿立方米,高的年份1200亿立方米,低的年份只有320亿立方米。工程建成后,可以保障在连续6年干旱情况下正常供水,可以开辟凯纳纳和赖哈德两个大型灌区,灌溉面积分别是50万公顷和27万公顷,可以提高复种指数,一年一熟改成一年两熟到三熟。第二次世界大战后,埃及人口增加迅速。水利工程对保障埃及粮食自给起了重要作用。

工程有12台发电机组,总装机210万千瓦,建成时供应全埃及1/2电力。

2. 阿斯旺工程负面影响:淹没损失和生态影响

水库移民13万人。移民投资占工程总投资25%。库区有大量文物古迹需要保护和搬迁。

阿斯旺工程的生态影响主要有三方面。

(1) 尼罗河年输沙1亿~1.5亿吨,1200万吨泥沙淤积在三角洲农田中,是重要肥源。高坝建成后,河水变清,三角洲农田要增施化肥。由于淤泥减少,每年挖农田烧砖,破坏良田5000公顷。

(2) 高坝建成前,每年3000万吨泥沙沉积在三角洲沿海,保护海岸线。高坝建成后河水变清,泥沙沉积减少,海潮冲刷海岸线,威胁沿海地区安全。海水倒灌,沿海盐渍化加重。河水有机质减少,沿海沙丁鱼向地中海北部转移导致减产。

(3) 河水变清,流速加快,冲刷力加强,河床淘深,要加固堤防,保护岸边。河道中草灾加重,钉螺增加,血吸虫发病率上升。

15.3.2 三峡水利工程评述

三峡是指长江穿过的三个峡谷:瞿塘峡、巫峡和西陵峡。三峡水利工程是在三峡出口处修建的大型水利工程,有防洪、发电、航运和灌溉等综合效益(见图15-6)。三峡工程采取一级开发分期蓄水方案,坝顶高185米,正常蓄水高175米,总库容393亿立方米,其中防洪库容221.5亿立方米。

1. 三峡工程的首要任务是防洪

建成后,荆江河段的防洪标准提高到百年一遇,减轻江汉平原和武汉市的洪水威胁。历史上荆江河段常有毁灭性水灾。1931年和1935年大水,死亡都在14万人以上。1954年大水导致3.3万人死亡,京广铁路一百天不能通车。三峡工程建成后,配合二十余座大中型水利工程,调节洪峰,经受了多次洪水考验,保障了中下游安全。

2. 创世界水利工程之最

三峡工程1992年开工,2010年基本完工,创造世界水利工程多项第一。

(1) 最大的水电站。三峡有32台70万千瓦机组和2台5万千瓦机组,总装机2250万千瓦,设计年发电量882亿度。

(2) 级数最多的船闸,提升最高的升船机。工程有双线五级连续船闸,有可以将

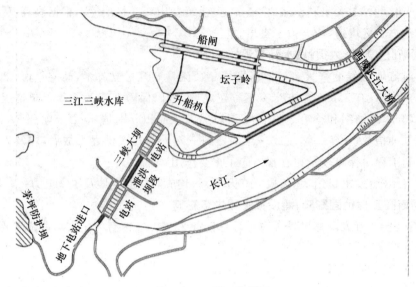

图15-6 三峡工程简图
资料来源:刘明光.中国自然地图集.北京:中国地图出版社,2010:156.

3000吨级船提升110米高程的垂直升船机。川江航道滩多水急。工程建成后,出现1084平方千米人工湖,660千米畅通航道,重庆成为近海型河港,万吨级船队可以直达重庆。

(3) 数量最大的移民。库区淹没耕地1.94万公顷,移民117万人。移民费占工程总投资45%。大部分移民在库区周边和邻县安置。有11.8万人迁往外地11个省、市。一部分外迁移民不能适应当地生活,返回库区营生。库区自然景观、珍稀物种和文物古迹保护工作繁重。

3. 在生态环境方面的负面影响

根据三峡工程营运10年的实际情况,工程在生态环境方面的负面影响主要有四点。

(1) 库区淤积。三峡工程蓄水前,库区上端年平均输沙4.6亿吨,库区下端年平均输沙5.2亿吨,库区冲淤基本平衡。三峡蓄水后,上游建水库拦沙,山区绿化,平均年来沙量减少到1.98亿吨。受工程拦截后,年排出沙量只有0.6亿吨,70%来沙沉积在库区,主要沉积在库尾和弯曲的河段。重庆江中泥沙淤高10米,部分码头需要搬迁。

(2) 水体富营养化。部分支流库湾纳污能力下降,水体富营养化,蓝绿藻繁殖,形成水华,消耗水体中的溶解氧,水色变成绿黑,有臭味。蓝绿藻腐败后产生有毒物质。

(3) 消落带寸草不生,是景观上的顽疾。库区冬季在175米高水位运行,夏季降至145米低水位。高低水位间30米高程是消落带,岩石裸露。

(4) 冲刷下游河床和堤岸。三峡工程拦截泥沙后,下泄的水质变清,侵蚀作用加强。宜昌到九江段河床刷深,长江大堤多处发生险情。长江下游和长江三角洲的水文状况发生明显变化。[1]

---

[1] 范晓.后三峡时代环境的惊世之变.中国国家地理,2014,(1),164—173.

15.3.3 方案比较

厂址选择失误会带来巨大损失。失误的原因有两个:一是缺乏系统的分析比较,得出错误的结论。二是追逐地方利益和部门利益,套取国家资金,拉动 GDP。一段时期盛行有倾向性的可行性方案,俗称"可行和不可行都可行"方案。产生"可行和不可行都可行"方案的根源是投资体制问题。国家投资像"唐僧肉",大家争着吃。

表 15-1 汾西煤矿到武钢运费比较(1995 年)[①]

运输方式	铁-水联运		铁路直达	
	运距/km	运费/(元/吨)	运距/km	运费/(元/吨)
铁路	1066	41.06	1391	53.55
水运	532	17.84		
中转		2.75		
合计		61.65		53.55

1. 失误案例之一:汉江余家湖港煤码头

湖北汉江余家湖港煤码头建设是失误的案例。余家湖港煤码头规划年吞吐能力 500 万吨,1994 年建成,总投资 2.7 亿元(1990 年价)。原设想利用焦枝铁路,将山西南下煤炭在余家湖转水路,运到武汉钢铁厂。由于铁路运力提升,1995 年从山西汾西煤矿和晋东南煤矿到武钢铁路直达运费分别比铁-水联运低 14% 和 12%(见表 15-1)。铁-水联运没有优势,余家湖煤码头投资失败。

2. 失误案例之二:营口鲅鱼圈煤码头

辽宁省营口鲅鱼圈煤码头遇到相似的困境。1984 年在鲅鱼圈建设 3 万吨级煤专用码头,年吞吐能力 500 万吨,总投资 2.7 亿元。1987 年码头建成。由于秦皇岛中转到鲅鱼圈只有 130 海里(1 海里=1852 米),无法体现海运的廉价优势。晋煤在秦皇岛中转到鲅鱼圈上岸的运费比铁路直达贵 23%。中转缺乏竞争力,码头成为无效投资。[②]

[①] 金凤君. 基础设施与经济社会空间组织. 北京:科学出版社,2012:169.
[②] 同上:166—169.

第16讲 结束语——区域开发的中国模式

1949年以来,特别是改革开放以来,我国在区域开发方面积累了系统的经验。这些经验是我国社会主义建设理论的组成部分,媒体常称为中国模式。

我国区域开发的主要经验是:(1)坚持以人为本理念,遵循人与自然和谐发展、人与人和谐发展原则;(2)根据当地条件的渐进式改革开放;(3)实施要想富,先修路,港区联动,重点先行等举措。

16.1 以人为本,和谐发展

我国是社会主义国家。社会主义的核心理念是以人为本,以提高全体人民的福祉为本。以人为本在区域发展上遵循和谐发展原则,人与自然和谐相处,人与人和谐发展,全体人民共享发展成果。

青山绿水就是金山银山,人与自然和谐相处是区域发展的前提。没有天哪有地,没有地哪有人,自然是人类活动的舞台,保护环境是保护人类持续发展的家园。区域发展首先要保卫蓝天,治理水污染,管控土壤污染,坚持节约优先、保护优先、自然恢复优先方针。区域开发的标准首先是构筑保护环境的空间结构和产业结构,构筑保护环境的生产方式和生活方式。

贯彻和谐发展原则的空间战略是完善主体功能区划及其配套政策,推行生态保护红线、永久基本农田红线、城镇开发边界红线。通过主体功能区域和基本红线,统筹山水林田湖草的系统治理。

先富帮后富,共奔富裕路,是中国特色社会主义的核心理念。我国环境复杂,各地区的区位和资源差异较大。条件较好的地区率先开放,先富起来。先富帮后富,区域协调发展贯彻在我国改革开放全过程。共同富裕国家才能稳定富强。我国区域发展的要目是推进西部大开发,加快东北老工业基地振兴和中部崛起,创新引领东部地区的优先发展。

城乡差异是我国发展不平衡的重要表现。农村发展战略是我国区域协调发展的重要内容。在农村发展战略中,首先要实现精准扶贫,包括扶持对象精准、项目安排精准、资金使用精准、措施到户精准。精准扶贫坚持因人因地分类施策,扶持生产和就业发展一批,易地搬迁安置一批,生态保护脱贫一批,教育扶贫脱贫一批,低保政策兜底一批。

人与人和谐发展推广到全世界范围就是人类命运共同体,全世界人民通力协作建设好人类命运共同体。

16.2 渐进式改革开放

一个国家,一个地区,开放才能前进,封闭就会停滞。科学技术没有国界,思想观念没有国界,世界市场没有国界。开放才能吸收世界各国的先进科学技术和进步的思想观念,才能进入世界市场。开放由体制保障,要开放就要破除不合时宜的体制弊端,清除落后的思想障碍。

我国改革开放是渐进式的,开放不断推进,改革不断深入。40年改革开放经历险阻,走过弯路,但是没有伤筋动骨,没有翻烧饼,没有出现"休克"和停滞倒退。"摸着石头过河",一切通过试点,发现错了,改过来继续前进。40年改革开放像春风化雨,润物无声。

我国采用渐进式改革的重要原因是改革的复杂性。改革是个庞大的体系,包括经济改革、社会改革和政治改革。这三方面改革互相交融,互相补充。经济改革创造物质财富。有了经济发展,可以为社会改革、政治改革提供物质基础。社会改革的核心是分配,把做大的蛋糕分配均匀,让全社会共享发展成果。政治改革是权力的再分配,要求一部分人让出权力,让人民共享。经济改革、社会改革和政治改革,由易到难,逐步推进,互相交叉,相互促进。

采用渐进式改革的第二个原因是探索社会发展的普遍规律与当地具体情况相结合的途径。两百多年来,人们探索科学社会主义付出了沉重的代价。在我国这样人口众多、底子单薄的国家,如何建设和谐社会,没有模式可以借鉴,只能依靠自己探索。

在经济领域,改革要取得成功必须协调政府管理和市场调节的关系,实现看得见的手和看不见的手最佳结合。如何充分发挥政府管理和市场调节的作用,推动经济高速发展,需要在改革过程中摸索。

16.3　区域开发的重要举措

1. 路是基础设施的代表

要想富,先修路,港区联动,是我国区域开发的重要举措。

要想富,先修路;道路通,百业兴。有了路,人员可以来往,物资可以流通,经济可以起步。

"要想富,先修路"反映区域发展的客观规律:基础设施先行。

基础设施除了路,还有电力、水利、网络等项目。不少发展中国家电力供应不足,随时会停电,严重制约经济发展。

公路和高速公路,铁路和高速铁路,大型桥梁、水电站、火电站、核电站是我国走向世界的优势项目。这些项目对带动所在国发展起到雪中送炭的作用。

2. 教育和医疗

从更深层次分析,在区域发展中,先行的还有教育和医疗。

3. 港区联动,港口、工业园区和城市三位一体是我国改革开放的成功实践

1979年7月深圳蛇口一声炮响,2.14平方千米的蛇口港和工业园破土动工,宣告我国大规模引进外资开始启动。蛇口第一次取得审批项目自主权、实行企业自主经营和自负盈亏、试行员工招聘制和竞争上岗,提出"时间就是金钱,效率就是生命"价值观。在蛇口工业区基础上,1980年成立深圳、珠海、汕头、厦门四个经济特区,一步步走向全国开放。

各类工业园区、经济特区,统称特殊经济区。特殊经济区由政府主导、开发、管理,创造投资开发的良好环境,形成区域发展的热点。特殊经济需集中规划、管理,实施税收和

土地等方面优惠政策,创造良好的生态环境和治安环境,提供交通、水电、网络等基础设施。在远离港口的地区,航空港、铁路枢纽是建立工业园区的优选地点。一带一路沿线,我国已经建立了56个工业园区。

16.4 中国经验的国际影响

在很长一段时期,发展中国家向欧美发达国家学习,输入欧美发达国家的发展模式,效果不佳。其中,影响较大的是"华盛顿共识"。1989年前后,俄罗斯、东欧和拉丁美洲国家面临社会经济转轨。国际货币基金组织、世界银行和美国财政部共同拟订了社会经济转轨模式,简称"华盛顿共识"。"华盛顿共识"的理论基础是新自由主义经济学,核心理念是三化:政府角色最小化,经济活动自由化,资产私有化。"华盛顿共识"的具体政策是:① 宏观政策,私有化,收缩政府管制,保护私有产权;② 贸易和资金政策,贸易自由化,外资自由准入;③ 财政政策,财政支出向高回报率方向和改善分配方向倾斜;④ 税收政策,降低边际税率;⑤ 货币政策,利率自由化,采取竞争性汇率制度。俄罗斯是按照"华盛顿共识"转轨的典型,结果货币贬值,经济衰退,贫富分化,社会动荡。普京上台后,扭转了贯彻"华盛顿共识"系列政策,俄罗斯经济逐步走上正轨。

在"华盛顿共识"绩效不佳的同时,我国一边改革开放,一边经济持续增长,引起国际社会关注。2015年出现"北京共识"一说。我国多数学者不同意"北京共识"的提法,认为我国经济植根在我国土地上,不是可以向全球推广的"共识",简单地搬用我国的经验,同样会得到不良的后果。只有把我国区域开发的经验与当地的环境相结合,才能生根开花,结出丰硕的成果。

参 考 文 献

[1] 彭敏.当代中国的基本建设.北京:中国社会科学出版社,1989.

[2] 姜德华等.中国的贫困地区类型及开发.北京:旅游教育出版社,1989.

[3] 北京大学哲学系.人与自然.北京:北京大学出版社,1989.

[4] 李文彦,陆大道,陈汉欣等.中国工业地理.北京:科学出版社,1990.

[5] 高希钧,李诚.台湾经验四十年(1949—1989).台北:天下文化出版有限公司,1991.

[6] 鲍世行,顾孟潮.杰出科学家钱学森论城市学与山水城市(第二版).北京:中国建筑工业出版社,1996.

[7] 陈炎.海上丝绸之路与中外文化交流.北京:北京大学出版社,1996.

[8] 吴传钧.中国经济地理.北京:科学出版社,1998.

[9] 吴传钧,施雅风.中国地理学90年发展回忆录.北京:学苑出版社,1999.

[10] 陆大道等.中国区域发展的理论与实践.北京:科学出版社,2003.

[11] 陈东林.三线建设——备战时期的西部开发.北京:中共中央党校出版社,2003.

[12] 汪一鸣.宁夏人地关系演化研究。银川:宁夏人民出版社,2005.

[13] 世界银行.重塑世界经济地理——2009年世界发展报告.北京:清华大学出版社,2009. The World Bank, World development report 2009, Reshaping Economic Geography.

[14] 周一星.城市地理求索.北京:商务印书馆,2010.

[15] 谢凝高.名山·风景·遗产——谢凝高文集.北京:中华书局,2011.

[16] 胡兆量.地理环境与建筑.北京:高等教育出版社,2011.

[17] 北京卷编辑部.北京——当代中国城市发展丛书.北京:当代中国出版社,2011.

[18] 丁一汇,中国气候.北京:科学出版社,2013.

[19] 侯仁之著,邓辉等译.北平历史地理.北京:外语教学与研究出版社,2013.

[20] 刘卫东等.经济地理学思维.北京:科学出版社,2013.

[21] 林之光.关注气候——中国气候及其文化影响.北京:中国国际广播出版社,2013.

[22] 吴松弟.中国近代经济地理.绪论和全国概况.上海:华东师范大学出版社,2015.

[23] 国家发展和改革委员会.国家级新区发展报告·2015.北京:中国计划出版社,2015.

[24] 李正图.浦东开发区研究.上海:上海社会科学院出版社,2015.

[25] 吕拉昌.中国地理(第二版).北京:科学出版社,2016.

[26] 胡兆量,陈宗兴,崔海亭.地理环境概述(第三版).北京:科学出版社,2016.

[27] 樊杰等.中国人文与经济地理学者的学术探究和社会贡献.北京:商务印书

馆,2016.

[28] 郑永年.中国模式·经验与挑战.北京:中信出版集团,2016.

[29] 徐兆奎,韩光辉.中国地名史话.北京:中国广播出版社,2016.

[30] 金江军,郭英楼.中国式跨越·新经济引领新常态.北京:中国人民大学出版社,2016.

[31] 胡兆量,阿尔斯朗,琼达.中国文化地理概述(第四版).北京:北京大学出版社,2017.